1 등급 을 위 한 서술형 명품 영어

WHITE
label

화 이 트 라 벨

저자의 글

많은 학생들이 영어 내신에서 서술형을 맞고 틀리고를 결정짓는 요인을 '암기'라고 생각합니다. 시험범위의 어느 부분에서, 어떤 유형의 문항이 출제될지 모르기 때문에 학생들 입장에서는 '일단 외우고 보자'라는 심리가 작동하는 듯합니다.

하지만, 서술형은 모든 문장을 외웠는지를 확인하는 암기 테스트가 아닙니다. 설령 문장을 전부 외웠다 할지라도 문장 변형을 요구하는 문제가 많아 암기는 대부분 무용지물이 됩니다. 암기를 위해 많은 시간을 투입했는데, 결국 기대만큼의 결과를 얻지 못했다면 얼마나 비효율적일까요?

출제자가 의도하는 서술형 문제들은 "지문을 정확하게 이해하고 이를 표현할 수 있는가?"를 묻는 문항입니다. 따라서 '지문 이해도'를 평가할 수 있는 서술형의 대표 유형들을 분석하고, 집중훈련 하는 것이 '무작정 암기'에서 벗어날 수 있는 유일한 길입니다. 두렵기 때문에 무작정 외웠겠지만, 이제 〈화이트라벨〉로 서술형의 여백과 자신감을 함께 채워 가는 건 어떨까요?

화이트라벨 서술형 핵심패턴북

이 책을 집필하신 분들

이정민 온라인 메가스터디   음승표 엠듀오학원

이 책의 기획·검토에 도움을 주신 분들

강민호 위더스영어과학학원	김윤식 낙생고	배중현 낙생고	이광희 브니엘고	장정임 대전용산고
강윤구 최강영어 백년대계	김은숙 엠듀오	서영신 한솔고	이동주 엘디제이영어학원	장현화 한민고
강지행 W영어수학학원	김인옥 대성고	서현찬 경일고	이만식 대덕고	정미영 배정고
고경민 고선생 영어	김종환 AMS 창해학원	설경돈 반석고	이명진 씨앤이 영어학원	정윤석 패러스트학원
공상완 해동고	김준호 금강영어	손수경 성남 운중고	이문재 오송고	정정환 대금고
공웅조 분당영덕여고	김진성 분당제일학원	손태호 중앙여고	이병권 신한고	조세현 우송고
구본개 성문고	김진정 덕문여고	송경주 대신고	이상윤 대치모노스학원	조원웅 클라비스영어전문학원
구자춘 베스트 진명	김태옥 권철현학원	송용성 송용성영어학원	이상준 상상이상학원	조재영 제이팀즈영어학원
구자훈 E&M학원	김태형 삼성여고	신동현 한민고	이상하 스카이에듀	조호진 고릴라영어학원
권 석 비봉고	김택현 한민고	양홍렬 제일학원	이수지 에스클래스학원	지광모 조은사람 좋은문제
김 민 신성고	나규성 비전21학원	엄태열 대치 First Class	이승환 EMC 이승환학원	차한영 이지스어학원
김경수 더스마트학원	노경수 대내리서당	오만균 반석고	이영민 상승공감학원	최돈용 따뜻한 11월학원
김경찬 김경찬영어학원	문민식 세종 한솔고	오세종 엘아이에스어학원	이유정 경기외고	최만기 명장학원
김기준 공터영어 장유센터	박가영 한민고	오익환 잠실여고	이 율 이율 영어	최명형 강남인강
김동명 DM학원	박광륜 다모아탑	옥희경 가야고	이은구 스카이피아	추진호 서현고
김동은 한민고	박병철 박쌤셀프영어	우주범 관양고	이정현 시흥능곡 대치프라임학원	한동한 영공생 영어교실
김동희 에듀뱅크학원	박보영 충북고	유정선 과천외고	이정환 선택과집중 영어학원	한형식 서대전여고
김상기 김상기영어학원	박 원 잉글리시마스터	윤길성 한민고	이제영 더클학원	허건성 한영외고
김성진 예문여고	박은정 건국고	윤남구 윤남구 스팔타영어	이종문 제일학원	허부배 비즈단과 삼산본원
김언정 동래여고	박장환 DreamEng.edu	윤영춘 대성고	이지은 분당 대진고	홍석진 AMS 창해학원
김연화 능하고	박준호 세광고	윤영탁 SN독학기숙학원	이혜숙 브니엘여고	Francis Lee 일등공신학원
김영주 수지하이스트학원	박지훈 메드스쿨	윤형석 대치동 쏨니움영어	임종범 과천여고	
김우식 명석고	박희태 대동고	은경자 분당 대진고	임창완 백영고	
김유미 중앙고	배병윤 IS학원	이강종 영생고	장 백 친화수학원	

2판2쇄 2024년 3월 2일 **펴낸이** 신원근 **펴낸곳** ㈜진학사 블랙라벨부 **기획편집** 윤문영 **디자인** 이지영 **마케팅** 박세라

주소 서울시 종로구 경희궁길 34 **학습 문의** booksupport@jinhak.com **영업 문의** 02 734 7999 **팩스** 02 722 2537 **출판 등록** 제 300-2001-202호

www.jinhak.com

WHITE
label

화 이 트 라 벨

서술형
핵심패턴북

내신 1등급을 위한 영어 서술형의 비밀

영어 서술형의 패턴을 풀다 ✏️

구분	전형 유형	
수시 (70%)	학생부 교과	교과 성적 중심. 대부분의 학생들에 해당
	학생부 종합	학생부, 자소서, 추천서, 면접과 같은 서류 중심
	논술	논술 시험
	실기	실기 시험 또는 특기 및 증빙자료 활용
정시 (30%)	수능	수능 성적
	실기	실기 시험 또는 특기 및 증빙자료 활용

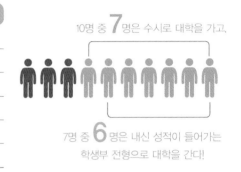

10명 중 **7**명은 수시로 대학을 가고,

7명 중 **6**명은 내신 성적이 들어가는 학생부 전형으로 대학을 간다!

요즘 대입은 수시, 수시를 위해서는 내신, 내신을 위해서는 서술형!

그런데 달달 외워도 틀리는 영어 서술형은 어떻게 해결하지?

서술형 문제가 내신 1등급을 가르는 킬러 문제!

수시로 대학을 가려면 내신 등급이 당락을 결정하므로, 중간과 기말고사가 중요하다. 그런데 내신 1등급 학생도 틀리고, 수업에서 배운 모든 영어 문제의 지문을 달달 외워도 틀리고, 영어가 원어민 수준인 학생도 틀리는 문제가 하나 있으니, 그것은 바로 **영어 서술형!** 서술형 문제는 문제의 조건에 맞게 단어를 변형시키거나 문장을 만들어야 하기 때문에 단순히 외워서 풀 수 없고, 영작을 할 줄 안다고 해서도 정답을 맞추기가 쉽지 않다. 어려운 만큼 배점이 높기 때문에, 하나라도 틀리면 점수가 훅! 떨어진다.

이렇게 까다로운 서술형 문제는 어떻게 접근해야 할까?
학교마다 선생님도, 시험범위도 다 다른데 서술형 문제를 해결할 방법이 없을까?

학교는 달라도, 서술형엔 패턴이 존재한다.
그 패턴의 비밀을 푸는 열쇠, 화이트라벨

1. 특징

문항 당 배점이 크다!

1회의 영어 내신 시험을 100점으로 했을 때, 영어 서술형은 대략 7~8문제 가량 나오고, 약 35점을 차지하고 있다. 서술형 문제 하나가 약 4~5점 정도를 차지할 만큼 문제 하나 당 배점이 크다. 문제에 따라 부분 점수가 있는 경우도 있지만, 하나만 틀려도 타격이 크다.

'배열 영작' 문제가 가장 많다!

학교에 따라 특정 유형은 나타나지 않는 경우도 있으나, 대체로 배열 영작 문제가 가장 많고, 그 다음으로는 단순 주관식이나 공통 단어 찾기 문제가 많다. 그리고 어법이 틀린 단어를 찾아 바르게 고치는 유형이 세 번째로 많다. 단순 주관식이나 공통 단어 찾기 문제 같은 경우는 주관식 유형이라 쉬운 편에 속하지만, 배열 영작이나 어법 문항의 경우에는 문장의 구조나 표현도 알아야 하고, 어법에 대한 이해도 있어야 하므로 어려운 편에 속한다.

2. 공부법

내신 시험 범위의 지문을 완벽히 공부하자!

영어 서술형은 내신 시험 범위에 포함된 모든 지문에 대해 숙지하고 있어야 잘 해결할 수 있다. 여러 지문 중 어디서, 어떻게 변형되어 나올지 모르기 때문에 수업에서 중요하게 다루었던 구문, 표현, 핵심어 등을 꼭 기억하고 있어야 한다.

'배열 영작' 문제는 이렇게 해결하자!

가장 많이 등장하는 배열 영작 문제는 문장 구조에 대한 이해가 없으면 풀기 쉽지 않은 것이 사실이다. 모든 단어들이 제공되어 있는 경우에도, 한글 뜻만 가지고 문장을 만들어 내기는 쉽지 않다. 배열 영작 문제가 어렵다고 느껴진다면, 먼저 직독직해를 하듯이 한글 뜻을 나눠본 후에, 그에 맞게 영어 단어를 배열해 보는 것이 좋다. 또 다른 방법으로는 먼저 동사를 찾아보는 것이다. 1문장에 1동사이므로, 동사인 단어들이 몇 개인지 찾아보도록 한다. 그래서 문장이 복문인지, 단문인지를 생각하면서 주어와 동사를 배열해 보는 것도 하나의 방법이다.

3. 영어 서술형 핵심 패턴 완벽 분석

* 총 37개의 강남구 및 서울 자사고 1~2학년에 해당하는 실제 내신 시험지 65개를 바탕으로 분석
* 내신 자료 출처: 개포고, 경기고, 경기여고, 경문고, 경희고, 단대부고, 대성고, 동양고, 미림여고, 배재고, 보인고, 서울세종고, 선덕고, 세화고, 세화여고, 숙명여고, 숭문고, 신일고, 압구정고, 양정고, 영동고, 우신고, 은광여고, 이대부고, 이화여고, 장훈고, 중대부고, 중동고, 중산고, 중앙고, 진선여고, 청담고, 하나고, 한가람고, 한양사대부고, 현대고, 휘문고

서술형 종류	구분	실제 문항
짧은 주관식	단순 주관식 / 공통 단어 넣기	• 다음 각 문장에 들어갈 알맞은 단어를 보기에서 찾아 쓰시오. • 위 글의 빈칸에 들어갈 알맞은 말을 본문에서 찾아 쓰시오. • 적절한 연결어를 〈보기〉에서 골라서 쓰시오. • 빈칸에 공통으로 들어갈 단어를 주어진 철자로 시작하여 쓰시오.
	세 단어 이상 구 완성	• 다음 글을 읽고 문맥에 맞게 빈칸을 완성하시오. (세 단어 이상)
	영영 뜻 풀이에 해당하는 단어 쓰기	• 다음 단어의 정의를 읽고 주어진 철자로 그 단어를 쓰시오. (n). the force which makes things fall to the ground (g_____) • 아래 (A), (B)에 주어진 정의에 맞는 단어를 위의 보기에서 골라 각각 쓰시오.
영작	순수 영작	• 다음 보기에 주어진 단어를 사용하여 영작하시오. • 다음 우리말을 to부정사의 의미상의 주어를 사용하여 영작하시오. • 우리말을 조건에 맞게 영작하세요.(관계대명사를 이용하여 한 문장으로 만들 것, guest를 사용하지 말 것, '다양한'은 세 단어를 이용해서 만들 것.)
	배열 영작	• 위 글의 빈칸에 들어갈 말을 〈보기〉의 단어만을 사용하여 영작하시오. (필요시 단어중복 및 어형변화 가능) • 밑줄 친 (A)의 의미에 알맞도록 아래 보기의 단어를 모두 활용하여 문장을 완성하시오.
유사 문장 영작	같은 뜻 다른 문장	• 다음 문장을 All 로 시작하는 문장으로 바꿔 쓰시오. • 다음 문장을 밑줄 친 부분에 유의하여 같은 뜻이 되도록 'with'를 포함한 문장으로 다시 쓰시오. • 다음 두개의 영어 문장을 관계대명사 'that'을 사용하여 하나의 영어 문장으로 묶어서 쓰시오.
어법	틀린 어법 고치기	• 다음 중 어법상 옳지 않은 부분을 세 군데 찾아 바르게 고쳐 쓰세요. • 어법상 틀린 부분이 있는 한 문장을 고르고, 틀린 부분을 모두 찾아 그 문장을 바르게 고쳐 쓰시오.
	어법에 맞게 단어 넣기	• ⓑ를 괄호 안에 주어진 단어들을 활용하여 완성하시오. The seeds ⓑ _____(be /use/have) to make oil for cooking purpose... • 위 글의 괄호 (A), (B), (C)의 동사를 어법과 문맥에 맞게 각각 쓰시오.

특징	서울 강남구 학교 31개 문제지	서울 내 자사고 34개 문제지	평균 문항 개수
보기 안에서 단어를 골라 문장 또는 지문 속 빈칸에 알맞은 단어를 넣는 문제이다. 보통 짧은 단어형 주관식이 많고 단어 변형은 없는 편이다. 보기가 없이 본문에서 단어를 찾아 쓰라는 경우, 이 단어는 핵심어인 경우가 많다.	39	46	43
몇 단어로 쓰라는 조건 또는 어떤 특정 단어를 넣으라는 조건이 등장하지만, 조건이 없는 경우도 있다.	0	6	3
영영 뜻을 읽고 단어를 생각해 내야 하는 문항이다. 지문이 없이 영영 뜻에 대한 단순 주관식 문제인 경우가 있다.	4	2	3
보기에 단어 제시가 안 되는 경우와 제시되어 있는 경우가 있다. 영작의 경우, 다양한 조건이 제시되는 편이고, 그 조건에 맞게 문장을 완성해야 한다.	12	24	18
단어들이 있는 보기 안에서 배열하는 식의 영작이 있고, 한글 뜻이 제시되지 않는 배열 영작도 있다. 보기의 단어를 일부 변형시키는 어형 변형이 섞여 있는 문항도 있다.	62	69	66
많은 구문 표현이나 문장 전환하는 방법을 알고 있어야 해결 가능하다. 예) 비교급 전환, 중요 표현 전환(if it were not for=but for, provide A with B =provide B for A), 수동/능동 전환, 4형식/3형식 전환, 부정어구 도치문 전환 등	11	15	13
최소 2개~최대 5개의 틀린 어법 찾는 경우가 많은데, 단순히 틀린 것만 찾는 것이 아니라 맞는 단어로 고쳐 적어야 하므로 난이도가 높은 편이다.	29	34	32
어법에 맞도록 동사, 명사 등 어형 변형이 가능한지를 보는 문항이다. 예를 들어, 기본형 동사가 형용사 역할을 할 수 있도록 고쳐 쓸 수 있는지 보는 문항이 있다.	15	11	13

서술형 종류	구분	실제 문항
수능형	글의 제목 쓰기	• 다음 글을 읽고, 조건에 맞추어 글의 제목을 영어로 쓰시오. (조건: the Paralympics와 the Olympics를 포함할 것, 총 10단어 이내로 쓸 것)
	어휘	• 위 글에서 (A)~(C)각각의 문맥상 적절하지 못한 영단어 1개씩 찾아서 바르게 고치시오. • 빈칸 a~f 에 들어갈 알맞은 단어를 〈보기〉에서 찾아 글의 흐름에 맞게 문장을 완성하시오. • 괄호 안에 주어진 단어 중에서 알맞은 것을 골라 쓰시오. (1) 그들은 모두 왕의 충성스러운 지지자들이었다. They were all [loyal / royal] supporters of the king. • (B) critical 을 의미상 적절한 형태로 고치시오.
	글 순서 찾기	• 문맥상 문장 (A)~(D)가 순서에 맞게 배열되도록 괄호 안을 그 문장의 기호로 각각 채우시오.
	요약문 단어 넣기	• 다음 글의 내용을 한 문장으로 요약하고자 한다. 빈칸 (A)와 (B)에 들어갈 적절한 어휘를 본문에서 찾아 쓰시오. • 위 글의 앞 단락을 다음과 같이 요약할 때 밑줄 친 부분에 각각 알맞은 표현을 지문에서 찾아 어법에 맞춰 쓰시오.
	지칭 내용 쓰기	• 밑줄 친 'thoughtful actions'에 해당하는 내용을 본문에서 찾아 한 문장으로 쓰시오. • 다음 글을 읽고 밑줄 친 two reasons에 해당하는 것을 찾아 우리말로 구체적으로 서술하시오. • 다음 밑줄 친 부분이 가리키는 대상이 나머지 넷과 다른 하나를 골라 번호를 쓰고, 가리키는 내용을 찾아 영어로 쓰시오.
	문장위치	• 주어진 문장이 들어가기에 가장 적절한 위치를 찾아 바로 뒷 문장의 첫 4단어를 적으시오.
	주장/주제문 완성	• 다음 글의 주제문 빈칸 (A)~(C)에 들어갈 알맞은 단어 또는 어구를 지문에서 찾아 영어로 쓰시오. • 다음 글에 나타난 필자의 주장을 〈보기〉에 주어진 말을 사용하여 완성하시오.
세부내용 찾기	특정 세부사항 찾기	• Q : What did Victor Papan aim by designing tin can radio? A : He aimed _____ • What did Ricky give Veronica last year? ➜ It was ( ) that Ricky ( ).
우리말로 쓰기	특정 내용 쓰기	• 지문을 읽고 플라스틱이 환경에 영향을 미치는 과정을 3단계로 나누어 우리말로 구체적으로 서술하시오. • 다음 글의 주장을 우리말로 쓰시오. • 입체파 화가들이 물체를 여러 관점으로 표현한 이유를 20자 이내의 우리말로 쓰시오.
	우리말 해석	• 밑줄 친 문장을 우리말로 바르게 해석하시오.
혼합형	두 가지 유형 혼합된 문항	• 주어진 단어를 모두 사용하고 필요시 주어진 단어의 형태를 변형하여 위 글을 한 문장으로 요약하시오.

특징	서울 강남구 학교 31개 문제지	서울 내 자사고 34개 문제지	평균 문항 개수
글의 제목을 찾는 수능형 문제가 서술형으로 바뀐 문항이고, 자사고에서만 출제된 문항이다.	0	2	1
맞지 않는 어휘를 찾는 경우, 유사하게 생긴 단어라든지 반의어가 등장한다. '형용사 → 명사형 전환'과 같은 파생어 어휘 변형도 해당된다. 'another → the other'처럼 비슷한 뜻이지만 어휘의 쓰임이 다른 경우에 대한 문항도 있다.	14	9	12
강남구 학교에서만 출제된 문항으로, 문장을 순서 배열하는 문항이다.	4	0	2
어법에 맞게 본문의 단어를 고쳐서 찾아 넣는 식이거나, 보기를 제시하되 파생어나 변형된 단어들을 제시하여 헷갈리게 만드는 경우도 있다.	15	16	16
대명사가 지칭하는 것을 영어로 쓰거나, 혹은 특정 명사가 의미하는 것을 한글로 쓰게 하는 문제가 있다. 또한 반복되는 대명사가 지칭하는 것을 찾는 경우도 있다.	7	6	7
주어진 문장의 위치를 찾는 수능형 문제로, 자사고에서만 출제되었다.	0	1	1
주장이나 주제문을 완성시키는 문항이므로, 지문을 파악하는 독해력이 필요하다.	0	2	1
지문을 읽고 질문에 대한 답을 완성하는 문항이다. 지문의 내용이 1인칭 시점이지만, 질문과 답이 3인칭으로 전개되었을 때, 지문 속의 문장을 찾아 그대로 넣더라도 인칭 변화에 대해 이해하고 동사를 변화시킬 수 있어야 한다.	7	12	10
문제에서 요구하는 특정 내용에 대해 한글로 써야 하므로, 독해력과 자연스러운 해석 능력이 기본적으로 필요하다.	1	17	9
it is not until~that / used to / be used to -ing 등 중요한 숙어표현을 알고 있는지를 확인하는 문항이 있고, 생략된 관계대명사를 이해하고 후치수식을 이해하여 해석할 수 있는지 보는 문항도 있다.	0	5	3
단어 어형 변형과, 배열, 그리고 요약 유형까지 같이 섞인 혼합형 문제도 등장하고 있다.	9	8	9

구성과 특징*

실제 내신에서 출제된 서술형 패턴을 한번에 정리!
Pre-study 서술형 패턴잡기

강남구 및 서울 자사고 내신 시험을 모두 분석하여, 서술형 패턴을
10가지로 분류하였습니다. 실제 대부분 학교의 내신 시험은 이 패턴
과 유사하게 출제되고 있으므로, 내신 서술형 문항을 유형으로 미리
익히고, 유형 전략을 통해 문제 해결에 도움이 될 수 있습니다.

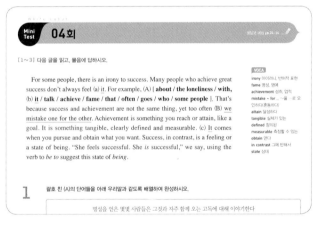

다양한 지문을 통한 내신 시험 대비!
Main Study 서술형 미니테스트

고 1~3학년의 교육청 전국연합 학력평가와 평가원 모의고사를 바탕
으로 서술형 테스트를 구성하였습니다. 한 지문에 세 가지의 다양한
서술형 문제를 풀어보면서 실력을 키운다면, 학교마다 다른 내신 시
험에 유연하게 대처할 수 있을 것입니다.

서술형 대비를 위한 필살기!
Extra Study 서술형 필수 구문

선생님들이 수업 때 중요하다고 했던 구문이나 표현은 시험에 꼭 출
제됩니다. 특히 서술형 문제에서는 이러한 중요 구문을 정확히 알아야
문장을 쓸 수 있습니다. 따라서 서술형에서 자주 나올 수 있는 필수
구문을 정리하여 서술형 대비를 철저하게 할 수 있도록 하였습니다.

지문과 문제에 대한 이해를 도울 수 있도록 해석과 해설을 충실하게 실었습니다.

Mini Test 03회

1 ① poster → posters
   ② allowing → allowed
2 the poster they were unable to keep was suddenly ranked as the most beautiful
3 (a) own (b) attractive
4 (a) fail (b) overlapping (c) invisible
5 the paints were mixed together so that their effects on light interfered with each other
6 (m)ixture
7 (A) longitude(경도)라는 단어에서 'n'
   (C) 경도선은 북에서 남으로 간다고 기억하는 것
8 it will be easy to remember that longitude lines go from north to south
9 (m)emorize
10 (a) But for (b) If it were not for (c) Were it not for
11 what matters most is what you think of when you hear the word "friend"
12 (d)efinition

[1~3]

해석
핵심내용: Romeo and Juliet 효과

한 연구에서, 연구자들은 학생들에게 10개의 포스터를 아름다운 순서대로 배열하도록 요청했다. 그들은 나중에 학생들이 10개의 포스터 중 하나를 연구 참여에 대한 보상으로 가질 수 있다고 약속했다. 그러나 학생들이 이 과업을 마쳤을 때, 연구자들은 학생들이 3순위로 아름답다고 평가했던 포스터는 가질 수 없다고 말했다. 그러고 난 뒤, 그들은 학생들에게 10개의 포스터 전부를 처음부터 다시 평가하도록 요청했다. (그 결과) 일어난 일은 학생들이 가질 수 없도록 했던 포스터가 갑자기 가장 아름다운 것으로 순위 매겨진 것이다. 이것은 '로미오와 줄리엣 효과'의 한 예시이다. 셰익스피어의 비극에 나오는 로미오와 줄리엣처럼, 그들의 사랑이 금지될 때 사람들은 서로에게 더 애착감이 생기게 된다.

1
① one of ~는 '~ 중 하나'라는 의미로 뒤에 항상 복수명사가 와야 한다.
② allow는 ⟨allow+O+to-v⟩의 5형식 문장으로 쓰는데, 목적어 없이 to부정사가 바로 뒤에 위치했기 때문에 목적어가 주어 자리로 이동한 수동태 문장으로 써야 한다.

Solution Tips
⟨to부정사를 목적보어로 갖는 5형식 동사의 수동태 전환⟩

S | ask allow expect force | O | to-v | ➡ | S | be | asked allowed expected forced | to-v

2
the poster는 they were unable to keep의 수식을 받는 주어로, ~ 표에~목적격 관계대명사가 생략되었다. the poster가 '순위 매겨졌다'는 의미~므로 수동태 was suddenly ranked as로 쓴다.

힌트 학생들이 가~수 없도록 했던 포스터가 / 갑자기 순위 매겨졌다 / 가장 아~다운 것으로

정답 the poster~they were unable to keep / was suddenly ranked ~ ~most beautiful

어휘 rank 순위를 매기다

3
→ 사람들은 무언가를 소유할(own) 수 없다는 것을 알게 될 때, 그 ~들~더 매력적(attractive)이라고 생각하기 시작한다.

구문 분석
[7행] This is an ex~mple of the "Romeo and Juliet effect":
이것은 한 예시이다~   로미오와 줄리엣 효과 의
Just like Rome~~nd Juliet in the Shakespearean tragedy, /
셰익스피어의 비극에 나~는 로미오와 줄리엣처럼
~ple bec~e more **attached to** each other / when their love is prohibited.
~애착감이 생기게 된다   그들의 사랑이 금지될 때

○ 문장 부호 중 하나인 콜론(:)은 콜론 뒤에 나오는 것을 강조하거나, 구체적으로 설명하고자 할 때 쓰인다. 여기에서는 "Romeo and Juliet effect"에 대한 설명을 하기 위한 것으로 쓰였다.
○ be(become) attached to: ~에 애착이 가다

[4~6]

해석
핵심내용: 빛의 혼합과 색상의 혼합의 차이

우리가 빨간색과 녹색 물감을 섞어서 노란색을 만들려고 한다고 가정해 보자. 우리가 그 물감들을 함께 섞는다면, 의도된 결과를 얻는 데 있어서 실패할 것이고, 그 대신 아마도 불그스름한 색을 얻게 될 것이다. 이것은 빛에 주는 그것들의 효과가 서로 간섭하도록 물감들이 함께 섞였기 때문이다. 그러나 빨간색이 물감의 많은 작은 점들로 칠해진다고 가정해 보자. 멀리서 보면, 그것은 완전한 빨간 색처럼 보일 것이다. 이와 유사하게, 빨간색 점들과 절대 서로 겹치지 않게 하면서, 녹색도 같은 종이 위에 많은 작은 점들로 칠해질 수 있다. 가까이에서 보면, 많은 작은 빨간색과 녹색 점들이 보일 것이다. 각각의 점들이 보이지 않을 만큼 충분히 멀리 떨어져서 보면, 눈은 빨간색 빛과 녹색 빛의 혼합을 받게 될 것이다. 그 빛은 노란색으로 보일 것이다.

서술형 풀이를 더 쉽게!
힌트

서술형에서 실제로 가장 많이 나오는 유형인 배열 문제의 해결을 위해, 직독 직해 '힌트'를 제공하였습니다. 문장을 바로 만들기 쉽지 않은 학생들은 먼저 직독직해 식으로 한글을 써 본 후 그에 맞게 영어를 쓰는 것이 도움이 될 수 있을 것입니다.

어려운 문장, 중요한 문장을 완벽히 이해!
구문분석

어렵거나 중요한 문장 안에 들어 있는 다양한 문법적 요소를 익힐 수 있게 하여 정확히 독해하는 힘을 길러줍니다. 또한 끊어읽기 표시와 해석을 제공하여 문장의 구조를 잘 이해할 수 있도록 도와줍니다.

차례 *

I Pre-study
서술형 패턴잡기

문장 완성	01 단어 배열	• 14
	02 문장 쓰기	• 16
	03 문장 전환	• 18
지칭 완성	04 지칭 내용 서술	• 20
	05 세부 내용 서술	• 22
어법/어휘	06 밑줄 어법/어휘	• 24
	07 어형 바꾸기	• 26
빈칸 완성	08 본문 빈칸	• 28
	09 요약문 빈칸	• 30
독해 완성	10 주제/주장	• 32

Ⅱ
Main Study

서술형 미니테스트

01회	• 36
02회	• 40
03회	• 44
04회	• 48
05회	• 52
06회	• 56
07회	• 60
08회	• 64
09회	• 68
10회	• 72
11회	• 76
12회	• 80
13회	• 84
14회	• 88
15회	• 92

Ⅲ
Extra Study

서술형 필수 구문

• 98

정답과 해설

White Label

I

Pre-study
서술형 패턴잡기

01 단어 배열 02 문장 쓰기 03 문장 전환 04 지칭 내용 서술 05 세부 내용 서술
06 밑줄 어법/어휘 07 어형 바꾸기 08 본문 빈칸 09 요약문 빈칸 10 주제/주장

문장 완성

01 · 단어 배열

| 유형 분석 |

영어 지문 중 한 문장 또는 문장의 일부에 대한 한글 해석과 일치하도록 10~20개 정도의 주어진 영어 단어를 배열하는 유형이다. 학교 특성에 따라 한글 해석이 제시되지 않는 경우도 있으며, 주어진 단어를 문맥과 어법에 알맞게 변형하여 배열하는 형식으로도 출제된다. 주로 빈출 구문, 주제문(핵심 내용), 까다로운 구조의 문장들이 출제된다. 서술형 유형 중에서 출제 비중이 가장 높으므로 중점적인 학습이 필요하다.

| 유형 예시 |

• 다음 우리말과 같도록 괄호 안의 단어를 알맞게 배열하시오.
• 글의 내용과 일치하도록 주어진 단어들을 알맞게 배열하시오. (한글 해석 없음, 필요시 형태 변형 가능)
• 다음 우리말과 일치하도록 〈보기〉에서 적절한 단어를 골라 알맞게 배열하시오.

| 유형 전략 |

1. 빈출 구문, 수식어구, 준동사, 동사와 자주 사용되는 전치사 등의 출제 의도를 파악한다.
2. 문맥에 맞게 단어들을 조합하여 우리말을 생각해 보고, 영어 어순에 맞도록 직독직해식으로 바꿔 본다.
3. 영어 문장 구조에 주의하며 배열한다.

Tip 평소 직독직해 해석 방법을 습관화하고, 시험에 자주 출제되는 구문이 포함된 문장은 반드시 직접 써서 연습하자!

대표 기출 세화고 2학년 서술형 응용

1

밑줄 친 우리말과 같도록 〈보기〉의 단어를 문맥과 어법에 맞게 배열하시오. (단어 중복사용 가능)

Most of us have problems that have been posed to us (e.g., assignments from our supervisors). But we also recognize problems on our own (e.g., the need for additional parking space in the city where you work). After identifying the existence of a problem, we must define its scope and goals. The problem of parking space is often seen as a need for more parking lots or parking garages. However, in order to solve this problem creatively, it may be useful to redefine it as a problem of too many vehicles requiring a space to sit in during the workday. In that case, you may decide to organize a carpool among people who use downtown parking lots and institute a daytime local taxi service using these privately owned vehicles. Thus, you solve the problem 여러분이 그것을(그 문제를) 원래 제기했던 방식이 아닌 여러분이 나중에 그것을(그 문제를) 새롭게 생각했던 대로.

VOCA

pose (문제를) 제기하다
assignment 과제, 숙제
supervisor (직장) 상사
recognize 인식하다
identify 확인하다
existence 존재
scope 범위
redefine 재정의하다
organize 조직하다
carpool 카풀, 승용차 함께 타기
institute 실시[시행]하다

〈보기〉

originally posed / it / you / not / as / but / later reconceived

2 다음 글의 흐름으로 보아, 괄호 안의 어구를 적절하게 배열하여 문장을 완성하시오.

I'll bet that if you're in the habit of buying the morning paper, you skip the one directly on top of the pile. Instead, you lift up the top newspaper and pull out the one directly underneath it. Did you know that consciously or not, 72 percent of people do the same? Why? Because we imagine that the second one from the top hasn't been handled by countless fingertips and is therefore somehow cleaner than the one above it. Ironically, though, after scanning the headlines, many of that same 72 percent of consumers replace that paper right where they found it, under the top one. So [**over and over / all end up / the same newspaper / they / that has been touched / thumbing through**].

VOCA

bet 확신하다, 내기 걸다
in the habit of ~하는 버릇이 있는
morning paper 조간 신문
skip 건너뛰다, 뛰어넘다
pile 쌓아 올린 더미
consciously 의식적으로
countless 수많은
fingertip 손가락 끝
ironically 역설적으로
scan 대충 훑어보다

3 다음 글의 빈칸에 들어갈 내용을 〈보기〉에 주어진 단어를 모두 사용하여 쓰되, 필요한 경우 어형을 문맥에 맞게 고쳐 쓰시오.

Jack Welch is considered to be one of the USA's top business leaders. In a gesture that was at once symbolic and real, Welch directed the ceremonial burning of the old-fashioned GE Blue Books. The Blue Books were a series of management training manuals that told how GE managers were to get tasks done in the organization. Despite the fact that these books for training had not been used for some 15 years, they still had great influence over the actions of GE managers. Citing the need for managers to write their own answers to day-to-day management challenges, Welch swept away the old order by removing the Blue Books from the organization's culture. Now, GE managers _____ in a dusty old book.

VOCA

symbolic 상징적인
ceremonial 의식의
manager 관리자
task 업무, 과업
organization 조직
influence 영향
cite 언급하다, 인용하다
sweep away 일소하다, 없애다

〈보기〉

are / look / up / own / rather than / solutions / teach / their / them / to find

문장 완성

02 · 문장 쓰기

정답과 해설 pp.3~4

| 유형 분석 |

영어 지문 중 한 문장 또는 문장의 일부에 대해서 문맥에 알맞은 내용이 되도록 영어 문장을 완성하는 유형이다. 대부분의 학교에서 한글 해석과 단어 일부가 제시되지만, 주어진 단어를 문맥과 어법에 맞게 영작해야 하기 때문에, 1강에서 학습한 단어 배열보다 체감 난이도가 높은 유형이다. 주제문, 중요 어법이 포함된 문장, 까다로운 구조의 문장, 중요 구문이 주로 출제된다.

| 유형 예시 |

• 주어진 우리말과 같도록 〈조건〉에 맞게 영작하시오.
• 본문에 있는 표현을 활용하여, 다음 우리말을 영작하시오.

| 유형 전략 |

1. 빈출구문, 지문의 핵심 내용, 까다로운 문장 구조 등의 출제 의도를 파악한다.
2. 문맥에 맞게 단어들을 조합하여 우리말을 생각해 보고, 영어 어순에 맞도록 직독직해식으로 바꿔 본다.
3. 영어 문장 구조에 주의하며 영작한다.

Tip 평소 직독직해 해석 방법을 습관화하고, 시험에 자주 출제되는 구문이 포함된 문장은 반드시 직접 써서 연습하자!

대표 기출

경희고 1학년 서술형 응용

1 밑줄 친 부분의 우리말과 같도록 〈조건〉에 맞추어 영작하시오.

Throughout history, people have changed their behavior to avoid taxes. Centuries ago, the Duke of Tuscany imposed a tax on salt. Tuscan bakers responded by eliminating salt in their recipes and giving us the delicious Tuscan bread we enjoy today. If you visit Amsterdam, you will notice that almost all the old houses are narrow and tall. They were constructed that way to minimize property taxes, which were based on the width of a house. Consider another architectural example, the invention of the mansard roof in France. Property taxes were often imposed on the number of rooms in a house and, therefore, rooms on the second or third floor <u>1층에 있는 방들처럼 과세될 수 있는 것으로 여겨졌다</u>. But if a mansard roof was constructed on the third floor, those rooms were considered to be part of an attic and not taxed.

VOCA

tax 세금
impose 부과하다
eliminate 없애다
construct 건축하다
minimize 최소화하다
property tax 재산세
width 넓이
architectural 건축의
mansard 맨사드 지붕(이중 경사의 지붕)
attic 다락방

〈조건 1〉 전체 10개의 단어로 쓸 것 〈조건 2〉 〈보기〉의 단어를 반드시 포함하되, 필요시 형태 변화 가능 〈조건 3〉 as ~ as를 이용할 것

〈보기〉

ratable / as / ground / consider / those

2 다음 글을 읽고, 문맥상 빈칸에 들어갈 말을 주어진 〈조건〉에 알맞게 쓰시오.

When you say "My car is broken," that is not, in itself, a problem if you've got two cars. So a better statement would be, "I have no way to get to work today," or "I'm going to be late getting to work today because my only car is broken." The reason to clearly state the root problem is that your goal in this specific instance is not to "fix my car." It is to get to work. Stating the problem in this way opens up other options: taking the bus, calling a friend, taking the day off, etc. A 문제에 대한 명확한 진술 will help you come up with clear options of how to fix it.

〈조건1〉 본문에 있는 단어만 쓸 것
〈조건2〉 5단어로 쓸 것

_____ _____ _____ _____ _____

VOCA

statement 진술
root 근본, 근원
specific 특정한
instance 예시
fix 고치다
state 진술하다
take the day off 하루를 쉬다
come up with (생각을) 떠올리다
option 선택사항

3 다음 글을 읽고, 빈칸에 들어갈 말을 주어진 우리말을 참고하여 어법에 맞게 완성하시오.

On a spring day in New York's Central Park, a balloon salesman was busy trying to sell his balloons. In order to gain the attention of those walking in the park, from time to time he would release a brightly colored balloon and let it rise into the sky. In the sunny afternoon, a little African-American boy approached him. The boy was shy and had a poor self-image. He had been watching the man and had a question for him. "Mister, if you let a black balloon go, will it rise too?" The balloon salesman knew what he was asking. "Sweetheart," he explained. "It doesn't matter what color the balloon is. 그 풍선을 떠오르게 하는 것은 (풍선의) 그 바깥에 있는 것이 아니라 바로 안에 있는 것이란다."

〈조건1〉 not A but B 구문을 이용할 것   〈조건2〉 inside와 outside를 포함시킬 것
〈조건3〉 사역동사 make를 사용할 것   〈조건4〉 본문에 나온 단어만 사용할 것

What _____ _____ _____ _____
_____ _____ _____ the _____ _____
_____ the _____ .

VOCA

gain 얻다
attention 관심
from time to time 때때로
release 풀어놓다
rise 올라가다
approach 다가오다
shy 수줍어하는
self-image 자아상
explain 설명하다
matter 중요하다

문장완성 03 · 문장 전환

정답과 해설 pp.5~6

| 유형 분석 |

영어 지문 중에서 한 문장 또는 일부에 대해서 동일한 의미가 되도록 바꿔 쓰는 유형이다. 태의 전환, 분사구문의 전환, 가정법의 전환, 자주 사용되는 영어 구문의 전환, 강조, 도치 등의 문법적인 내용을 바탕으로 주로 출제된다.

| 유형 예시 |

• 밑줄 친 부분을 다음과 같이 바꿔 쓸 때, 빈칸을 알맞게 채우시오.
• 밑줄 친 부분과 의미가 같도록 빈칸을 완성하시오.

| 유형 전략 |

1. 평소에 문장 전환으로 자주 출제되는 표현과 중요 구문에 대해 익혀 둔다.
2. 출제 포인트에 해당하는 표현을 찾는다.
3. 문맥적 의미, 중요 구문, 동사 형태, 시제에 주의하여 전환한다.

Tip 시험에 자주 출제되는 구문은 암기하고, 반드시 직접 써서 연습하자!

대표기출 압구정고 2학년 서술형 응용

1

밑줄 친 부분을 〈조건〉에 유의하여 해석하고, 같은 의미가 되도록 빈칸에 알맞은 말을 쓰시오.

The tank was a British invention. Early in the war inventors came to the army leaders with the idea but the army rejected it as impractical. However, Winston Churchill, head of the navy, thought the idea had potential and his department funded its development. Two years later the tanks were used for the first time at the Battle of the Somme. They advanced ahead of the infantry, crushing defences and spraying the enemy with machine-gun fire. They caused alarm among the Germans and raised the morale of the British troops. Surely this was the weapon that could achieve a breakthrough! However, these first machines only moved at walking pace. More than half of them broke down before they got to the German trenches. They were not very reliable. It was not until a year later that tanks actually achieved great success. They blasted through enemy lines so quickly that the infantry could not keep up.

VOCA

reject 거절하다
impractical 비실용적인
potential 잠재력
department 부(部), 성(省)
fund 자금을 대다
development 개발
ahead of ~에 앞서
infantry 보병(대)
defence 방어, 방어시설
machine-gun fire 기관총 사격
morale 사기
troop 군대, 병력
breakthrough 돌파구
trench 참호
reliable 믿을 만한
blast 돌파하다

(1) 해석 : _____

〈조건〉 They를 '그것들'이라고 해석하지 말고, 지칭하는 명사를 정확히 찾아 해석할 것

(2) = _____

〈조건〉 〈too ~ to-v〉를 사용할 것

2 주어진 문장이 밑줄 친 (A)와 같은 의미가 되도록 빈칸을 완성하시오. (복문으로 전환할 것)

Charlie knew something was wrong. The lake was gone. He paused and scanned the field, but he could not see anything familiar. Suddenly a dog barked behind him. The sound, unexpected and loud, startled him, so he began to run away. Then another dog was barking, and another, and he had no idea where the dogs were. He was terribly frightened and he ran with increasing awkwardness, tearing at the weeds with his hands, pulling at the air, so that (A) everything about him seemed to be running except his slow feet. The sound of the dogs seemed to be all around him, even getting louder.

= it _____ except his slow feet

VOCA

pause 멈추다, 정지하다
scan 살펴보다, 훑어보다
familiar 익숙한
bark 짖다
startle 깜짝 놀라게 하다
awkwardness 불안함, 당혹감
tear 뜯다, 찢다 (**tear-tore-torn**)
weed 잡초

3 다음 문장과 같은 의미가 되도록 빈칸에 알맞은 말을 쓰시오.
(단, 괄호 안에 주어진 말을 반드시 포함하되, 필요시 어형 변화할 것)

Many people believe that Steve Gerber was a critical figure in comics history.

= Many people believe Steve Gerber (1) _____ a critical figure in comics history. (to를 포함한 3단어로 쓸 것)

= Steve Gerber (2) _____ a critical figure in comics history.
(believe와 to를 포함한 5단어로 쓸 것)

VOCA

critical 중요한, 결정적인
figure (중요) 인물

4 다음 문장을 밑줄 친 부분에 유의하여 같은 뜻이 되도록 with를 포함한 문장으로 다시 쓰시오.

He worked at a supermarket to earn money for his poor family.

= He worked at a supermarket _____.

VOCA

earn 벌다

지칭
완성 | 04 · 지칭 내용 서술

정답과 해설 pp.6~7

| 유형 분석 |

영어 지문에서 밑줄 친 문장이나 어구의 문맥적 의미 또는 대명사가 지칭하는 내용을 본문에서 찾아 쓰거나 한글로 쓰는 유형이다.

| 유형 예시 |

• 밑줄 친 부분의 의미를 우리말로 쓰시오.
• 밑줄 친 부분이 가리키는 것을 본문에서 찾아 쓰시오.

| 유형 전략 |

1. 대명사가 지칭하는 내용과 비유적, 추상적으로 쓰인 문장의 문맥적 의미를 파악한다.
2. 지칭하는 대상이나 내용의 문맥적 의미를 파악한다.
3. 지칭 내용을 정확하게 포함하여 주어진 조건에 알맞게 서술한다.

Tip 대명사와 비유적 표현은 지칭 내용과 대상을 정확하게 파악하는 독해 습관이 필요하다.

대표
기출 압구정고 2학년 서술형 응용

1 다음 글의 밑줄 친 (a) them과 (b) it이 가리키는 것을 각각 본문에서 찾아 영어로 어법에 알맞게 쓰시오. ((a)는 두 단어로, (b)는 한 단어로 쓸 것)

When I was young, the last wolf in this part of the country was hunted down and killed. The newcomers to this land brought their long-held fears of the wolf with (a) them. They thought, and still think, that the wolf was successful because he loved to kill and was good at (b) it. To them, he was evil and had to be killed. They didn't realize he failed more than he succeeded. He went hungry nine times out of ten because his prey got away. But he kept trying until he caught it. When he finally succeeded the tenth time with his force of will, he satisfied his hunger. What they saw as a thirst for killing was really determination. That was the secret of his success: He never quit even with difficulty.

VOCA

newcomer 새로 온 사람, 신입
long-held 오랫동안 간직해 온
evil 사악한
prey 먹잇감
get away 도망치다, 탈출하다
keep -ing 계속해서 ~하다
will 의지
satisfy 만족시키다
thirst 욕망, 갈증
determination 결의
quit 그만두다

(a) them: _____

(b) it: _____

2
밑줄 친 (A) the process가 의미하는 것을 본문에서 찾아 30자 이내의 우리말로 쓰시오.

In the late 1600s, Sir Issac Newton conducted a series of experiments involving prisms, light, and color, which form the basis of our current understanding of color. These experiments involved refracting white light through a prism — a simple triangular glass object that separates light waves into individual colors. The results revealed that light could actually be broken down into seven individual colors: red, orange, yellow, green, blue, indigo, and violet. Until this discovery, it was assumed that a prism somehow "colored" the light passing through it. To prove this wrong, Newton reversed (A) the process. He projected the colors back into the prism, which resulted in pure white light. Artists and scientists alike were amazed by this discovery that light is the source of all color.

VOCA
conduct 행하다
involve 관련시키다
current 현재의
refract 굴절시키다
triangular 삼각형의
separate 분리시키다
individual 개개의
reveal 밝혀내다, 드러내다
break down (분석할 수 있도록) 분해하다
indigo 남색, 쪽빛
assume 짐작하다, 추정하다
reverse 뒤바꾸다
project 투사하다

3
밑줄 친 부분이 의미하는 바를 영어로 쓰시오.

When you are in the supermarket, do you buy something from each and every aisle? Of course not. You go to aisles that have something you want and skip the aisles that don't have anything you need. But when it comes to watching television, many of us seem to <u>follow the buy-something-from-every-aisle plan</u>. Too often we watch TV because that's what we usually do rather than because there is something we actually want to see. Ask yourself when you are watching TV, "Is this something I want to see?" Don't turn on the TV just because it's there and that's what you usually do.

VOCA
aisle 통로
skip 건너뛰다
when it comes to ~에 대해서
plan 방식, 계획
actually 실제로
turn on (TV, 전등을) 켜다

w _____ T _____ h _____

지칭 완성

05 · 세부 내용 서술

| 유형 분석 |

제시된 지문에서 세부 내용 및 특정 정보를 파악하여, 한글 또는 영어 문장으로 쓰는 유형이다. 내용 일치 및 불일치를 묻는 독해 유형이 서술형으로 변형되어 출제된다고 보면 된다. 정답과 관련된 정보들이 지문에 제시되어 있기 때문에, 해당 부분을 찾고 주어진 조건에 유의하여 답안을 작성한다.

| 유형 예시 |

• 다음을 읽고 질문에 완전한 영어 문장으로 답하시오.
• 다음 글을 읽고 각각의 영어 질문에 우리말로 답하시오.
• 이 글에서 밑줄 친 부분에 대한 장점 2가지를 우리말로 서술하시오.

| 유형 전략 |

1. 질문에서 요구하는 핵심 내용을 파악한다.
2. 지문에서 해당 질문과 관련된 세부 내용 및 특정 정보를 파악한다.
3. 문맥적 의미, 동사 형태, 시제, 제시된 조건에 유의하여 답안을 작성한다.

Tip 지문에서 소재의 특징, 혼동하기 쉬운 내용, 세부 정보 등을 주의해서 읽도록 한다.

대표 기출 보인고 1학년 서술형 응용

1 다음 글에 나타난 4세 아이의 특징을 본문에서 찾아 20자 이내의 우리말로 쓰시오.

When children turn four, they start to consider what other people are thinking. If, for instance, you show a four-year-old a packet of gum and ask what's inside, she'll say, "Gum." You open the packet and show her that inside there's a pencil instead of gum. If you ask her what her mother, who's waiting outside, will think is in the packet once it's been reclosed, she'll say, "Gum," because she knows her mother hasn't seen the pencil. But children under the age of four will generally say that their mother will think there's a pencil inside because children of this age cannot yet imagine the world beyond their own reality. They think everyone knows what they know because they cannot model someone else's mind and, in this case, realize that someone must see something in order to know it.

VOCA

for instance 예를 들어
packet 통, 곽
reclose 다시 닫다
generally 일반적으로
beyond ~을 넘어서
reality 현실
model 형태를 만들다
realize 깨닫다

2 다음을 읽고, 질문에 대한 답을 영어로 쓰시오.

A study was done to see a way to make negotiations go smoother and published in the Journal of Experimental Social Psychology. In this study, when college students who negotiated the purchase of a motorcycle over an online instant messenger believed they were physically far apart (more than 15 miles), negotiations were easier and showed more compromise than when participants believed they were closer (a few feet). The experimenters explain that when people are farther apart, they consider the factors in a more abstract way, focusing on the main issues rather than getting hung up on less important points. So next time you have to work out a complex deal, the researchers say, it may be worthwhile to begin from a distance.

Q: What was the purpose of the study? (본문에 있는 표현을 그대로 쓸 것)

A: It was _____ .

3 다음 글을 읽고, 주어진 질문에 영어로 답하시오. (문장으로 구성할 것)

On behalf of the Board of Directors and Officers of the Heyerdahl Corporation, I would like to express sincere appreciation and congratulations to Davis Construction Company for successfully completing the reconstruction of our headquarters building in Woodtown, which was destroyed by fire last year. Your company has distinguished itself as a leader in the construction industry by performing what appeared to be an almost impossible task. Working under difficult conditions and accelerated construction schedules, your company completed the building on June 1, as scheduled. This accomplishment is a result of the fine group of professional engineers and skilled craftsmen you assembled on site, and of the individual skill and dedication of your project manager, David Wallace.

(1) Q: Why did Heyerdahl Corporation reconstruct its headquarters building?

A: Because _____ .

(2) Q: How has Davis Construction Company gained a reputation as a leader in the construction industry?

A: _____

어법 어휘
06 · 밑줄 어법/어휘

| 유형 분석 |

밑줄 친 부분 중, 어법상 틀린 부분과 문맥상 쓰임이 어색한 것을 찾아서 바르게 고치는 유형이다. 단어 배열 유형과 마찬가지로 서술형 문제에서 출제 비중이 매우 높은 유형이다. 객관식 유형과 달리 어법과 어휘의 쓰임이 틀린 부분을 2개 이상 고르거나 또는 모두 고르는 형식으로 제시되는 경우가 많아 학생들의 학습 부담이 큰 유형이다. 밑줄 친 부분은 일반적으로 5개가 제시되지만, 학교 특성에 따라 5개 이상 등장하기도 한다. 아울러, 밑줄 친 부분이 단어 한 개에 그치지 않고, 구나 절까지 확장되어 출제되기 때문에 핵심 포인트를 찾는 것이 중요하다. 틀린 부분을 찾기만 하고, 올바른 표현으로 바꾸지 못할 경우, 부분점수만 얻거나 감점 요인이 된다는 점에 주의해야 한다.

| 유형 예시 |

• 밑줄 친 부분 중, 어법상 틀린 것을 2개 찾아서 바르게 고치시오.
• 밑줄 친 부분 중, 문맥상 어휘의 쓰임이 어색한 것을 찾아 바르게 고치시오.
• 다음 중 어법상 틀린 것을 모두 찾아서 바르게 고치시오.(틀린 번호만 쓰고 바르게 고치지 못한 경우 감점 처리함)

| 유형 전략 |

1. 밑줄 친 부분의 어법 포인트와 반의어를 파악한다.
2. 어법의 경우, 수일치, 준동사, 관계사, 형용사와 부사, 문장구조에 주의해서 틀린 부분을 찾는다.
   어휘의 경우, 글의 흐름의 일관성을 고려하여 밑줄 부분의 문맥적 반의어를 찾는다.
3. 어법은 적절한 형태로, 어휘는 문맥적 반의어를 생각하여 답안을 작성한다.

(Tip) 시험에 자주 출제되는 어법의 개념과 출제포인트를 학습하고, 어휘는 반드시 반의어를 함께 학습한다.

대표기출 숙명여고 1학년 서술형 응용

1 다음 글의 밑줄 친 부분 중, 어법상 틀린 것을 3개 찾아 기호를 쓰고 바르게 고치시오.

Timothy Wilson did an experiment ① in which he gave students a choice of five different art posters, and then later ② surveyed to see ③ that they still liked their choices. People who ④ were told to consciously examine their choices were least happy with their posters weeks later. People who looked at the poster briefly and then chose later were happiest. Another researcher then replicated the results in the real world with a study set in a furniture store. Furniture selection is one of the most cognitively ⑤ demanded choices any consumer makes. The people who had made their selections of a study set after less conscious examination ⑥ was happier than ⑦ those who made their purchase after a lot of careful examination.

VOCA

survey (설문) 조사하다; (설문) 조사
consciously 의식적으로
examine 검토하다
briefly 짧게
replicate 그대로 보여주다, 복제하다
a study set 서재용 가구
cognitively 인지적으로
examination 검수, 검토
purchase 구매

( ) _____ → _____

( ) _____ → _____

( ) _____ → _____

2 다음 글의 밑줄 친 부분 중, 문맥상 낱말의 쓰임이 적절하지 <u>않은</u> 것을 <u>2개</u> 찾아 바르게 고치시오.

Scientific discoveries are being brought to ① <u>fruition</u> at a faster rate than ever before. For example, in 1836, a machine was invented that mowed, threshed, and tied straw into bundles and poured grain into sacks. The machine was based on technology that even then was twenty years old, but it was not until 1930 that such a machine actually was marketed. The first English patent for a typewriter was issued in 1714, but another 150 years passed ② <u>after</u> typewriters were commercially ③ <u>available</u>. Today, such delays between ideas and application are almost ④ <u>unthinkable</u>. It is not that we are more eager or more ambitious than our ancestors but that we have, over time, invented all sorts of social devices to ⑤ <u>delay</u> the process. Thus, we find that the time between the first and second stages of the ⑥ <u>innovative</u> cycle — between idea and application — has been cut radically.

( ) _____ → _____

( ) _____ → _____

VOCA

fruition 결실
mow 베다
thresh 타작하다
bundle 다발, 묶음
sack 자루
market 유통하다
patent 특허권(증)
typewriter 타자기
application 적용
eager 간절한
ambitious 야심 찬
radically 급격히

영동고 2학년 서술형 응용

3 다음 글의 밑줄 친 ① ~ ⑤ 중, 어법상 <u>틀린</u> 것을 <u>2개</u> 찾아 바르게 고치시오.

In the last twenty years or so research on the brain has radically changed the way intelligence is understood. There is now considerable controversy ① <u>surrounding</u> the notion of general intelligence. Some of our intelligence may indeed be inherited, but our life experience ② <u>is now thought to have</u> a profound effect upon intelligence. Scientists have suggested that intelligence ③ <u>change and modify</u> as one progresses through life. This finding has not yet impacted on schooling in any significant way. ④ <u>When asked</u> to describe a class they had met for the first time, some teachers immediately divided the children into three groups, the bright, the middle-of-the-road and the "no hopers." The old idea of innate intelligence has had a major effect on this categorizing and labelling of children. It has contributed to many children ⑤ <u>grow up</u> with the mistaken idea that they are not intelligent and cannot succeed in education.

( ) _____ → _____

( ) _____ → _____

VOCA

radically 급진적으로
considerable 상당한
controversy 논쟁
notion 개념
inherit 물려받다
profound 엄청난
intelligence 지능
modify 수정하다
impact 영향을 미치다
innate 선천적인
categorize 분류하다
label 명명하다
contribute to ~의 원인이 되게 하다

07 · 어형 바꾸기

정답과 해설 pp.11~12

| 유형 분석 |

어법과 문맥에 맞게 단어의 형태를 바꿀 수 있는 지를 알아보기 위한 유형이다. 밑줄 친 단어나 빈칸에 들어갈 표현을 어법상 올바른 표현으로 바꾸거나 문맥상 적절한 단어로 바꿔 쓰는 문항이 가장 자주 출제된다. 6강에서 다룬 밑줄 어법 / 어휘에 비교하면, 문제로 출제되는 부분(고쳐야 할 부분)이 모두 표시되어 있다는 것이 차이점이다.

| 유형 예시 |

· 밑줄 친 부분을 어법상 올바른 표현으로 바꿔 쓰시오.
· 밑줄 친 부분에 들어갈 말을 〈보기〉의 단어를 변형하여 쓰시오.

| 유형 전략 |

1. 고쳐야 할 부분이 이미 제시되어 있으므로, 앞 뒤 문맥을 간략히 파악한다.
2. 어법에 맞게 어형을 바꾸는 경우에는 수일치, 능동태 / 수동태, 관계사 등과 같은 기본 어법에 유의하여 틀린 부분을 찾는다. 문맥에 맞게 어형을 바꾸는 경우, 〈보기〉에 제시된 단어를 어떤 형태의 단어(동사 / 형용사 / 명사 등)로 들어가야 하는지를 먼저 파악한다. 문맥상 반의어가 들어갈 수도 있으므로 글의 흐름을 이해하여 단어를 바꾼다.
3. 어법과 문맥에 맞게 어형을 바꾸어 넣도록 한다.

Tip 시험에 자주 출제되는 어법의 개념과 출제 포인트를 학습하고, 어휘는 다양한 품사의 파생어를 함께 학습한다. 특히, 자주 활용되는 접두사와 접미사는 의미를 꼭 기억하자.

 양정고 2학년 서술형 응용

1 밑줄 친 (A), (B), (C), (D)를 어법상 알맞은 형태로 바꿔 쓰시오.

Dieter Rams, a German industrial designer, is driven by the idea that almost everything is noise. He believes very few things are essential. His job is to filter through that noise until he gets to the essence. For example, when he was the lead designer at a company, he (A) asked to collaborate on a record player. The norm at the time was to cover the turntable in a solid wooden lid or even to (B) incorporated the player into a piece of living room furniture. Instead, he and his team removed the clutter and designed a player with a clear plastic cover on the top and nothing more. It was the first time such a design had been used, and it was so revolutionary (C) what people worried it might bankrupt the company because nobody would buy it. It took courage, as it always (D) is, to eliminate the non-essential. By the sixties this aesthetic started to become more and more popular. In time it became the design every other record player followed.

VOCA

essence 본질, 정수
essential 본질적인, 필수의
filter 거르다
collaborate 공동 제작하다
norm 규범
turntable (음반을 돌리는) 턴테이블
incorporate 통합하다, 설립하다
clutter 잡동사니
revolutionary 혁신적인, 혁명적인
bankrupt 파산하다
eliminate 제거하다
aesthetic 미학

(A) → _____   (B) → _____

(C) → _____   (D) → _____

대표기출

2 보인고 2학년 서술형 응용

밑줄 친 (A), (B), (C)에 들어갈 말을 〈보기〉의 단어를 변형하여 문맥과 어법상 알맞은 형태로 쓰시오.

Frank Barrett, an organizational behavior expert, explains that disrupting routines and looking at a situation from another's perspective can lead to new solutions. In a lecture, Barrett shares the story of an airline that was dealing with many _____(A)_____ about their customer service. The airline's leaders held a workshop to focus on how to create a better experience for their customers. While everyone else was in meetings on the first day of the workshop, the airline's vice president of marketing had the beds in each leader's hotel room replaced with airline seats. After having spent that night in airline seats, the company's leaders came up with some "radical _____(B)_____." If he had not disrupted their sleeping routines and allowed them to experience their customers' _____(C)_____, the workshop may have ended without any noteworthy changes.

〈보기〉

| innovative | comfort | complain |

(A) _____ (B) _____ (C) _____

VOCA

disrupt 방해하다
routine 일상
perspective 관점
lead to ∼로 이어지다, ∼를 야기하다
deal with ∼을 다루다(처리하다)
hold 열다, 개최하다
replace A with B A를 B로 교체하다
radical 획기적인, 급진적인
noteworthy 가치 있는

대표기출

3 경문고 3학년 서술형 응용

다음 글의 문맥과 어법에 맞게 주어진 단어들을 변형하여, (A)와 (B)를 완성하시오.
(필요시 단어 추가 가능, 단 (B)는 3단어로 쓸 것)

A few years ago we purchased a brand-new camper van. Not long after we bought our camper, a friend of ours asked if her family could borrow it. We were not too interested in loaning out our spotless camper, so we declined. This happened in the fall, and we stored the camper in our backyard all that winter. In the spring my husband and I were setting it up to prepare for a trip. We were very surprised to find that we had left cookie boxes in the camper over the winter. We had moved and had a baby that previous summer and fall, and cleaning out the camper had been overlooked. That in itself (A)(be) so bad had it not been for the mice. Mice were attracted by the food and they shredded all the curtains, screens, and cushions. (B)(we / let) the friend borrow the camper, she would have discovered the boxes before the mice did.

(A) _____ (B) _____

VOCA

loan out 빌려주다
spotless 얼룩 없는
decline 거절하다
store 보관하다
backyard 뒷마당
overlook 빠뜨리다, 간과하다
shred (쥐 등이) 쏠아서 조각 조각으로 찢다
discover 발견하다

빈칸완성 08 · 본문 빈칸

| 유형 분석 |

수능 독해 빈칸 추론 중, 빈칸에 들어갈 '단어'가 서술형으로 응용된 유형이다. 객관식 독해 유형과 달리 빈칸의 개수는 1~3개까지 제시되며, 대부분의 문제에서 빈칸에 들어갈 단어의 첫 번째 철자가 힌트로 제시된다. 글의 흐름과 지문의 내용을 정확하게 이해하고 있는가를 평가하기 위해 주제와 관련된 핵심 단어 또는 공통으로 들어갈 단어가 빈칸으로 출제된다.

| 유형 예시 |

• 빈칸에 알맞은 말을 주어진 철자로 시작해서 쓰시오.
• 글의 흐름으로 보아, 빈칸에 들어갈 말을 쓰시오. (단, 본문의 단어를 변형할 것)

| 유형 전략 |

1. 빈칸 문장을 먼저 읽고 들어갈 말에 대한 정보를 확인한다.
2. 제시된 첫 글자로 적절한 단어를 생각해 본다.
3. 글의 주제와 관련된 핵심어를 추론하여 빈칸을 채운다.

Tip 지문에서 주제문을 찾고, 빈칸으로 출제될 수 있는 단어들을 체크해 본다.

대표기출 경문고 2학년 서술형 응용

1

다음 빈칸에 주어진 철자로 시작하는 한 단어를 써 넣어 글을 완성하시오.

The foragers' secret of success, which protected them from starvation and malnutrition, was their varied diet. Farmers tend to eat a very limited and unbalanced diet. Especially in premodern times, most of the calories feeding an agricultural population came from a single crop — such as wheat, potatoes, or rice — that lacks some of the vitamins, minerals, and other nutritional materials humans need. The typical peasant in traditional China ate rice for breakfast, rice for lunch, and rice for dinner. If she was lucky, she could expect to eat the same on the following day. By contrast, ancient foragers regularly ate dozens of different foodstuffs. The peasant's ancient ancestor, the forager, may have eaten berries and mushrooms for breakfast; fruits and snails for lunch; and rabbit steak with wild onions for dinner. Tomorrow's menu might have been completely different. This v_____ ensured that the ancient foragers received all the necessary nutrients.

v
_____

VOCA

forager 수렵 채집 생활인
starvation 기아, 굶주림
malnutrition 영양실조
premodern 근대 이전의
lack 부족, 결핍
peasant 농부
by contrast 대조적으로
dozens of 수십의
foodstuff 음식물
ensure 보장하다
receive 받아들이다
nutrient 영양소

양정고 1학년 서술형 응용

2 다음 글의 흐름에 맞게 (A), (B), (C) 빈칸에 알맞은 말을 주어진 철자로 시작하여 쓰시오.

When we don't want to believe a certain claim, we ask ourselves, "Must I believe it?" Then we search for (A) c_____ evidence, and if we find a single reason to doubt the claim, we can dismiss the claim. Psychologists now have numerous findings on "motivated reasoning," showing the many tricks people use to reach the conclusions they want to reach. When subjects are told that an intelligence test gave them a low score, they choose to read articles criticizing the (B) v_____ of IQ tests. When people read a (fictitious) scientific study reporting heavy caffeine consumption is associated with an increased risk of breast cancer, women who are heavy coffee drinkers find more (C) e_____ in the study than do less caffeinated women.

(A) c_____

(B) v_____

(C) e_____

VOCA

claim 주장
dismiss 버리다
psychologist 심리학자
numerous 수많은
subject 실험 대상자, 피실험자
criticize 비판하다
fictitious 가상의
consumption 섭취
be associated with ~와 관련되다
breast cancer 유방암

세종고 2학년 서술형 응용

3 다음 글을 읽고, 문맥상 빈칸에 공통으로 들어갈 단어를 주어진 영영 뜻 풀이를 참고하여 쓰시오.

Drinking water can contribute to good health, and schools are in a unique position to promote healthy dietary behaviors, including drinking sufficient water. More than 95% of children and adolescents are enrolled in schools, and students typically spend at least 6 hours at school each day. Ensuring that students have access to safe, free drinking water throughout the school environment gives them a healthy substitute for sugar-sweetened beverages. Access to clean and free water helps to increase students' overall water consumption, maintain h_____, and reduce unhealthy calories intake. Adequate h_____ may improve cognitive function among children and adolescents, which is important for learning.

h_____ : the process of making your body absorb water or other liquid

VOCA

contribute to ~에 기여하다
sufficient 충분한
adolescent 청소년
ensure 보장하다
substitute 대체물
consumption 소비(소모)(량)
intake 흡수
adequate 적절한, 충분한
cognitive 인식(인지)의

09 · 요약문 빈칸

| 유형 분석 |

지문의 요지를 한 문장으로 요약할 때, 빈칸에 들어갈 말을 쓰는 유형이다. 수능 독해 유형 중 '요약문 완성'이 서술형 주관식으로 출제된다고 생각하면 이해하기가 쉽다. 요약문에 두 개의 빈칸이 있는 경우가 대부분이지만, 빈칸이 3개까지 출제되는 경우도 있다. 객관식 유형과 달리 빈칸에 들어갈 어휘가 제시되지 않고 본문에서 찾아 쓰거나, 단어 형태를 바꿔 쓰거나, 주어진 철자로 시작해서 써야 하는 등의 몇몇 조건이 제시되는 까다로운 유형이다.

| 유형 예시 |

• 다음 글의 내용을 한 문장으로 요약하고자 한다. 빈칸 (A)와 (B)에 들어갈 말을 본문의 단어를 활용하여 쓰시오.
• 다음 글을 읽고, 〈조건〉에 맞게 빈칸 (A), (B)를 채워서 요약문을 완성하시오.
• 다음 글의 내용을 한 문장으로 요약하고자 한다. 빈칸 (A), (B), (C)에 들어갈 말을 〈보기〉에서 골라 순서대로 3개의 단어를 쓰시오

| 유형 전략 |

1. 요약문을 먼저 읽고, 글의 요지와 빈칸에 해당하는 말을 생각해 본다.
2. 글의 내용을 바탕으로 빈칸에 들어갈 단어를 찾는다.
3. 우리말로 요약문을 먼저 생각한 후에, 조건에 맞게 적절한 단어를 쓴다.

Tip 글의 요지를 우리말로 한 문장으로 써보는 연습을 한다.

대표기출 청담고 2학년 서술형 응용

1

다음 글의 내용을 한 문장으로 요약하고자 한다. 빈칸 (A), (B)에 들어갈 말로 적절한 단어를 쓰시오.
(단, 주어진 철자로 시작할 것)

More than 40 years ago, psychologist Sibylle Escalona carried out what has become a classic study of the play behaviors of 128 infants and their mothers. Her major finding was that, even if the infants had a large variety of toys to play with, the sensorimotor play of babies playing alone was less sustained than that of babies who had an adult to interact with. The mothers seemed to be skilled social directors. They tended to adapt the play activities to the immediate needs of children by varying their own activities in response to what the children were doing. For example, mothers would vary the rate at which they offered new play materials and introduce variations or increase the intensity of play when the children seemed to be losing interest. As a result, the mothers were able to sustain their children's interest in the various play activities and thereby increase the length of their attention spans.

→ In one study, it was found that guiding (A) r_____ played by mothers helped infants to (B) c_____ on their play activities for longer than those with limited access to adults.

VOCA

carry out 수행하다
sustain 지속하다
interact 상호작용하다
social 사회적인
immediate 즉각적인
vary 다양하다
in response to ~에 대응하여
variation 변이
intensity 강도
various 다양한
span (어떤 일이 지속되는) 기간

2 다음 글의 요지를 한 문장으로 표현하고자 한다. 빈칸 (A), (B)에 각각 알맞은 말을 쓰시오.
(본문의 단어를 이용할 것, 필요시 어형 변화할 것, 각각 한 단어로 쓸 것)

If you are at a baseball game, how do you know where to look? If you have never been to a game before, then the whole thing is probably a complex mess. You may miss a lot of the action, because you can't predict what is going to happen next. As you learn more about baseball and develop some understanding of the game, you learn where to look and what objects are important to find. At first you might focus on the pitcher and hitter. Later still, you might notice whether the infielder is playing in or back, or you might check out where the outfielders have chosen to stand for a particular hitter.

→ The more you (A)_____ about baseball, the more that (B)_____ informs how you see a game.

VOCA

complex 복잡한
mess 엉망인 상태
predict 예측하다
pitcher 투수
hitter 타자
notice 알아차리다
infielder 내야수
outfielder 외야수
particular 특정한

3 다음 조건에 맞게 (A), (B), (C)에 알맞은 단어를 넣어 요약문을 완성하시오.
((A)와 (B)는 본문에서 찾아서 쓰고 (C)는 주어진 철자로 시작해서 쓸 것, 각 빈칸은 한 개의 단어로 쓸 것)

Imagine tossing a coin over and over, and let's say that the coin has landed heads up six times in a row. Many people believe that in this situation the coin is more likely to come up tails than heads on the next toss. But this conclusion is wrong, and this belief is commonly referred to as the "gambler's fallacy." The logic leading to this fallacy seems to be that if the coin is fair, then a series of tosses should contain equal numbers of heads and tails. If no tails have appeared for a while, then some are overdue to bring about this balance. But how could this be? The coin has no memory, so it has no way of knowing how long it has been since the last tails. More generally, there simply is no mechanism through which the history of the previous tosses could influence the current one. Therefore, the likelihood of a tail on toss number 7 is 50-50, just as it was on the first toss, and just as it is on every toss.

→ In a coin tossing, people are often fooled by the belief that the coin is (A) _____ and will somehow bring about the (B) _____ numbers of heads and tails. But, the likelihood of a coin's landing heads up or down is always the (C) r_____.

VOCA

toss 던지다
in a row 연이어
tail (동전의) 뒷면
head (동전의) 앞면
conclusion 결론
refer to A as B A를 B라고 부르다
fallacy 오류
logic 논리
fair 공정한
overdue 지체하다
likelihood 가능성

10 · 주제/주장

| 유형 분석 |

수능 독해 주제 추론 문제의 객관식 문항에서 선택지를 제시하지 않고 서술형으로 출제한 유형이다. 글의 제목이나 주제의 경우에 일부 단어가 빈칸으로 출제되며, 글의 요지나 필자의 주장은 한글로 서술하는 문제가 출제된다.

| 유형 예시 |

- 다음 글의 요지를 20자 이내의 우리말로 서술하시오.
- 이 글의 주제문을 다음과 같이 쓸 때, 빈칸에 들어갈 말을 주어진 철자로 시작해서 쓰시오.

| 유형 전략 |

1. 수능 독해 문제에 대한 유형별 해결 전략을 파악한다.
2. 각 유형별 문제 풀이의 단서를 확인한다.
3. 제시된 조건에 따라 답안을 작성한다.

Tip 독해 유형별 풀이 전략을 숙지한다.

대표
기출
이화여고 2학년 서술형 응용

1 다음 글을 읽고, 아래 주어진 주제문의 빈칸에 알맞은 말을 넣어 문장을 완성하시오.
(각각 한 단어씩 본문에서 찾아 그대로 쓸 것)

On college campuses in the U.S. and around the world, some animals are helping students in need. With many students reporting depression and anxiety, school officials arrange pet therapy events to spread cheer and fight stress, especially during exams. These are not service animals trained to help people with disabilities; most are the pets of volunteers. Their visits are obviously beneficial: Research shows that contact with pets can decrease blood pressure and stress-hormone levels and increase so-called happiness hormones. Mary Callahan, a director at Pet Partners, considers pet visits on campus a great way to support students on their path to success.

→ (A)_____ with animals is (B)_____ for stressed college students.

VOCA

depression 우울증
arrange 마련하다, 준비하다
cheer 쾌활함, 생기
service animal 장애인 보조동물
disability 장애
beneficial 유익한, 이로운
blood pressure 혈압
path (작은) 길

2 다음 글의 필자가 주장하는 바를 25자 이내의 우리말로 서술하시오.

Many times I have noticed coaches and parents choose the wrong time to explain concepts to children. A perfect example of this is while the children are playing a game. As a coach, the only time I would talk strategy was during a time-out or after the game. This is because it is really difficult for children to play and listen at the same time. I would only say words of encouragement while the children were playing. You might have seen a father watching his son playing a game in a field, yelling at him to point out his errors. The game continues to be played while the child is trying to pay attention to what his father is telling him. Children need to be able to concentrate on the task at hand. Children can play, or they can listen, but like adults, it's almost impossible for them to do both at once.

VOCA

strategy 전략
time-out (경기 중) 타임아웃, 휴식 시간
encouragement 격려
yell at ∼에게 고함치다
point out 지적하다
pay attention to ∼에 집중하다
concentrate on ∼에 집중하다
at hand 바로 닥친, 가까이에

3 다음 글을 읽고, 이 글의 주제를 25자 이내의 우리말로 서술하시오.
(직원, 도움, 회사, 활동, 지원이라는 단어는 필수적으로 들어가야 함)

Some organizations may be reluctant to facilitate their employees' participation in volunteer activities. They may believe it's none of their business: if employees want to do volunteer activity, they can make their own arrangements and do so on their own time. Corporations also may be concerned about allocating the resources needed to set up such programs, or perhaps they fear that facilitating employees' engagement elsewhere may weaken their commitment to the organization or their jobs. Not to worry on that last point: research shows that participating in corporate volunteer activity heightens rather than weakens employees' organizational commitment, in part because people feel a sense of self-worth when they do the good deeds that their organizations made it easier for them to do.

VOCA

organization 기업
reluctant 꺼리는
facilitate 돕다, 가능하게 하다
on one's own time 한가한 시간에
allocate 할당하다
engagement 관여, 참여
commitment 헌신
heighten ∼을 높이다
self-worth 자존감
good deed 선행

White Label 🖉

II

Main Study
서술형 미니테스트

01회 02회 03회 04회 05회 06회 07회 08회 09회
10회 11회 12회 13회 14회 15회

[1~3] 다음 글을 읽고, 물음에 답하시오.

(A) 아이들은 그들을 돕는 것보다는 다른 누구에게 무언가를 주는 것에 훨씬 더 저항한다. One can observe this difference clearly in very young children. Even though one-and-a-half-year-olds will support each other in difficult situations, they are not willing to share their own toys with others. The little ones even defend their possessions with screams and, if necessary, blows. This is the daily experience of parents troubled by constant quarreling between toddlers. (B) There was no word I heard more frequently than "Mine!" from my daughters when they were still in diapers.

VOCA

observe 관찰하다
support 지지하다, 편들다
defend 지키다, 방어하다
possession 소유물
scream 외침, 소리침
blow 일격, 강타
quarrel 싸우다, 다투다
toddler (걸음마를 배우는) 아기
diaper 기저귀

1 밑줄 친 (A)의 우리말과 같도록, 〈보기〉의 단어들을 배열하여 완성하시오. (대소문자 구별할 것)

〈보기〉

are, much, resistant, to, more, something, helping, them, giving, than, to, children, someone else, to

2 밑줄 친 (B)의 의미와 같도록, 아래 문장을 어법에 맞게 완성하시오.

(a) There was ＿＿＿＿＿＿ word I heard ＿＿＿＿＿＿ ＿＿＿＿＿＿ ＿＿＿＿＿＿ "Mine!" from my daughters

(b) "Mine!" was the word I heard ＿＿＿＿＿＿ ＿＿＿＿＿＿ from my daughters

(c) "Mine!" was the word I heard ＿＿＿＿＿＿ ＿＿＿＿＿＿ ＿＿＿＿＿＿ ＿＿＿＿＿＿ word from my daughters

3 위 글의 내용을 한 문장으로 요약할 때, 빈칸 (a), (b)에 들어갈 알맞은 말을 〈보기〉에서 찾아 쓰시오.

〈보기〉	
(a) ignore help understand hesitate	(b) share hide defend rob

→ Although very young children will ＿＿(a)＿＿ each other in difficult situations, they are unwilling to ＿＿(b)＿＿ their possessions.

VOCA

remedy 처방
cope with ~에 대처하다
imply 의미하다, 암시하다
defeat 패배
relieve (고통 · 부담 따위를) 덜다
tension 갈등, 긴장 상태
row 말다툼
temper 화, 짜증
quarrel 싸움, 말다툼
constant 지속적인, 계속되는

Do you know one of the best remedies for coping with (A) f_____ t_____? Two words: "I'm sorry." (B) <u>몇몇 사람들이 그 말을 하는 것을 얼마나 어려워 하는지는 놀랍다.</u> They think it implies weakness or defeat. Nothing of the kind. In fact, it is exactly the (a) | same / opposite |. Another good way of relieving tension is a row! The sea is ever so much calmer after a storm. A row has another (b) | advantage / disadvantage |. When tempers are raised, unspoken truths usually come out. They may hurt a bit, especially at the time. Yet, at the end, you know each other a bit better. Lastly, most of the tensions and quarrels between children are (c) | natural / risky |. Even when they seem to be constant, wise parents don't worry too much.

4 본문 내용으로 보아, 빈칸 (A)에 들어갈 알맞은 말을 두 단어로 쓰시오. (1. f를 포함한 6자, t를 포함한 7자 2. 모두 단수로 쓸 것)

f_____   t_____

5 밑줄 친 (B)의 우리말과 같도록, 〈보기〉의 단어들을 배열하여 완성하시오. (대소문자 구별할 것)

─────〈보기〉─────

some, amazing, how, is, them, to, people, find, it, say, hard

6 (a), (b), (c)의 각 네모 안의 단어 중 문맥에 맞는 낱말로 가장 적절한 것을 고르시오.

(a) _____

(b) _____

(c) _____

To rise, a fish must reduce its overall density, and most fish do this with a swim bladder. (A) 물고기는 주변 물에서 모은 산소로 자신의 부레를 채운다. As it is filled, the bladder (a) <u>expands</u>. Then, the fish has a greater volume, but its weight is not greatly (b) <u>increased</u>. This means that its density has been (c) <u>decreasing</u>, so the fish experiences a greater rising force. Finally, when the bladder is fully expanded, the fish is at its (d) <u>maximum</u> volume and is pushed to the (e) <u>floor</u>. Most fish rise using (B) <u>this method</u>, but not all do. Some species don't need a swim bladder because they spend all their lives moving along the ocean floor. Other fish float and sink by propelling themselves forward.

VOCA

overall 종합적인, 전체의
density 밀도
swim bladder (물고기의) 부레
expand 팽창하다, 확장하다
maximum 최대의, 최고의
volume 부피, 양
method 방법
sink 가라앉다
propel 나아가게 하다, 추진하다

7 밑줄 친 (A)의 우리말과 같도록, 〈보기〉의 단어들을 배열하여 완성하시오. (대소문자 구별할 것)

〈보기〉

surrounding, collected, a fish, the, fills, its, bladder, water, with, oxygen, from

_____

8 글의 흐름상, 밑줄 친 (a) ~ (e) 중 단어의 쓰임이 적절하지 <u>않은</u> 것을 찾아 고쳐 쓰시오.

( ) _____ → _____

9 밑줄 친 (B)가 의미하는 바를 찾아 우리말로 쓰시오.

_____

The fast pace of today's lifestyle has us piling one thing on top of another. But you should know that multitasking doesn't save any time. Very often, multitasking only slows you down, contrary to (a) popular belief. (A) 그것이 무엇이든 당신이 그 순간에 하는 일에 온전히 집중을 하라. While doing the laundry, just do the laundry: Listen to the sound of the water as it fills the washing machine and feel the clothes in your hand. (b) It doesn't take up any more time than it would (B) 당신의 귀에 전화기가 대어진 채로 행해질 때. The same applies to your work. Focus on one task at a time, and you'll accomplish each task better, and probably faster.

VOCA
pace 속도
pile 쌓아두다
multitasking 다중작업
contrary to ~와 상반되게
laundry 세탁물
take up 차지하다
apply to ~에 적용되다
accomplish 해내다
task 일

10 밑줄 친 (a), (b)가 의미하는 바를 찾아 우리말로 쓰시오.

(a) _____

(b) _____

11 밑줄 친 (A)의 우리말과 같도록, 〈보기〉의 단어들을 배열하여 완성하시오.
(1. 대소문자 구별할 것   2. Give로 시작하는 명령문일 것)

〈보기〉

at the moment, doing, no, your, give, it, focus, to, what, you're, matter, is, whole, what

_____

12 밑줄 친 (B)의 우리말을 다음과 같이 잘못 영작하였다. 이 문장을 조건에 맞게 다시 고쳐 쓰시오.

when it is doing with your phone press to your ear

(1) → _____ (두 단어를 수정할 것)

(2) → when ____ ____ ____ ____ ____ ____ ____ ____
　　　(분사구문으로 만들 것)

[1~3] 다음 글을 읽고, 물음에 답하시오.

Shoppers usually (A) 지출할 수 있는 한정된 양의 돈과 쇼핑할 수 있는 한정된 양의 시간을 가지고 있다. It is important to realize that shopping is really a search for (B) i_____. You may obtain (B) i_____ from an advertisement, a friend, a salesperson, a label, a magazine article, the Internet, or several other sources. You may also gain (B) i_____ from actual use of the product, such as trying on a dress, test-driving a car, or taking advantage of a promotion at a fitness center. However, shoppers should understand that getting any of these sources of (B) i_____ has costs. These costs may include transportation costs and time. (C) 오직 여러분만이 그 비용을 감수할지 말지를 결정할 수 있다.

VOCA

search 검색, 탐색
obtain 얻다
advertisement 광고
article 기사
source 출처
take advantage of ~을 이용
하다
promotion 판촉 행사
fitness center 헬스 클럽
(= gym)
transportation 교통, 운송

1 밑줄 친 (A)의 우리말과 같도록, 〈보기〉의 단어들을 배열하여 완성하시오.

〈보기〉

have, amount, to, to, and, spend, a, a, limited, time, limited, shop, of, of, amount, money

_____

_____

2 빈칸 (B)에 공통으로 들어갈 알맞은 단어를 쓰시오. (i를 포함한 11자)

i_____

3 밑줄 친 (C)의 우리말과 같도록 어법에 맞게 빈칸을 완성하시오.

Only you can decide _____ to take the costs _____ _____.

VOCA

allowance 용돈
choice 선택
decision 결정
hopefully 바라건대
occur 일어나다, 생기다
trial and error 시행착오
mistake 실수
early on 이른 시기에, 초기에
manage 관리하다

Your parents may be afraid that you will not spend your allowance wisely. You may make some foolish spending choices, but if you (a) do, the decision to do so is your own and hopefully you will learn from your (A) m_____. Much of learning (b) occurs through trial and error. Explain to your parents (B) 돈은 여러분이 평생 동안 처리해 나가야 할 어떤 것임을. It is better (c) what you make your mistakes early on rather than later in life. Explain that you will have a family someday and you need to know how (d) to manage your money. Not everything (e) is taught at school!

4 밑줄 친 (a) ~ (e) 중 어법상 틀린 부분을 찾아 올바른 형태로 고쳐 쓰시오.

( ) _____ → _____

5 빈칸 (A)에 들어갈 알맞은 단어를 본문에서 찾아 쓰시오. (m을 포함한 8자)

m_____

6 밑줄 친 (B)의 우리말과 같도록, 아래 〈보기〉의 단어들을 배열하여 완성하시오.

〈보기〉

deal with, money, for the rest, something, will, of your life, have to, you, is

Explain to your parents that _____.

VOCA

continually 계속적으로
head 정상, 우두머리
government 정부, 국가
challenge 도전
successful 성공한
thoroughly 완전히, 철저히
use up 다 써 버리다
agree 동의하다
replace 대신하다

Armand Hammer was a great businessman who died in 1990 at the age of ninety-two. He was once asked how a man of his age had the energy to continually travel the world to do business and meet with heads of governments. He said, "I love my work. I can't wait to start a new day. (A) <u>나는 아이디어로 가득하지 않고는 절대 일어나지 않습니다.</u>(나는 아침에 잠이 깰 때면 늘 아이디어가 가득합니다.) Everything is a challenge." George Bernard Shaw, one of the most successful writers of all time, said something similar about a hundred years earlier. He wrote, "I want to be thoroughly used up when I die, for (B) <u>내가 열심히 일하면 할수록, 그만큼 더 사는 것이다.</u>" I think Hammer and Shaw would have agreed with me that nothing can replace (C) h_____ w_____ in life.

7 밑줄 친 (A)의 우리말과 같도록, 〈보기〉의 단어들을 배열하여 완성하시오. (대소문자 구별할 것)

〈보기〉

of, I, ideas, up, being, never, wake, without, full

_____ .

8 밑줄 친 (B)의 우리말과 같도록, 어법에 맞게 빈칸을 완성하시오.

_____ _____ _____ , _____ _____ _____ _____

9 본문 내용으로 보아, 빈칸 (C)에 들어갈 알맞은 단어를 쓰시오.
(1. 각각 h, w를 포함한 4자, 2. h 포함한 단어는 '형용사', w 포함한 단어는 '명사'로 쓸것)

h _____ w _____

VOCA

intend 의도하다
presentation 프레젠테이션,
발표
avoid 피하다
anxiety 불안
reduce 줄이다
confidence 자신감
nervous 긴장한
lower 낮추다, 내리다

Strong negative feelings are part of being human. Problems occur when we try too hard to control or avoid these feelings. (A) 강한 부정적인 감정에 대처하는 데 도움이 되는 방법은 그 감정을 있는 그대로 받아들이는 것이다 — messages from your mind and body intended to keep you safe. For instance, if you are afraid of a work presentation, trying to avoid your anxiety will likely reduce your confidence and increase your fear. Instead, try to accept your anxiety as a signal that you are probably nervous about public speaking — just like most other people. This helps you lower the level of your anxiety and stress, (B) 자신감을 높이고 프레젠테이션을 훨씬 더 용이하게 만들어 주면서.

10 위 글의 제목을 다음과 같이 쓸 때, 빈칸에 들어갈 알맞은 단어를 본문에서 찾아 쓰시오. (첫 글자는 모두 대문자로 쓸 것)

→ _____ Your _____ _____ Naturally

11 밑줄 친 (A)의 우리말과 같도록, 아래 〈보기〉의 단어들을 배열하여 완성하시오. (대소문자 구별할 것)

〈보기〉

negative, they, are, to take, feelings, a helpful way, them, strong, coping with, is, what, for, of

_____

12 밑줄 친 (B)의 우리말과 같도록, 어법에 맞게 빈칸을 완성하시오.

i_____ your confidence and m_____ the presentation m_____ e_____

[1~3] 다음 글을 읽고, 물음에 답하시오.

VOCA

arrange 배열하다
promise 약속하다
reward 보상
participation 참가
rate 평가하다
third-most 3순위의
judge 평가하다, 판단하다
tragedy 비극
attached 애착을 가진
prohibit 금지하다

    In one study, researchers asked students to arrange ten posters in order of beauty. They promised that afterward the students could have ① <u>one of the ten poster</u> as a reward for their participation. However, when the students finished the task, the researchers said that the students ② <u>were not allowing to keep</u> the poster that they had rated as the third-most beautiful. Then, they asked the students ③ <u>to judge</u> all ten posters again from the very beginning. What happened was that (A) 학생들이 가질 수 없도록 했던 포스터가 갑자기 가장 아름다운 것으로 순위 매겨졌다. This is an example of the "Romeo and Juliet effect": Just like Romeo and Juliet in the Shakespearean tragedy, people ④ <u>become more attached</u> to each other when ⑤ <u>their love</u> is prohibited.

1 밑줄 친 ① ~ ⑤ 중 어법상 틀린 부분 두 군데를 찾아 올바른 형태로 고쳐 쓰시오.

( ) _____ → _____

( ) _____ → _____

2 밑줄 친 (A)의 우리말과 같도록, 〈보기〉의 단어들을 배열하여 완성하시오.

〈보기〉

to, was, were, keep, beautiful, as, unable, the most, suddenly ranked, the poster, they

_____.

3 위 글의 내용을 한 문장으로 요약할 때, 빈칸 (a), (b)에 들어갈 알맞은 단어를 〈보기〉에서 찾아 쓰시오.

〈보기〉

(a)	(b)
own create say	attractive forgettable disappointing

→ When people find they cannot ____(a)____ something, they begin to think it more ____(b)____.

VOCA

intended 의도된
reddish 불그스름한
dot 점
from a distance 먼 거리에서
solid (색깔이) 완전한
similarly 유사하게
individual 각각의
receive 받다

Suppose we wish to create a yellow by mixing red and green paints. If we mixed the paints together, we would (a) succeed / fail in getting the intended result, probably getting a reddish color instead. (A) 이것은 빛에 주는 그것들의 효과가 서로 간섭하도록 물감들이 함께 섞였기 때문이다. But suppose the red were painted as many small dots of paint. From a distance, it would look like a solid red. Similarly, the green could be painted as many small dots on the same paper, never (b) overlapping / separating the red dots. From up close, the many small red and green dots would be seen. From a distance, far enough back so that the individual dots could be (c) visible / invisible, the eye would receive a (B) m＿＿＿＿＿ of red and green light. The light would look yellow.

4 (a), (b), (c)의 각 네모 안의 단어 중 문맥에 맞는 낱말로 가장 적절한 것을 고르시오.

(a) ＿＿＿＿＿＿＿

(b) ＿＿＿＿＿＿＿

(c) ＿＿＿＿＿＿＿

5 밑줄 친 (A)의 우리말과 같도록, 〈보기〉의 단어들을 배열하여 완성하시오.

〈보기〉

so that, their, interfered, mixed, effects, the paints, each other, were, on light, with, together

This is because ＿＿＿＿＿＿＿＿＿＿＿＿＿＿＿＿＿＿＿＿＿＿.

6 본문 내용으로 보아, 빈칸 (B)에 들어갈 알맞은 단어를 쓰시오. (m을 포함한 7자)

m ＿＿＿＿＿＿＿

When I was in eighth grade, we were studying longitude and latitude in geography class. Every day for a week, we had a quiz, and I kept getting longitude and latitude confused. I went home and almost cried because I was so frustrated and embarrassed that I couldn't keep them straight in my mind. I stared and stared at those words until suddenly I figured out what to do. I told myself, when you see that 'n' in longitude (A) it will remind you of the word *north*. Therefore, (B) 경도선은 북에서 남으로 간다고 기억하는 것이 쉬워질 것이다. (C) It worked; I got them all right on the next quiz, and the next, and on the test.

VOCA

longitude 경도
latitude 위도
geography 지리학
confused 혼동하는
frustrated 좌절한
embarrassed 창피한, 난처해하는
keep ~ in mind ~을 기억하다
stare at ~을 바라보다
figure out 알아차리다
remind 상기시키다
work 효과가 있다

7

밑줄 친 (A), (C)가 의미하는 바를 찾아 우리말로 쓰시오.

(A) _____

(C) _____

8

밑줄 친 (B)의 우리말과 같도록, 〈보기〉의 단어들을 배열하여 완성하시오.

〈보기〉

will, longitude lines, go, be, north, south, it, to, that, to, remember, easy, from

_____ .

9

위 글의 내용을 한 문장으로 요약할 때, 빈칸에 들어갈 알맞은 단어를 주어진 철자로 시작하여 쓰시오. (m을 포함한 8자)

→ The above story suggests that associating what you are learning with what you already know helps you m_____ the learning material.

Friends. Can you imagine what life would be like without them? Who would you hang out with during lunch? Who would you tell about the new boy in your history class? Let's face it. (A) <u>Without friends, the world would be a pretty lonely place</u>. Although friends and friendship mean different things to different people, most people realize that friends are pretty important. While it's fun to read what other people have said about friendship, (B) <u>가장 중요한 것은 '친구'라는 단어를 들을 때 여러분이 무엇을 떠올리는가이다</u>. Your own personal (C) d_____ of friendship has a lot to do with what kind of friend you are. If, for instance, you believe that loyalty goes hand in hand with friendship, you are probably a loyal friend yourself. If you believe a friend is someone who'll go out of her way for you, maybe just to pick up a homework assignment you missed when you were sick, it's likely that you'd also go out of your way for your friends.

VOCA

hang out with ~와 시간을 보내다
face 직면하다
have a lot to do with ~와 많은 관련이 있다
for instance 예를 들어
loyalty 충실함
go hand in hand 연관되다
loyal 충직한, 충성스러운
go out of one's way 특별한 노력을 하다
assignment 숙제, 과제

10 밑줄 친 (A)의 의미와 같도록, 아래 문장을 어법에 맞게 완성하시오.

(a) _____ _____ friends, the world would be a pretty lonely place.

(b) _____ _____ _____ _____ _____ friends, the world would be a pretty lonely place.

(c) _____ _____ _____ _____ friends, the world would be a pretty lonely place.

11 밑줄 친 (B)의 우리말과 같도록, 〈보기〉의 단어들을 배열하여 완성하시오.

〈보기〉

what, of, the word "friend", matters, hear, what, think, you, is, most, you, when

_____.

12 본문 내용으로 보아, 빈칸 (C)에 들어갈 알맞은 단어를 쓰시오. (d를 포함한 10자)

d_____

[1~3] 다음 글을 읽고, 물음에 답하시오.

VOCA

irony 아이러니, 반어적 표현
fame 명성, 명예
achievement 성취, 업적
mistake ~ for ... ~을 …로 오인하다(혼동하다)
attain 달성하다
tangible 실체가 있는
defined 정의된
measurable 측정할 수 있는
obtain 얻다
in contrast 그에 반해서
state 상태

For some people, there is an irony to success. Many people who achieve great success don't always feel (a) it. For example, (A) [**about / the loneliness / with, (b) it / talk / achieve / fame / that / often / goes / who / some people**]. That's because success and achievement are not the same thing, yet too often (B) we mistake one for the other. Achievement is something you reach or attain, like a goal. It is something tangible, clearly defined and measurable. (c) It comes when you pursue and obtain what you want. Success, in contrast, is a feeling or a state of being. "She feels successful. She *is* successful," we say, using the verb to *be to* suggest this state of *being*.

1 괄호 친 (A)의 단어들을 아래 우리말과 같도록 배열하여 완성하시오.

> 명성을 얻은 몇몇 사람들은 그것과 자주 함께 오는 고독에 대해 이야기한다

2 밑줄 친 (a), (b), (c)가 의미하는 바를 찾아 쓰시오. (영어, 한글 모두 가능)

(a) _____

(b) _____

(c) _____

3 밑줄 친 (B)가 구체적으로 의미하는 바를 찾아 우리말로 쓰시오.

_____

[4~6] 다음 글을 읽고, 물음에 답하시오.

VOCA
aware 알고 있는
available 이용 가능한
advertise 광고하다
exist 존재하다
range 범위, 다양성
goods 상품
necessity 필수적인 것, 필수품

A lot of customers buy products only after they are made aware that the products are available in the market. Let's say a product, even if it has been out there for a while, is not advertised. Then what might happen? (A) <u>As customers don't know that the product exists</u>, they would probably not buy it even if the product may have worked for them. Advertising also helps people find the best for themselves. When they are made aware of a whole range of goods, (B) <u>그들은 그것들(상품들)의 비교와 구매가 가능하여 그들이 원하는 것을 얻는다</u> with their hard-earned money. Thus, advertising has become a necessity in everybody's daily life.

4 밑줄 친 (A)의 의미와 같도록, 아래 문장을 어법에 맞게 완성하시오.

= _____ _____ that the product exists

5 밑줄 친 (B)의 우리말과 같도록, 〈보기〉의 단어들을 배열하여 완성하시오.

〈보기〉

purchases, so that, they, what, them, they, compare, desire, they, are able to, and, make, get

_____

6 본문 내용으로 보아, 광고의 필요성 2가지를 찾아 우리말로 쓰시오.

(1) _____

(2) _____

[7~9] 다음 글을 읽고, 물음에 답하시오.

In most people, emotions are situational. Something in the here and now makes you mad. The emotion itself is (a) ⌈tied / unrelated⌉ to the situation in which (A) <u>it</u> originates. As long as you remain in that emotional situation, you're likely to stay angry. If you *leave* the situation, the opposite is true. The emotion begins to (b) ⌈disappear / appear⌉ as soon as you move away from the situation. (B) <u>그 상황에서 벗어나는 것은 그것(상황)이 여러분을 제어하는 것을 막아 준다.</u> Counselors often advise clients to get some emotional distance from whatever is (c) ⌈bothering / pleasing⌉ them. One easy way to do (C) <u>that</u> is to *geographically* separate yourself from the source of your anger.

VOCA

situational 상황적인, 상황의
the here and now 현 시점, 현재
originate 일어나다, 생기다
as long as ~하는 한
opposite 정반대; 정반대의
geographically 지리적으로
seperate A from B A와 B를 분리(구별)하다

7 (a), (b), (c)의 각 네모 안의 단어 중 문맥에 맞는 낱말로 가장 적절한 것을 고르시오.

(a) _____

(b) _____

(c) _____

8 밑줄 친 (A), (C)가 의미하는 바를 찾아 쓰시오. ((A)는 영어로, (C)는 한글로 쓸 것)

(A) _____

(C) _____

9 밑줄 친 (B)의 우리말과 같도록, 〈보기〉의 단어들을 배열하여 완성하시오. (1. 대소문자 구별할 것 2. 필요시 어형 변화할 것)

〈보기〉

away, from, moving, from, the situation, prevent, it, you, take, hold of

You might be surprised to learn that (A) <u>대부분의 아이들은 부모님이 충분히 엄하지 않은 것보다 차라리 약간 더 엄격하기를 바란다</u>. When they make rules about your behavior, your parents are showing you they really care about the things you do. Learning about life is a little like learning to fly an airplane. Once you get in the air it's exciting, but first you need to know which buttons to press and which ones to leave alone. If your flight instructor puts you in a plane and says, "Figure out the rules yourself. Good luck!" you know you're in (B) t_____. (C) <u>It's the same with parents.</u>

VOCA

behavior 행동
care about 마음을 쓰다
leave alone 내버려 두다
instructor 교관
figure out 알아내다

10 밑줄 친 (A)의 우리말과 같도록, 〈보기〉의 단어들을 배열하여 완성하시오.

〈보기〉

are, strict, parents, enough, not, a little, than, most, have, would, kids, that, rather, too, strict

_____

11 본문 내용으로 보아, 빈칸 (B)에 들어갈 알맞은 단어를 쓰시오. (t를 포함한 7자)

t _____

12 밑줄 친 (C)가 구체적으로 의미하는 바를 찾아 우리말로 쓰시오.

_____

[1~3] 다음 글을 읽고, 물음에 답하시오.

In an experiment, when people were asked to count three minutes in their heads, 25-year-olds were quite accurate, but 65-year-olds went over on average by 40 seconds. (A) Time seemed to pass faster for the older group. This may seem meaningless, but (B) 65세의 사람들처럼 시간을 인식하는 것에는 많은 이점이 있다. For example, if you have been working on a project for eight hours, but it only feels like six, you will have more energy to keep going. If you have been running for 20 minutes, and you perceive it to be only 13 minutes, you're more likely to have seven more minutes of energy. So, if you want to use your energy to work longer, just change your (C) p_____ of how long you have been working.

VOCA

experiment 실험
count (셈을) 세다
accurate 정확한
average 평균적으로
meaningless 의미 없는
perceive 인식하다
be likely to ~일 것 같다

1 밑줄 친 (B)의 우리말과 같도록, 〈보기〉의 단어들을 배열하여 완성하시오.

〈보기〉

perceiving, benefits, time, 65-year-olds, are, there, to, like, a lot of

_____

_____

2 본문 내용으로 보아, 빈칸 (C)에 들어갈 알맞은 단어를 쓰시오. (p를 포함한 10자)

p_____

3 밑줄 친 (A)의 의미와 같도록, 아래 문장을 어법에 맞게 완성하시오.

= _____ seemed that _____ _____ faster for the older group.

[4~6] 다음 글을 읽고, 물음에 답하시오.

Science fiction involves much more than shiny robots and fantastical spaceships. In fact, many of the most outlandish pieces of science fiction have their basis in scientific facts. Because a great deal of science fiction is rooted in science, it can be used to bring literature out of the English classroom and into the science classroom. (A) Not only [**science fiction / help / students / does / action / scientific / see / principles / in**] but it also builds their critical thinking and creative skills. As students read a science fiction text, they must connect the text with the scientific principles they have learned. Students can read a science fiction text and a nonfiction text covering similar ideas and compare and contrast the two. Students can also build their creative skills by seeing scientific principles used in a different way, possibly creating science fiction stories of their own or imagining new ways to apply the knowledge and skills they have learned.

VOCA

science fiction 공상 과학 소설
fantastical 환상적인
outlandish 기이한, 이상한
a great deal of 많은
be rooted in ~에 기초를 두다
literature 문학
principle 원리
critical 비판적인
compare 비교하다
contrast 대조하다
apply 적용하다
knowledge 지식

4 위 글의 주제를 다음과 같이 쓸 때, 빈칸에 들어갈 알맞은 단어를 주어진 철자로 시작하여 쓰시오.

→ benefits of using s_____ f_____ in the s_____ c_____

5 괄호 친 (A)의 단어들을 아래 우리말과 같도록 배열하여 완성하시오.

> 공상 과학 소설은 학생들이 과학적 원리들이 실제로 쓰이는 것을 볼 수 있도록 도움을 줄 뿐만 아니라

_____

6 본문 내용으로 보아, 공상 과학 소설의 장점 2가지를 찾아 우리말로 쓰시오.

(1) _____

(2) _____

VOCA

degrowth 탈성장
object 물건
originate 유래하다
ecological economics 생태경제학
anti-consumerism 반소비지상주의
consumption 소비
wellbeing 행복
maximize 극대화하다
consume 소비하다
satisfy 충족시키다
quench (갈증을) 해소시키다

The concept of 'degrowth' asks: "do I really need this object, or am I buying (a) it because I like the feeling of buying something?" (b) It originated from the ideas of ecological economics and anti-consumerism. The key to the concept is that reducing your consumption will not reduce your wellbeing; rather, (c) it will maximize your happiness by allowing you to have more time and savings to spend on things like art, music, family, and community. Today (A) we consume 26 times more stuff than we did 60 years ago. But ask yourself: are we 26 times happier? Consider what Mahatma Gandhi said: "Not all our gold and jewelry could satisfy our hunger and quench our thirst."

7 위 글의 제목을 다음과 같이 쓸 때, 빈칸에 들어갈 알맞은 단어를 주어진 철자로 시작하여 쓰시오.

→ R_____ C_____ Increases W_____

8 밑줄 친 (a), (b), (c)가 지칭하는 것을 본문에서 찾아 영어로 쓰시오.

(a) _____

(b) _____

(c) _____

9 밑줄 친 (A)의 의미와 같도록, 아래 문장을 어법에 맞게 완성하시오.

= we consume 26 times _____ _____ stuff _____ we did 60 years ago

Recently on a flight to Asia, I met Debbie, who was warmly greeted by all of the flight attendants and was even welcomed (a) abroad / aboard the plane by the pilot. (A) [**to / paid / at / her / amazed / all the attention / being**], I asked if she worked with the airline. She did not, but she deserved the attention, for this flight marked the milestone of her flying over 4 million miles with this same airline. During the flight I learned that the airline's CEO personally called her to thank her for using their service for a long time and she received a catalogue of fine luxury gifts to choose from. Debbie was able to (b) acquire / acquaint this special treatment for one very important reason: she was a (c) loyal / royal customer to that one airline.

VOCA

greet 환영하다
flight attendant 비행기 승무원
welcome 환영하다, 맞이하다
deserve ~을 받을 자격이 있다
attention 관심, 주목
mark 기록하다, 특징짓다
milestone 획기적인 사건
catalogue 카탈로그, 목록
treatment 대우, 취급

10 (a), (b), (c)의 각 네모 안의 단어 중 문맥에 맞는 낱말로 가장 적절한 것을 고르시오.

(a) _____

(b) _____

(c) _____

11 괄호 친 (A)의 단어들을 아래 우리말과 같도록 배열하여 완성하시오. (대소문자 구별할 것)

그녀에게 쏟아지고 있는 그 모든 관심에 놀라서

12 다음 질문에 대한 답을 본문에서 찾아 쓰시오.

Q: Why did the airline's CEO personally call Debbie?

A: He/She wanted to _____.

[1~3] 다음 글을 읽고, 물음에 답하시오.

An interesting study about facial expressions was recently published by the American Psychological Association. Fifteen Chinese people and fifteen Scottish people took part in the study. They viewed emotion-neutral faces that were randomly changed on a computer screen and then categorized the facial expressions as happy, sad, surprised, fearful, or angry. (A) 그 반응은 연구자들로 하여금 참가자가 각각의 감정과 연관시켜 생각하는, 감정을 드러내는 얼굴 특징을 확인하도록 해 주었다. The study found that the Chinese participants relied more on the eyes to tell facial expressions, while the Scottish participants relied on the eyebrows and mouth. People from different cultures perceive happy, sad, or angry facial expressions in different ways. That is, facial expressions are not the "(B) _____ language of emotions."

VOCA

facial expression 얼굴 표정
association 협회
take part in ~에 참여하다
neutral 중립적인
randomly 무작위로
categorize 분류하다
participant 참가자
rely on 의지하다, ~에 기대다
perceive 감지하다, ~로 여기다

1 밑줄 친 (A)의 우리말과 같도록, 〈보기〉의 단어들을 배열하여 완성하시오. (대소문자 구별할 것)

〈보기〉

with, researchers, the expressive, to, facial features, that,
each emotion, identify, the responses, associated, allowed, participants

_____

_____

2 본문 내용으로 보아, 빈칸 (B)에 들어갈 알맞은 단어를 주어진 영영 뜻풀이를 참고하여 쓰시오. (u를 포함한 9자)

u_____ : existing or true at all times or in all places

3 위 글의 내용을 한 문장으로 요약할 때, 빈칸 (a), (b)에 들어갈 알맞은 단어를 주어진 철자로 시작하여 쓰시오.

→ The way people (a) p_____ facial expressions varies depending on their (b) c_____.

Most of us play it safe by putting our needs aside when (a) <u>faced</u> with the possibility of feeling guilty or disappointing others. At work you may (A) allow / forbid a complaining coworker (b) <u>to keep</u> stealing your energy to avoid conflict — ending up (c) <u>hating</u> your job. At home you may say *yes* to family members who give you a hard time (d) <u>to avoid</u> their emotional rejection, only to feel (B) frustrated / satisfied by the lack of quality time (e) <u>what</u> you have for yourself. We work hard to manage the perceptions of others, (C) ignoring / fulfilling our own needs, and in the end (D) <u>우리는 우리에게 의미 있는 삶을 살도록 해 줄 바로 그것을 포기한다.</u>

VOCA

play it safe 신중을 기하다
put aside ~을 제쳐두다
possibility 가능성
guilty 죄책감을 느끼는
conflict 마찰, 갈등
end up -ing 결국 ~하게 되다
rejection 거절, 거부
lack 결핍, 부족
perception 인식
in the end 결국

4 밑줄 친 (a) ~ (e) 중 어법상 틀린 부분을 찾아 올바른 형태로 고쳐 쓰시오.

( ) _____ → _____

5 (A), (B), (C)의 각 네모 안의 단어 중 문맥에 맞는 낱말로 가장 적절한 것을 고르시오.

(A) _____

(B) _____

(C) _____

6 밑줄 친 (D)의 우리말과 같도록, 〈보기〉의 단어들을 배열하여 완성하시오.

〈보기〉
will, to, live, we, thing, us, that, the very, meaningful, lives, give up, enable

_____

[7~9] 다음 글을 읽고, 물음에 답하시오.

When you're eager to get your slice of the pie, why would you be interested in giving a hand to other people so that they can get their pieces? If Ernest Hamwi (a) <u>take</u> (A) <u>that attitude</u> when he was selling zalabia, a very thin Persian waffle, at the 1904 World's Fair, he might (b) <u>end</u> his days as a street vendor. Hamwi noticed that a nearby ice-cream vendor ran out of bowls to serve to his customers. Most people would have sniffed, "Not my problem," perhaps even (B) 그 아이스크림 상인의 불행이 자신들에게 더 많은 고객을 의미하기를 바라면서. Instead, Hamwi rolled up a waffle and put a scoop of ice cream on top, creating one of the world's first ice-cream cones. He helped his neighbor and, in the process, made a fortune.

VOCA

be eager to 간절히 ~하고 싶어 하다
give a hand 도움을 주다
attitude 마음가짐, 태도
fair 박람회
vendor 상인
run out of ~이 동나다, ~을 다 써버리다
sniff 콧방귀를 뀌다
roll up ~을 말아 올리다
scoop 한 숟가락(국자)(의 양)
make a fortune 많은 돈을 벌다, 재산을 모으다

7 밑줄 친 (a), (b)에 주어진 단어를 어법에 맞게 고쳐 쓰시오.

(a) → _____

(b) → _____

8 밑줄 친 (A)가 의미하는 바를 찾아 30자 내외의 우리말로 쓰시오.

_____

9 밑줄 친 (B)의 우리말과 같도록, 〈보기〉의 단어들을 배열하여 완성하시오. (필요시 어형 변화할 것)

〈보기〉
vendor's, hope, mean, them, ice-cream, would, customers, misfortune, more, the, for

_____

VOCA

worship 우러러보다, 숭배하다
exceptional 뛰어난, 특별한
possess (자격, 능력을) 지니
다, 가지다
godlike 신과 같은
quality 재능, 속성
pursue 추구하다
rare 드문, 희귀한
look in on ~을 방문하다
review 관찰하다, 정밀 검사하다
eager 간절히 바라는
examine 검사하다
typical 전형적인, 일반적인
response 응답, 대답
nonverbal 비언어적인, 말을
쓰지 않는

When I was young, my parents worshipped medical doctors as if they were exceptional beings (a) possessing godlike qualities. But (A) I never dreamed of pursuing a career in medicine until I entered the hospital for a rare disease. I became a medical curiosity, attracting some of the area's top specialists to look in on me and (b) review my case. As a patient, and a teenager (c) eager to return to college, I asked each doctor who examined me, "What caused my disease?" "How will you make me better?" The typical response was nonverbal. They shook their heads and walked out of my room. I remember (d) to think to myself, "Well, I could do (B) that." When it became clear to me (e) what no doctor could answer my basic questions, I walked out of the hospital against medical advice. Returning to college, I pursued medicine with a great passion.

10
밑줄 친 (a) ~ (e) 중 어법상 **틀린** 부분 두 군데를 찾아 올바른 형태로 고쳐 쓰시오.

( ) _____ → _____

( ) _____ → _____

11
밑줄 친 (A)의 의미와 같도록, 아래 문장을 어법에 맞게 완성하시오.

= Never until I entered the hospital for a rare disease _____ _____

_____ of pursuing a career in medicine.

12
밑줄 친 (B)가 의미하는 바를 찾아 20자 내외의 우리말로 쓰시오.

_____

[1~3] 다음 글을 읽고, 물음에 답하시오.

We frequently overestimate agreement with others, (a) believe that everyone else thinks and feels exactly like we do. This misconception (b) is called the *false-consensus effect*. Psychologist Lee Ross began studying this in 1977. He made a sandwich board with the slogan 'Eat at Joe's' and asked randomly selected students (c) wearing (A) it around campus for thirty minutes. They also had to estimate (d) how many other students would do the task. Those who were willing to wear the sign assumed that the majority would also agree to (B) it. On the other hand, those who refused (e) to believe that (C) most people would find it too stupid to do. In both cases, the students imagined (f) themselves to be in the majority.

VOCA

overestimate 과대평가하다
misconception 오해
false-consensus effect 허위
합의효과
slogan 구호, 표어
randomly 마구잡이로
estimate 추정하다
be willing to 기꺼이~하다
assume 짐작하다
majority 다수
refuse 거절하다

1 밑줄 친 (a) ~ (f) 중 어법상 틀린 부분을 찾아 올바른 형태로 고쳐 쓰시오.

(   ) _____ → _____

(   ) _____ → _____

(   ) _____ → _____

2 밑줄 친 (A), (B)가 의미하는 바를 찾아 쓰시오. ((A)는 영어로, (B)는 한글로 쓸 것)

(A) _____

(B) _____

3 밑줄 친 (C)의 의미와 같도록, 아래 문장을 어법에 맞게 완성하시오.

= most people would find it _____ stupid _____ they would _____

_____ _____ .

In philosophy, (A) <u>논증의 개념을 이해하는 가장 좋은 방법은 그것을 의견과 대조하는 것이다</u>. An opinion is simply a belief or attitude about someone or something. We express our opinions all the time: We love or hate certain films or different types of food. (a) <u>For the most part, people's opinions are based almost always upon their feelings.</u> (b) <u>They don't feel they have to support their opinions with any kind of evidence.</u> (c) <u>An argument is different something from this.</u> (d) <u>It is made to convince others that one's claims are true.</u> Thus, it is an attempt to present reasons in support of one's claims. Arguments are the building blocks of philosophy, and (e) <u>the good philosopher is one who is able to create the best arguments based on a solid foundation.</u>

VOCA

philosophy 철학
belief 믿음
attitude 태도
support 뒷받침하다
evidence 증거
argument 논증, 주장
convince 확신시키다
claim 주장
attempt 시도(하다)
present 주다, 제시하다
solid 단단한, 확고한
foundation 토대

4 밑줄 친 (A)의 우리말과 같도록, ⟨보기⟩의 단어들을 배열하여 완성하시오.

⟨보기⟩

the best, the concept, an opinion, an argument, is, contrast, it, to, way, understand, of, to, with

_____

5 밑줄 친 (a) ~ (e) 중 어법상 **틀린** 부분을 찾아 올바른 형태로 고쳐 쓰시오.

(   ) _____ → _____

6 위 글의 내용을 한 문장으로 요약할 때, 빈칸 (a), (b)에 들어갈 알맞은 단어를 주어진 철자로 시작하여 쓰시오.
(필요시 어형 변화할 것)

→ While an opinion is based on (a) f_____ , an argument presents (b) s_____ reasons.

VOCA
uncover 밝히다
fascinating 흥미로운
connection 관련성
pregnant 임신한
remarkable 놀라운
womb 자궁
preference 선호
ounce 온스(무게단위)
in a row 연이어
protest 저항하다
whereas 반면에
readily 선뜻
dramatic 현격한
sample 맛보다, 시식하다

We can start to help our babies (a) learn to love great foods even before they are born. The latest science is uncovering fascinating connections between what moms eat while (b) pregnant and what foods their babies enjoy after birth. Remarkable, but true. Babies in the womb taste, remember, and form preferences for (c) which Mom has been eating. Consider a fascinating study involving carrot juice. As part of the study, one group of pregnant women drank ten ounces of carrot juice four times a week for three weeks in a row. Another group of women in the study drank water. (A) When their babies were old enough to start eating cereal, it was time to look for a difference between the groups. An observer who didn't know to (d) which group each baby (e) belonging studied the babies as they ate cereal mixed with carrot juice. The babies who lacked this earlier experience of tasting carrot juice in the womb protested and made unhappy faces when they first tasted the juice, whereas the others readily accepted and enjoyed the carrot juice in the cereal. There was a dramatic difference between those who had sampled carrot juice in the womb and those who (f) did not.

7 위 글의 제목을 다음과 같이 쓸 때, 빈칸에 들어갈 알맞은 단어를 주어진 철자로 시작하여 쓰시오.
(l자 포함한 10자, T자 포함한 5자)

→ What Mom Eats I_____ the Baby's T_____

8 밑줄 친 (a) ~ (f) 중 어법상 틀린 부분 세 군데를 찾아 올바른 형태로 고쳐 쓰시오.

( ) _____ → _____

( ) _____ → _____

( ) _____ → _____

9 밑줄 친 (A)의 의미와 같도록, 아래 문장을 어법에 맞게 완성하시오.

= When their babies were _____ old _____ they _____

_____ eating cereal

(A) C_____ is the essence of life. Animals including humans cannot live without knowing what is useful to them and what is needed for their survival: where to find food, how to avoid predators, where to find mates, etc. However, the human species differs from other animals because (B) 우리는 개인적인 욕구를 훨씬 넘어서서 이르는 지식을 갈망한다. We look around us and we wonder. We wonder about our surroundings and about what we observe both near and far and we want to understand it all. Indeed, we fear the unknown. (C) This sense of wonder and desire for understanding not only makes us human, but is also one of the foundation stones of civilization.

VOCA

essence 핵심적 특성, 본질
survival 생존
predator 포식자
mate 짝, 친구
human species 인류
wonder 궁금해하다
surroundings 주변, 환경
observe 관찰하다
unknown 미지의
desire 욕망
foundation stone 초석
civilization 문명

10 본문 내용으로 보아, 빈칸 (A)에 들어갈 알맞은 단어를 쓰시오. (C를 포함한 9자)

C_____

11 밑줄 친 (B)의 우리말과 같도록, 〈보기〉의 단어들을 배열하여 완성하시오.

〈보기〉

that, needs, thirst, for, personal, far beyond, reaches, we, our, knowledge

12 밑줄 친 (C)를 다음과 같이 바꿔 쓸 때 문장을 완성하시오.

→ Not only _____

[1~3] 다음 글을 읽고, 물음에 답하시오.

Anne Mangen at the University of Oslo studied the performance of readers of a computer screen (a) <u>comparing</u> to readers of paper. Her investigation indicated that reading on a computer screen (b) <u>involves</u> various strategies from browsing to simple word detection. Those different strategies together lead to poorer reading comprehension in contrast to (c) <u>reading</u> the same texts on paper. Moreover, there is an additional feature of the screen: hypertext. Above all, a hypertext connection is not one (d) <u>that</u> you have made (e) <u>yourself</u>, and it will not necessarily have a place in your own unique conceptual framework. Therefore, (A) <u>그것은 자신에게 맞는 속도로 여러분이 읽고 있는 것을 이해하고 소화하는 데 도움이 되지 않을 수도 있고</u>, and it may even distract you.

VOCA

performance 수행, 성취
investigation 연구, 조사
indicate 나타내다
strategy 전략
browse 훑어보다, 여기저기 읽다
detection 찾기, 탐색
lead to ~로 이어지다
in contrast to ~와는 대조적으로
additional 부가적인, 추가의
feature 특징, 특색
conceptual 개념적인
framework 틀, 구조, 구성
distract 산만하게 만들다

1 위 글의 제목을 다음과 같이 쓸 때, 빈칸에 들어갈 알맞은 단어를 주어진 철자로 시작하여 쓰시오.

→ The Inefficiency of R＿＿＿＿＿＿ on the S＿＿＿＿＿＿

2 밑줄 친 (a) ~ (e) 중 어법상 **틀린** 부분을 찾아 올바른 형태로 고쳐 쓰시오.

（　）＿＿＿＿＿＿ → ＿＿＿＿＿＿

3 밑줄 친 (A)의 우리말과 같도록, 〈보기〉의 단어들을 배열하여 완성하시오.

〈보기〉

what, own, you, appropriate, pace, and, digest, at, you're, reading, help, your, it, may, not, understand

(A) <u>인간이 정해진 식사나 간식에서 음식의 형태로 초과된 에너지를 섭취할 때</u>, the extra calories tend to reduce hunger at the next meal or snack. But (B) <u>it doesn't seem that this mechanism is fully functional</u> when excess calories are consumed in the form of liquids. If, for example, you begin taking in an extra 200 calories a day by eating a sandwich, you'll tend to reduce your caloric intake by the same amount at the next meal or over the course of the day. On the other hand, if you take in an extra 200 calories by drinking a soft drink, your body won't activate the same mechanism, and you probably won't end up reducing your daily caloric intake at all. In the long run, you'll end up (C) g_____ w_____.

VOCA

reduce 줄이다
excess 초과된, 여분의
consume 섭취하다
liquid 액체
intake 섭취
take in 섭취하다
activate 작동시키다, 활성화하다
end up -ing 결국 ~하게 되다
in the long run 결국

4 밑줄 친 (A)의 우리말과 같도록, 〈보기〉의 단어들을 배열하여 완성하시오. (대소문자 구별할 것)

〈보기〉

the form, human beings, meal or snack, take in, when, of, excess, food, at, a given, energy, in

_____

5 밑줄 친 (B)의 의미와 같도록, 문장을 바꿔 쓰시오.

it doesn't seem that this mechanism is fully functional (복문)

→ _____ fully functional (단문)

6 본문 내용으로 보아, 빈칸 (C)에 들어갈 알맞은 단어를 쓰시오. (g를 포함한 7자, w를 포함한 6자)

g_____ w_____

[7~9] 다음 글을 읽고, 물음에 답하시오.

Traditionally, most ecologists assumed that community stability — the ability of a community to withstand environmental disturbances — is a consequence of community (a)complexity / simplicity. That is, a community with considerable species richness may function better and be more stable than a community with less species richness. According to this view, (A) 종의 풍부도가 높을수록, 어떤 하나의 종은 덜 결정적으로 중요하게 될 것이다. With many possible interactions within the community, it is (b)likely / unlikely that any single disturbance could affect enough components of the system to make a significant difference in its functioning. Evidence for this hypothesis includes the fact that destructive outbreaks of pests are more (c)common / uncommon in cultivated fields, which are (B) low-d_____ communities, than in natural communities with greater species richness.

VOCA

ecologist 생태학자
assume 추정하다
community 군집
stability 안정성
withstand 견디다
disturbance 교란
considerable 상당한
interaction 상호작용
significant 중대한
hypothesis 가설
destructive 파괴적
outbreak 발생
pest 해충
cultivated 경작된

7 (a), (b), (c)의 각 네모 안의 단어 중 문맥에 맞는 낱말로 가장 적절한 것을 고르시오.

(a) _____

(b) _____

(c) _____

8 밑줄 친 (A)의 우리말과 같도록 어법에 맞게 빈칸을 완성하시오.
(great, little, critical, important를 이용하되, 필요시 어형 변화할 것)

_____ _____ the species richness, _____ _____ _____ any single species should be.

9 본문 내용으로 보아, 빈칸 (B)에 들어갈 알맞은 단어를 주어진 영영 뜻 풀이를 참고하여 쓰시오. (d를 포함한 9자)

d_____ : the condition of having or being composed of differing elements

VOCA

unlimited 제한 없는
neediness 절박함
alternative 대안적인
temporary 임시의
permanent 영구적인, 불변의
urgently 급하게
immediate 즉각적인
convince 설득하다
buy time 시간을 벌다
professional 전문적인
nanny 보모
choice 결정, 선택
selection 선택

Whenever you find yourself (a) reacting differently than you would if you (b) had unlimited time, you're acting out of neediness and won't be reading people clearly. Stop and consider alternative courses of action before you go forward. It's often best (A) [**to / with / a / begin / find / temporary / solution / to**], and decide on a permanent one later. The parents urgently (c) seeking child care could put their immediate efforts into convincing a friend or family member to help out for a week or two, (d) bought (B) them time to look for permanent help. If they can afford it, they can hire a professional nanny for a while. Temporary solutions may be more expensive or inconvenient in the short run, but (C) they'll give you the time you need (e) to make a wise choice about your long-term selection.

10 밑줄 친 (a) ~ (e) 중 어법상 **틀린** 부분을 찾아 올바른 형태로 고쳐 쓰시오.

( ) _____ → _____

11 괄호 친 (A)의 단어들을 아래 우리말과 같도록 배열하여 완성하시오.

> 우선적으로 임시방편을 찾는다

12 밑줄 친 (B), (C)가 지칭하는 것을 본문에서 찾아 영어로 쓰시오.

(B) _____

(C) _____

[1~3] 다음 글을 읽고, 물음에 답하시오.

People sometimes say, 'Everything happens for a reason.' In one sense this is true. Everything *does* happen for a reason — which is to say that events have causes, and the cause always comes before the event. Tsunamis happen because of undersea earthquakes, and earthquakes happen because of shifts in the earth's plates. That is the true sense of 'everything happens for a reason,' and here 'reason' means (A) 'p_____ cause.' But people sometimes use reason in a different sense to mean something like 'purpose.' They will say something like, 'The reason for the tsunami was to punish us for our faults.' (B) 사람들이 이런 형태의 터무니없는 말에 얼마나 자주 의존하는지 알면 놀라운 일이다.

VOCA

reason 이유
cause 원인
tsunami 쓰나미, (지진 등에 의한) 엄청난 해일
earthquake 지진
shift 변동, 변화
earth's plate 지각
purpose 목적
punish 벌하다
fault 과오, 잘못

1 본문 내용으로 보아, 빈칸 (A)에 들어갈 알맞은 단어를 쓰시오. (1. p를 포함한 4자 2. 형용사로 쓸 것)

p_____

2 밑줄 친 (B)의 우리말과 같도록, 〈보기〉의 단어들을 배열하여 완성하시오.
(1. 대소문자 구별할 것 2. 가주어 및 진주어를 이용할 것 3. 필요시 어형 변화할 것)

─〈보기〉─

often, people, this, on, is, surprise, kind, of, nonsense, depend, how, it

_____

3 본문 내용으로 보아, reason의 의미 2가지를 찾아 우리말로 쓰시오.

(1) _____

(2) _____

No Stone Age ten-year-old would have been living on tender foods like modern potato chips, hamburgers, and pasta. (A) <u>그들의 식사는 현대의 아이에게 요구되는 것보다 훨씬 더 많은 씹기가 필요했을 것이다.</u> Insufficient use of jaw muscles in the early years of modern life may result in their underdevelopment and in weaker and smaller bone structure. The growth of human teeth requires a jaw structure of a certain size and shape, (B) <u>one</u> that might not be produced if usage during development is inadequate. Crowded and misplaced incisors and imperfect wisdom teeth may be diseases of civilization. Perhaps many dental problems would be prevented if more biting were encouraged for children.

4 위 글의 주제를 다음과 같이 쓸 때, 빈칸에 들어갈 알맞은 단어를 본문에서 찾아 쓰시오.

→ modern _____ problems from _____ chewing enough

5 밑줄 친 (A)의 우리말과 같도록, 〈보기〉의 단어들을 배열하여 완성하시오. (대소문자 구별할 것)

〈보기〉

than, is ever, demanded, of, more, would, their meals,
required, far, have, chewing, a modern child

6 밑줄 친 (B)가 지칭하는 것을 본문에서 찾아 영어로 쓰시오.

_____

(A) It is often said that the process of job advancement in the field of sports is shaped like a pyramid. That is, (B) 넓은 하단부에는 고등학교 체육팀과 관련된 많은 직업들이 있다, while at the narrow tip are the (a) few, highly desired jobs with professional organizations. Thus there are many sports jobs altogether, but the competition becomes (b) increasingly tough as one works their way up. The salaries of various positions reflect this pyramid model. For example, high school football coaches are typically teachers who (c) paid a little extra for their after-class work. But coaches of the same sport at big universities can earn more than $1 million a year, causing the salaries of college presidents (d) to look small in comparison. One degree higher up is the National Football League, (e) where head coaches can earn many times more than their best-paid campus counterparts.

VOCA

advancement 발전, 진보
tip 꼭대기, 끝
desired 바랐던, 희망했던
altogether 완전히, 전적으로
work one's way up 애써 위로 올라가다, 승진하다
reflect 반영하다
extra 추가 요금
in comparison 비교적
head coach 감독
counterpart 상응하는 사람

7

밑줄 친 (A)의 의미와 같도록 문장을 바꿔 쓰시오.

It is often said that the process of job advancement in the field of sports is shaped like a pyramid. (복문)

→ _____ (단문)

8

밑줄 친 (B)의 우리말과 같도록, 〈보기〉의 단어들을 배열하여 완성하시오.

〈보기〉

high school, teams, are, many, athletic, jobs, with

at the wide base _____

9

밑줄 친 (a) ~ (e) 중 어법상 틀린 부분을 찾아 올바른 형태로 고쳐 쓰시오.

( ) _____ → _____

VOCA

neuroeconomics 신경경제학
cognitive load 인지 부하
two-digit 두 자리의
sugary 달콤한
nutritious 영양가 있는
opt for ～을 선택하다
whereas 반면
cognitive 인지적인
resource 자원
urge 충동
anatomically 해부학적으로
make sense 이치에 맞다
impulsive 충동적인

As an expert in the area of neuroeconomics, Baba Shiv thought that 'cognitive load' (having lots to hold in your head) might influence self-control. He gave ① half his volunteers a two-digit number to remember (representing a low cognitive load) and gave ② the other half a seven-digit number (a high load). The volunteers were then told to walk to another room in the building and in so doing ③ pass a table where they had to choose between chocolate cake (high fat and sugary food) or fruit salad (low fat and nutritious food). Of the people with the high load, 59 percent opted for cake whereas only 37 percent of the people with the low load ④ were. Shiv thinks that remembering seven numbers required cognitive resources that had to come from somewhere, and in this case ⑤ took from our ability to control our urges! Anatomically this makes sense because (A) 우리가 일곱 자리 또는 두 자리 숫자를 '저장하는' 작업 기억과 자제력이 모두 우리 뇌의 같은 부분에 위치해 있다. In those instances we have to rely on our more impulsive emotions, such as 'Mmmm yummy! Chocolate cake please.'

10 위 글의 제목을 다음과 같이 쓸 때 빈칸에 들어갈 알맞은 단어를 쓰시오.
(1. 첫 글자는 모두 대문자로 쓸 것   2. 본문의 어휘를 이용할 것   3. 필요시 어형 변화할 것)

→ What Keeps Us from _____ _____ _____?

11 밑줄 친 (A)의 우리말과 같도록, 관계부사를 이용하여 다음 두 문장을 한 문장으로 바꿔 쓰시오.

Working memory and self-control are both located in the same part of our brain.
We 'store' the seven or two numbers in working memory.

→ _____

_____

12 밑줄 친 ① ~ ⑤ 중 어법상 틀린 부분 두 군데를 찾아 올바른 형태로 고쳐 쓰시오.

( ) _____ → _____

( ) _____ → _____

[1~3] 다음 글을 읽고, 물음에 답하시오.

VOCA

cosmetics 화장품
plastic surgery 성형 수술
grooming 몸단장
factor 요소
dye 염색하다
blond 금발의
appearance 외모
shave (털을) 깎다, 면도하다
apply 바르다

(A) 남성 몸단장 제품의 인기가 크게 상승해 오고 있다. Men all over the world are spending billions of dollars on everything from cosmetics to plastic surgery. As to the reason for men's grooming, experts say that men consider their (B) a＿＿＿＿＿ as an important factor for social success. Experts further searched the history of men's grooming for such cases in various countries. Dyeing hair blond, for instance, was a common practice among ancient Roman men, as (C) it was believed that blond hair provided a more youthful appearance. Similarly, ancient Egyptian men regularly shaved their body hair and applied various cosmetics to their skin. We could say appearance was important to men in the past and it certainly is to men in the present.

1 밑줄 친 (A)의 우리말과 같도록, 〈보기〉의 단어들을 배열하여 완성하시오. (대소문자 구별할 것)

〈보기〉

has, male, rise, in, grooming, products, popularity, there, of, been, a huge

＿＿＿＿＿＿＿＿＿＿＿＿＿＿＿＿＿＿＿＿＿＿＿＿＿＿＿＿＿＿

2 본문 내용으로 보아, 빈칸 (B)에 들어갈 알맞은 단어를 본문에서 찾아 쓰시오. (a를 포함한 10자)

a＿＿＿＿＿＿＿＿＿

3 밑줄 친 (C)의 의미와 같도록 문장을 바꿔 쓰시오.

it was believed that blond hair provided a more youthful appearance (복문)

→ ＿＿＿＿＿＿＿＿＿＿＿ was believed ＿＿＿＿＿＿＿＿＿＿＿ a more youthful appearance (단문)

VOCA

capable of ~을 할 수 있는
hand 건네주다
immediately 곧, 즉시
discover 알다, 발견하다
exclaim 외치다
trail 산길, 오솔길
experientially 경험적으로
indeed 정말로, 진정
potential 있을 수 있는, 잠재적인
argument 논쟁

Sometimes children may want to do more than they are capable of doing. For example, the five-year-old son of a friend of ours went on a hike with his father. At one point (A) 그 아이가 아버지에게 '어른들'이 하는 것처럼 무거운 배낭을 메게 해 달라고 요청했다. Without saying a word, the father took his backpack off and handed it to his son, who immediately discovered that (B) the bag was too heavy for him to carry. The boy simply exclaimed, "Dad, it's too heavy for me." He then went happily on his way up the trail. In a safe way the father had allowed his son to discover experientially that he was, indeed, too small. He had also avoided a potential argument with his son.

4 밑줄 친 (A)의 우리말과 같도록, 〈보기〉의 단어들을 배열하여 완성하시오.

〈보기〉

carry, do, the way, a heavy backpack, his father, the "big people", the boy, let, asked, to, him

_____

_____

5 밑줄 친 (B)의 의미와 같도록, 아래 문장을 어법에 맞게 완성하시오.

= the bag was so _____

6 위 글의 내용을 한 문장으로 요약할 때, 빈칸 (a), (b)에 들어갈 알맞은 말을 〈보기〉에서 찾아 쓰시오.

〈보기〉

(a)	(b)
interests limitations responsibilities	experience argumentation conversation

→ One way to let your children know their _____ (a) _____ without conflict is through _____ (b) _____ .

The English political scientist John Stuart Mill realized that (A) 경쟁 부족이 가격 상승을 유발하는 유일한 곳이 재화 시장만은 아니라는 것을. (B) M_____ effects can also emerge in the labor market. He pointed to the case of goldsmiths, who earned much higher wages than workers of a similar skill because they were perceived to be trustworthy — a characteristic that is rare and not easily provable. This created a significant barrier to entry so that those working with gold could demand a monopoly price for their services. Mill realized that the goldsmiths' situation was not an isolated case. He noted that large sections of the working classes were barred from entering skilled professions because they entailed many years of education and training. The cost of supporting someone through (C) this process was out of reach for most families, so those who could afford it were able to enjoy wages far above what might be expected.

VOCA
political 정치의
emerge 나타나다
labor 노동
goldsmith 금 세공업자
earn (돈을) 벌다
wage 임금
trustworthy 신뢰할 만한
characteristic 특성, 특징
provable 증명될 수 있는
monopoly 독점
isolated 유일한
bar 방해하다
skilled 숙련된
entail 수반하다
afford 여력이 있는

7 밑줄 친 (A)의 우리말과 같도록, 〈보기〉의 단어들을 배열하여 완성하시오.
(1. 〈it is(was) ~ that〉 강조구문을 이용할 것   2. 필요시 어형 변화할 것)

〈보기〉

it, the goods market, not only, is, a lack of, able, within, that, push prices up, is, to, competition

8 본문 내용으로 보아, (B)에 들어갈 알맞은 단어를 본문에서 찾아 쓰시오. (M을 포함한 8자)

M_____

9 밑줄 친 (C)가 의미하는 바를 찾아 우리말로 쓰시오.

Although people most commonly think of persuasion as deep processing, it is actually shallow processing that is the more common way to influence behavior. For example, Facebook started inserting advertisements in the middle of users' webpages. Many users didn't like this change and, on principle, refused to click on the ads. However, this approach displays a fundamental misunderstanding of the psychology behind the ads. The truth is that Facebook never expected anyone to click on the ads. All the company wants is to expose you to those product brands and images. (A) 당신이 무언가에 더 많이 노출될수록, in general, 당신은 그것을 더 많이 좋아한다. Everyone is influenced by the (B) f_____ of an image. So, even though you can ignore the ads, by simply being in front of your eyes, they're doing (C) their work.

VOCA

persuasion 설득
processing 과정
shallow 얕은, 얄팍한
influence 영향을 미치다
behavior 행동
insert 끼우다, 삽입하다
on principle 일정한 법칙(관습)에 따라
refuse 거절하다, 거부하다
fundamental 근본적인
misunderstanding 오해
psychology 심리학
in general 일반적으로
ignore 무시하다

10 밑줄 친 (A)의 우리말과 같도록, 〈보기〉의 단어들을 배열하여 완성하시오. (1. 대소문자 구별할 것   2. 단어 중복 사용 가능)

〈보기〉
you're, you, it, something, like, to, times, exposed, the more

_____, in general, _____.

11 본문 내용으로 보아, 빈칸 (B)에 들어갈 알맞은 단어를 쓰시오. (f를 포함한 11자)

f_____

12 밑줄 친 (C)가 의미하는 바를 찾아 우리말로 쓰시오.

_____

[1~3] 다음 글을 읽고, 물음에 답하시오.

The need for (A) t_____ may seem like common sense. However, in the early 1900s, people in Europe believed that touching newborns was not good for them and they thought that (B) it would spread germs and make the babies weak and whiny. In the orphanages at that time, it was not permitted to cuddle newborn babies. The babies were well fed and cared for, but many of them became ill. Then (C) 한 의사가 아기들은 매일 여러 번 안아주어야 한다고 제안했다. The sick babies began to get better gradually. Recent research that has confirmed the importance of (A) t_____ for babies encourages parents and nurses to touch and stroke premature babies as much as possible.

VOCA

common sense 상식
newborn 신생아
germ 세균
whiny 짜증나는
orphanage 고아원
cuddle 안아주다
confirm 확인하다
stroke 쓰다듬다, 달래다
premature baby 미숙아

1 빈칸 (A)에 공통으로 들어갈 알맞은 단어를 본문에서 찾아 쓰시오. (t를 포함한 5자)

t_____

2 밑줄 친 (B)가 의미하는 바를 찾아 쓰시오. (영어, 한글 모두 가능)

_____

3 밑줄 친 (C)의 우리말과 같도록, 아래 문장을 어법에 맞게 완성하시오.
(the babies, hold, suggest, that을 이용하되, 필요시 어형 변화할 것)

one doctor _____ _____ _____ _____ _____ _____ several
times daily

VOCA

ability 능력
obvious 명확한
aspect 측면
observation 관찰, 관측
figure out 이해하다
mechanic 정비공
properly 제대로, 적절하게
limit 한계
patience 인내심

The ability to think about why things work and what may be causing problems when events do not go as (a) <u>expected</u> seems like an obvious aspect of the way we think. It is interesting that (A) <u>왜 일이 발생하는지에 대해 생각하는 이러한 능력이 인간의 능력을 구별해 주는 중요한 능력들 중 하나이다</u> from those of just about every other animal on the planet. (b) <u>Asking</u> *why* allows people to create (B) e_____s. Issac Newton didn't just see an apple (c) <u>fall</u> from a tree. He used that observation to help him figure out why it fell. Your car mechanic doesn't just observe (d) <u>that</u> your car is not working. He figures out why it is not working using knowledge about why it usually does work properly. And anyone who has spent time with a five-year-old (e) <u>knowing</u> that children this age can test the limits of your patience by trying to get (B) e_____s for why everything works as it does.

4 밑줄 친 (a) ~ (e) 중 어법상 틀린 부분을 찾아 올바른 형태로 고쳐 쓰시오.

(   ) _____ → _____

5 밑줄 친 (A)의 우리말과 같도록, 〈보기〉의 단어들을 배열하여 완성하시오.

〈보기〉

ability, is, happen, the key abilities, this, things, separates, human abilities, that, to think about, one of, why

_____

6 빈칸 (B)에 공통으로 들어갈 알맞은 단어를 쓰시오. (e, s를 포함한 12자)

e_____s

In science, we can never really prove that a theory is true. (A) <u>우리가 과학에서 할 수 있는 것은 가설을 거부하기 위해 증거를 사용하는 것뿐이다.</u> Experiments never (a) <u>directly</u> prove that a theory is right; all they can do is (b) <u>provided</u> (B) _____ support by (C) _____ all the other theories until only one likely theory remains. For example, sometimes you hear people say things like 'evolution is only a theory; science has never proved it.' Well, that's true, but only in the sense that science never proves that any theory is (c) <u>positively</u> true. But the theory of evolution has assembled an enormous amount of convincing data (d) <u>proves</u> that other competing theories are false. So though it hasn't been proved, overwhelmingly, evolution is the best theory (e) <u>that</u> we have to explain the data we have.

VOCA

prove 증명하다
theory 이론
experiment 실험
support 지지
likely 그럴 듯한
evolution 진화
positively 확실히
assemble 모으다
enormous 막대한
convincing 설득력 있는
data 자료
competing 경쟁적인
false 틀린, 잘못된
overwhelmingly 압도적으로

7 밑줄 친 (A)의 우리말과 같도록, 〈보기〉의 단어들을 배열하여 완성하시오. (대소문자 구별할 것)

〈보기〉
a hypothesis, do, in, reject, all, science, use, is, to, we, evidence, to, can

_____

8 밑줄 친 (a) ~ (e) 중 어법상 틀린 부분을 찾아 올바른 형태로 고쳐 쓰시오.

( ) _____ → _____

( ) _____ → _____

9 본문 내용으로 보아, 빈칸 (B), (C)에 들어갈 알맞은 단어를 〈보기〉에서 골라 쓰시오.

〈보기〉
continued   indirect   true   convincing   rejecting   providing

(B) _____   (C) _____

The best thing I did as a manager was to make every person in the company responsible for doing just one thing. I had started doing (A) this just to simplify the task of managing people. But then I noticed a deeper result: defining roles (a) increased / reduced conflict. Most fights inside a company happen when colleagues compete for the same responsibilities. Startup companies face an especially high risk of (B) this since job roles are (b) fluid / solid at the early stages. (C) 경쟁을 없애는 것은 모든 사람들이 단순한 전문성을 초월하는 장기적인 관계와 같은 종류의 것들을 구축하는 것을 더 수월하게 만든다. More than that, internal peace is what enables a startup to survive at all. When a startup fails, we often imagine it surrendering to predatory rivals in a competitive ecosystem. But every company is also its own ecosystem, and internal conflict makes it (c) immune / vulnerable to outside threats.

VOCA
responsible for ~에 책임이 있는
conflict 갈등
colleague 동료
compete 경쟁하다
responsibility 임무, 맡은 일
internal 내부의
startup 신생의 ; 신생업체
surrender 굴복하다
predatory 포식자
ecosystem 생태계
threat 위협

10 밑줄 친 (A), (B)가 의미하는 바를 찾아 우리말로 쓰시오.

(A) _____

(B) _____

11 (a), (b), (c)의 각 네모 안의 단어 중 문맥에 맞는 낱말로 가장 적절한 것을 고르시오.

(a) _____ (b) _____ (c) _____

12 밑줄 친 (C)의 우리말과 같도록, 〈보기〉의 단어들을 배열하여 완성하시오. (1. 대소문자 구별할 것 2. 가목적어를 이용할 것)

〈보기〉
long-term relationships, the kinds of, eliminating, transcend, mere, for, professionalism, it, that, everyone, to, easier, competition, makes, build

_____

_____

[1~3] 다음 글을 읽고, 물음에 답하시오.

The subjective approach to (A) pr_____ is based mostly on opinions, feelings, or hopes. Therefore, we don't typically use this approach in real scientific attempts. Although the actual (A) pr_____ that the Ohio State football team will win the national championship is out there somewhere, no one knows what it is. (B) <u>몇몇 팬들은 그들이 Ohio주 팀을 얼마나 좋아하고 싫어하느냐에 기초해서 그 확률이 얼마인지에 대해 생각할 것이다.</u> Other people will take a slightly more scientific approach — evaluating players' stats, analyzing all the statistics of the Ohio State team over the last 100 years, looking at the strength of the competition, and so on. But the (A) pr_____ of an event in (C) <u>either case</u> is mostly subjective, and although this approach isn't scientific, it sure makes for some great sports talk amongst the fans.

VOCA

subjective 주관적(인)
attempt 시도
slightly 약간
evaluate 측정하다
stats 통계, 통계 자료
(= **statistics**)
analyze 분석하다
competition 경쟁(력)
make for ~쪽으로 가다,
~에 도움이 되다
amongst 사이에(= among)

1 빈칸 (A)에 공통으로 들어갈 알맞은 단어를 주어진 철자로 시작하여 쓰시오. (pr을 포함한 11자)

pr_____

2 밑줄 친 (B)의 우리말과 같도록, 〈보기〉의 단어들을 배열하여 완성하시오.

〈보기〉

much, what, that, how, chance, have, based on, ideas, about, is, they, love or hate, Ohio State

Some fans will _____.

3 밑줄 친 (C)가 의미하는 바를 찾아 우리말로 쓰시오.

_____

[4~6] 다음 글을 읽고, 물음에 답하시오.

In today's marketing and advertising-soaked world, people cannot escape brands. The younger they are when they start using a brand or product, (A) 미래에 그들이 그것을 계속 사용할 가능성은 더 높아진다. But that's not the only reason companies are aiming their marketing and advertising at younger consumers. As James U. McNeal, a professor at Texas A&M University, puts it, "Seventy-five percent of spontaneous food purchases can be traced to a nagging child. And one out of two mothers will buy a food simply because her child requests it. To trigger desire in a child is to trigger desire in the whole family." In other words, kids have power over spending in their households, they have power over their grandparents and they have power over their babysitters. That's why companies use tricks to (B) i_____ their minds.

VOCA

advertising-soaked 광고 투성이의
escape 벗어나다, 탈출하다
aim 겨냥하다, 목표로 삼다
spontaneous 즉흥적인, 자발적인
be traced to ~로 거슬러 올라가다
nagging 성가신, 잔소리가 심한
trigger 촉발시키다
desire 욕구, 욕망
trick 책략, 속임수

4 밑줄 친 (A)의 우리말과 같도록, 〈보기〉의 단어들을 배열하여 완성하시오. (필요시 어형 변화할 것)

〈보기〉

it, likely, they are, keep, use, to, the more

_____ for years to come.

5 본문 내용으로 보아, 빈칸 (B)에 들어갈 알맞은 단어를 쓰시오. (i를 포함한 9자)

i_____

6 위 글의 내용을 한 문장으로 요약할 때, 빈칸 (a), (b)에 들어갈 알맞은 말을 〈보기〉에서 찾아 쓰시오.

〈보기〉	
(a)	(b)
indifferent influential analyzed worthless	predict direct calculate overestimate

→ Children can be _____(a)_____ in marketing in and of themselves due to their ability to _____(b)_____ their parents' purchases.

VOCA
unmanaged 관리되지 않은
commons 공동 자원
qualification 조건
distribution 분배
pioneer 개척자
game 사냥감
plainsman 평원의 주민
bison 들소
discard 버리다
population 인구
dense 밀집한
overload 과부하가 걸리다

In a crowded world, an unmanaged commons cannot possibly work. That is an important qualification. If the world is not crowded, a(n) (A) _____ may in fact be the (a) best method of distribution. For example, when the pioneers spread out across the United States, the most efficient way was to treat all the game in the wild as an unmanaged commons because for a long time humans couldn't do any real (b) damage. A plainsman could kill an American bison, cut out only the tongue for his dinner, and discard the rest of the animal. He was not being (c) wasteful in any important sense. (B) 외로운 미국인 개척자가 어떻게 자신의 쓰레기를 처리하는가도 그다지 중요하지 않았다. Today, with only a few thousand bison left, we would be (d) pleased by such behavior. As the population in the United States became (e) denser, the land's natural chemical and biological recycling processes were overloaded. Careful (C) _____ of these resources became necessary, from bison to oil and water.

7 본문 내용으로 보아, 빈칸 (A), (C)에 들어갈 알맞은 단어를 본문에서 찾아 쓰시오. (필요시 어형 변화할 것)

(A) _____ (C) _____

8 밑줄 친 (B)의 우리말과 같도록, 〈보기〉의 단어들을 배열하여 완성하시오.
(1. 대소문자 구별할 것 2. 어법에 맞게 한 단어를 추가할 것)

〈보기〉
nor, how, much matter, a lonely American frontiersman, disposed, it, of, his waste

9 밑줄 친 (a) ~ (e) 중 단어의 쓰임이 적절하지 않은 것을 찾고, 〈보기〉에서 올바른 단어를 골라 쓰시오.

〈보기〉
most   benefit   helpful   outraged   lighter

( ) _____ → _____

VOCA
collective 집단적인, 집단의
wisdom 지혜
individual 개인
estimate 추정하다
likelihood 가능성
revolution 혁명
accurate 정확한
polarization 양극화, 극단화
lean 기울다
leap 돌진하다

You'd think that whenever more than one person makes a decision, they'd draw on collective wisdom. Surely, a group of minds can do better than an individual. Unfortunately, that's not always the case. The wisdom of a crowd partly relies on the fact that all judgments are (A) i_____. If people guess the weight of a cow and put it on a slip of paper, or estimate the likelihood of a revolution in Pakistan and enter it into a website, the average of their views is highly accurate. But, surprisingly, if those people talk about these questions in a group, the answers that they come to are increasingly incorrect. More specifically, researchers have found an effect of group polarization. (B) 사람들이 개인으로서 가지는 그 어떤 편견도, 집단으로 토론하면 몇 배가 된다. If individuals lean slightly toward taking a risk, the group leaps toward it.

10 본문 내용으로 보아, 빈칸 (A)에 들어갈 알맞은 단어를 쓰시오. (i를 포함한 11자)

i_____

11 밑줄 친 (B)의 우리말과 같도록, 〈보기〉의 단어들을 배열하여 완성하시오.
(1. 대소문자 구별할 것   2. when절은 문장 뒤에 위치시킬 것)

〈보기〉

as, gets, when, individuals, they, people, have, may, multiplied, whatever, as, discuss, things, bias, a group

12 위 글의 내용을 한 문장으로 요약할 때, 빈칸 (a), (b)에 들어갈 알맞은 말을 〈보기〉에서 찾아 쓰시오.

〈보기〉	
(a) dependently separately accidentally	(b) stupidity superiority morality

→ When people ____(a)____ work with others, the wisdom of the crowd often turns into the ____(b)____ of the group.

[1~3] 다음 글을 읽고, 물음에 답하시오.

In primitive agricultural systems, the difference in productivity between male and female agricultural labor is roughly proportional to the difference in physical strength. As agriculture becomes (a) less / more dependent upon human muscular power, the difference in (A) l_____ p_____ between the two (B) g_____ s might be expected to narrow. However, this is far from being so. (C) **The men** learn to operate new types of equipment while women continue to work with old hand tools. With the introduction of improved agricultural equipment, there is less need for male muscular strength. Nevertheless, the productivity gap tends to (b) narrow / widen because men dominate the use of the new equipment and modern agricultural methods. Thus, in the course of agricultural development, women's labor productivity remains (c) changed / unchanged compared to men's.

VOCA

primitive 원시의
agricultural 농업의
productivity 생산성
male 남성 (↔ female 여성)
proportional 비례하는
muscular 근육의
narrow 좁아지다
far from -ing 전혀 ~가 아닌
equipment 장비
gap 차이
tend to ~하는 경향이 있다
dominate 지배하다
method 방법
remain 남다, 여전히 ~이다

1 위 글의 흐름상, 각 네모 안에 들어갈 알맞은 단어를 골라 쓰시오.

(a) _____ (b) _____ (c) _____

2 빈칸 (A)와 (B)에 들어갈 알맞은 단어를 주어진 철자로 시작하여 쓰시오.
(1. (A) l과 p를 포함한 단어는 본문에서 찾아 쓸 것   2. (B) 영영 뜻 풀이: all males, or all females, considered as one group)

(A) l_____ p_____

(B) g_____ s

3 밑줄 친 (C)에서 The men을 강조하는 문장으로 바꿔 쓰시오. (〈It is〔was〕 ~ that ...〉 강조 구문을 사용할 것)

→ _____

_____

In some sense, tea played a life-changing role for herdsmen and hunters after it spread to China's grasslands and pasture lands. It is often said that people make a living according to given circumstances. On high mountains and grasslands in the northwest part of China, a large quantity of cattle, sheep, camels, and horses are raised. (A) <u>The milk and meat provide people with much fat and protein but few vitamins</u>. Tea, therefore, supplements the basic needs of the nomadic tribes, whose diet lacks vegetables. Therefore, the herdsmen from the Qinghai-Tibet Plateau, the Xinjiang, and Inner Mongolia autonomous regions follow (B) <u>차와 우유를 함께 마시는 차 문화 체계를</u>. And they make milky tea the most precious thing for the people in the northwest part of China.

VOCA

play a role 역할을 하다
herdsman 유목민
spread 퍼지다
grassland 풀밭, 초원
pasture 초원, 목초지
circumstance 환경
quantity 양
supplement 보충하다
nomadic 유목의
tribe 부족
plateau 고원(高原)
autonomous 자치의
precious 소중한

4 위 글의 주제를 다음과 같이 쓸 때, 빈칸에 들어갈 알맞은 단어를 본문에서 찾아 쓰시오. (필요시 어형 변화할 것)

→ the reason n_____ t_____ in China d_____ t_____

5 밑줄 친 (A)의 의미와 같도록, 주어진 문장의 빈칸에 알맞은 말을 쓰시오.

= The milk and meat provide _____

6 밑줄 친 (B)의 우리말과 같도록, 〈보기〉의 단어들을 배열하여 완성하시오.

〈보기〉

in which, drink, system, tea, culture, with milk, the, they, tea

When researchers find that two variables are related, they often automatically leap to the conclusion that those two variables have a cause-and-effect relationship. For example, suppose a researcher found that (A) <u>비타민 C를 매일 복용했던 사람들이 그렇지 않았던 사람들보다 감기에 더 적게 걸렸다고 보고했다.</u> Upon finding these results, she wrote a paper saying vitamin C prevents colds, using this data as evidence. Now, while it may be true that vitamin C does prevent colds, this researcher's study can't claim that. That's because she didn't control for any other factors that (B) _____ (can, relate) to both vitamin C and colds. For example, people who take vitamin C every day may be more health-conscious overall, washing their hands more often and exercising more. Until you do a controlled experiment, you can't make a (C) c_____ conclusion based on (D) r_____ you find.

VOCA

variable 변수
automatically 자동적으로
leap to a conclusion 성급히 결론내리다
cause-and-effect relationship 인과관계
upon -ing ~하자마자 곧
paper 논문
prevent 예방하다
evidence 증거
claim 주장하다
factor 요인
controlled 통제된

7 밑줄 친 (A)의 우리말과 같도록, 〈보기〉의 단어들을 배열하여 완성하시오.

〈보기〉

colds, people, every day, took, didn't, reported, than, vitamin C, who, having, fewer, people, who

8 빈칸 (B)를 괄호 안에 주어진 단어들을 활용하여 완성하시오.

(B) _____

9 글의 흐름상, 빈칸 (C)와 (D)에 들어갈 알맞은 단어를 본문에서 찾아 쓰시오.

(C) c_____   (D) r_____

Different goods and services have different values. National income accounting requires measuring the value of production. The most common measure is Gross Domestic Product (GDP). (A) It is the market value of all final goods and services produced in a year within a country's borders. This definition excludes any production not traded on markets. For example, voluntary labor, such as fixing a friend's bike or helping a neighbor with their lawn mower, constitutes unpaid service provision. (B) It is not about a worker earning a wage or a consumer buying a service. In a similar fashion, housework performed by members of the household is not included in the GDP, even though the same work, when performed by paid house cleaners, is. These cases mean that the official GDP calculations do not (C) c_____ all the actual production.

VOCA

income 수입, 소득
accounting 회계
definition 정의
exclude 제외하다
voluntary 자발적인
lawn mower 잔디 깎는 기계
constitute 구성하다
provision 공급, 제공
in a similar fashion 마찬가지로
perform 수행하다
official 공식적인
calculation 계산

10 위 글에서 국내총생산(GDP) 계산에 포함되는 것과 포함되지 않는 것을 본문에서 찾아 쓰시오. (한글 또는 영어 둘 다 가능)

(1) 국내총생산 계산에 포함 되는 것 (1가지)

_____

(2) 국내총생산 계산에 포함되지 않는 것 (2가지)

① _____ ② _____

11 밑줄 친 (A), (B)가 지칭하는 바를 본문에서 찾아 영어로 쓰시오.

(A) _____ (B) _____

12 본문 내용으로 보아, 빈칸 (C)에 들어갈 알맞은 단어를 주어진 영영 뜻 풀이를 참고하여 쓰시오. (c를 포함한 5자)

c_____ : to include

[1~3] 다음 글을 읽고, 물음에 답하시오.

VOCA

surface 표면, 지면
in terms of ~의 면에서
resource 자원
factor 요소, 요인
specialization 전문화
commodity 상품, 물품
generate 발생시키다
transportation 수송, 운송
available 이용할 수 있는
entertainment 오락(물), 여흥
for the most part 대부분
neighborhood 지역, 지방
carry out ~을 수행하다

　　The surface of the earth is different from place to place. Places differ in terms of population size, language, resources, environmental factors, industrial specialization, local history, and human activities. (A) 수송에 대한 수요를 발생시키는 것은 이곳저곳에 있는 바로 이런 차이점들이다. People want commodities that are not produced locally − for example, fruits, vegetables, televisions, shoes, paper, and thousands of other goods − and this desire generates the d_____ for transportation. Businesses need resources that are often not available locally, and this need generates the d_____ for transportation. We work, shop, and seek entertainment, for the most part, outside our own neighborhoods, (B) (necessary) a journey to work, to shop, and to visit the multiplex. Transportation enables us to carry out all these activities.

1 밑줄 친 (A)의 우리말과 같도록, 〈보기〉의 단어들을 배열하여 완성하시오.
(1. 필요시 어형 변화할 것　2. 〈It is(was) ~ that ...〉 강조 구문을 사용할 것　3. 14 단어로 쓸 것)

〈보기〉

generate, to place, demand, transportation, the, differ, from place, these, for

2 빈칸에 공통으로 들어갈 단어를 주어진 철자로 시작하여 쓰시오. (d를 포함한 6자)

d_____

3 밑줄 친 (B)를 문맥과 어법에 맞도록 바꿔 쓰시오.

_____

(A) It is often believed that an active person can make friends more easily than a shy person, and that a conscientious person may meet more deadlines than a person who is not conscientious. Walter Mischel found, however, that the typical correlation between personality traits and behavior was quite modest. This news was really shocking, because it essentially said that the traits personality psychologists were measuring were just slightly better at predicting behavior than astrological signs. Mischel did not simply point out the problem; he diagnosed the reasons for it. He argued that personality psychologists (a) (underestimate) the extent to which the social situation shapes people's behavior, independently of their personality. To predict whether a person will meet a deadline, for example, (b) (know) something about the situation may be more useful than knowing the person's score on a measure of conscientiousness. (B) _____ influences can be very powerful, sometimes (c) (overwhelm) individual differences in personality.

VOCA
conscientious 성실한
typical 전형적인
correlation 상관관계
personality 성격
trait 특성
modest 지나치지 않은, 적당한
essentially 본질적으로
measure 측정하다; 측정
predict 예측하다
astrological sign 점성술 별자리
diagnose 진단하다
underestimate 과소평가하다
independently of ~와 관계없이
overwhelm 압도하다
individual 개인(의)

4 밑줄 친 (A)와 같은 의미가 되도록, 다음 빈칸을 완성하시오. (8단어로 쓸 것)

=An active person _____ _____ _____ _____

_____ _____ _____ friends more easily than a shy person.

5 밑줄 친 (a), (b), (c)를 어법에 맞도록 바꿔 쓰시오.

(a) _____

(b) _____

(c) _____

6 위 내용으로 보아, 빈칸 (B)에 들어갈 적절한 말을 본문의 단어를 활용하여 쓰시오.

_____

VOCA
app 앱(= application)
based on ~에 근거하여
current 현재의
traffic pattern 도로상의 차량
분포
track 탐지하다, 추적하다
coordinate 좌표
swiftly 빠르게, 신속하게
recommend 추천하다
overall 전반적인
crucially 결정적으로
in this respect 이런 점에서
utility 유용성

When the navigation app on your smartphone is telling you the best route to the airport based on ① current traffic patterns, how does it know where the traffic is? Navigation systems are tracking your cell phone and the cell phones of thousands of other users of the applications to see how ② quickly those cell phones move through traffic. If you're stuck in a traffic jam, your cell phone reports the ③ different GPS coordinates for several minutes; if traffic is moving swiftly, your cell phone moves as quickly as your car and these apps can recommend routes based on (A) that. The quality of the overall system (B) [**users / number / a / depends / crucially on / there being / large / of**]. In this respect they're ④ similar to telephones, fax machines, and email: If only one or two people have them, they are not much good — their utility ⑤ decreases with the number of users.

7 밑줄 친 ①~⑤ 중, 문맥상 어색한 두 개를 찾아 바르게 고쳐 쓰시오.

( ) _____ → _____

( ) _____ → _____

8 밑줄 친 (A)가 지칭하는 것을 우리말로 쓰시오. (10글자 내외)

_____

9 글의 흐름에 맞도록, 밑줄 친 (B)의 단어들을 바르게 배열하시오.

The human brain cannot completely comprehend or appreciate all that it encounters in its lifespan. Even if a music lover ① had kept his headphones on for every minute of every day for an entire year, he wouldn't be able to listen to more than an eighth of all the albums that ② are released just in the United States in one year. Because we do not possess the capacity ③ to give equal time to every artistic product that might come our way, we must rely on s_____. We may look for reviews and ratings of the latest movies before we decide ④ which ones we'd like to see. (A) We often let personal relationships guide our decisions about what art we allow into our lives. Also, we continually rely on the distribution systems ⑤ which we experience art — museums, galleries, radio stations, television networks, etc. — to narrow the field of possibilities for us so that we don't have to spend all of our energy ⑥ searching for the next great thing.

VOCA

comprehend 이해하다
appreciate 인식하다
encounter (우연히) 만나다, 마주치다
lifespan 수명
release 발매하다
possess 소유하다
come one's way ~의 수중에 들어오다
rely on ~에 의존하다
review 비평
rating 평점
continually 계속
distribution 배급, 분배
narrow 좁히다

10 밑줄 친 ①~⑥ 중, 어법상 어색한 두 개를 찾아 바르게 고쳐 쓰시오.

( ) _____ → _____

( ) _____ → _____

11 빈칸에 들어갈 적절한 말을 주어진 철자로 시작해서 쓰시오.
(1. 복수형으로 쓰고, s를 포함한 9자   2. 영영 뜻 풀이: a quicker way of doing something in order to save time or effort)

s _____

12 밑줄 친 (A)의 의미를 30자 이내의 우리말로 쓰시오.

_____

[1~3] 다음 글을 읽고, 물음에 답하시오.

Animals may have a limited understanding of what is happening now, but only humans seem to enrich their understanding of the (A) _____ by thoughtful links to events in the distant past and future. Indeed, human goals often link (B) [**what / that / does / away / one / now / lie / years / possible / outcomes / to**]. Thus, human action is not just a here-and-now response but is often designed to help bring about something far off, such as graduation, marriage, or retirement. It can also be linked to things that have happened elsewhere or long ago, such as when people celebrate Independence Day or a religious holiday. Moreover, people often follow the rules made in distant places by people they will never meet. Most Americans pay income tax, for example, though few have any direct contact with the people who make the tax laws.

VOCA

limited 제한적인
understanding 이해
enrich 풍요롭게 하다, 강화하다
thoughtful 심사숙고한
distant 멀리 떨어진
outcome 결과
here-and-now 당장의, 즉각적인
response 반응
far off 멀리 떨어진
graduation 졸업
retirement 은퇴
celebrate 기념하다
income tax 소득세

1 빈칸 (A)에 들어갈 적절한 말을 쓰시오. (철자는 7개)

_____

2 다음의 밑줄 친 우리말과 같도록, (B)의 단어들을 바르게 배열하시오.

정말로, 인간의 목표는 (어떤 사람이) <u>지금 하고 있는 일(것)</u>을 <u>여러 해 후에 있을 수도 있는 결과</u>에 흔히 연결시킨다.

Indeed, human goals often link _____

3 위 글을 다음과 같이 요약할 때, 빈칸 (a)와 (b)에 들어갈 말을 주어진 철자로 시작하여 쓰시오.

(a) U_____ animals, humans try to understand the present by (b) c_____ the events in the past and the future.

VOCA
independent 독립된
unbounded 무한한, 한정되지 않은
considerable 상당한
external 외부의, 밖의
requirement 요구, 필요조건
carve 깎아내다, 조각하다
specific 특정한
significantly 상당히
cultivate 기르다, 함양하다
tension 긴장
strait 해협

An independent artist is probably the one ① <u>who</u> lives closest to an unbounded creative situation. Many artists have considerable freedom from external requirements about what to do, how to do it, when to do it, and why. At the same time, however, we know that artists usually limit ② <u>themselves</u> quite forcefully by choice of material and form of expression. To make the choice to express a feeling by carving a specific form from a rock, without the use of high technology or colors, ③ <u>restrict</u> the artist significantly. Such choices (A) [**not / are / to / but / limit / creativity / to / it / made / cultivate / rather**]. When everything is possible, creativity has no tension. Creativity is strange in ④ <u>which</u> it finds its way in any kind of situation, no matter how restricted, just as the same amount of water flows faster and stronger through (B) <u>a narrow strait</u> ⑤ <u>than</u> across the open sea.

4 밑줄 친 ①~⑤ 중, 어법상 어색한 두 개를 찾아 바르게 고쳐 쓰시오.

( ) ＿＿＿＿＿＿＿ → ＿＿＿＿＿＿＿

( ) ＿＿＿＿＿＿＿ → ＿＿＿＿＿＿＿

5 다음의 우리말과 같도록, 밑줄 친 (A)의 단어들을 바르게 배열하시오.

> 그러한 선택은 창의성을 제한하기 위해서가 아니라 오히려 그것을 기르기 위해서 이루어진다.

Such choices ＿＿＿＿＿＿＿＿＿＿＿＿＿＿＿＿＿

6 밑줄 친 (B)가 가리키는 것을 본문에서 찾아 우리말로 쓰시오.

＿＿＿＿＿＿＿＿＿＿＿＿＿＿＿＿＿＿＿＿＿＿

VOCA
tend to ~하는 경향이 있다
assume 생각하다
slow down 느리게 하다, 늦추다
only to 결국 ~하다
efficiency 효율성
mindful 의식하는, 마음 쓰는
entire 전체의
benefit 이익, 혜택
thrill 스릴, 전율
constant 지속적인, 계속되는
unacceptable 용인할 수 없는
enhance 향상시키다

We tend to assume that the way to get more time is to speed up. But speeding up can actually slow us down. Anyone who has ever rushed out of the house only to realize that their keys and wallet are sitting on the kitchen table knows (A) this only too well. And (B) [**reduced / is / is / that / not / efficiency / just / our / it**]. The quality of the experience suffers too, as we become less aware or 'mindful.' Have you ever eaten an entire meal without tasting any of it? Hurrying up doesn't just give us less time, it can also steal the pleasure and benefit from the time that we do have. For many of us, hurrying is a way of life. Some of us enjoy the thrill that it gives us while others are driven crazy by the constant pressure and feel that their lives are speeding up to an unacceptable degree. Either way, there are almost certainly areas of our life that could be enhanced by a little go-slow behavior.

7 밑줄 친 (A)가 가리키는 것을 본문에서 찾아 그대로 쓰시오. (7단어로 쓸 것)

---

8 다음의 우리말과 같도록, 밑줄 친 (B)의 단어들을 바르게 배열하시오.

> 줄어드는 것은 단지 우리의 효율성만이 아니다

---

9 글의 요지를 영어 속담으로 표현할 때, 빈칸을 완성하시오.

H_____ m_____ w_____.

VOCA

patient 인내심 있는
resist 저항하다
to some degree 어느 정도
temptation 유혹
parental 부모의
cabbage 양배추
sick 질리는
strict 엄격한
approach 접근법
battle 전투
pudding 푸딩
standard 일반적인, 보통의
line 말, 대사
desirable 탐나는

It isn't going to be easy making changes to the food your children eat, and even the most careful, patient parents will probably find that the little ones will resist at some point and to some degree. The problem is that many of us were forced to eat in a healthy way as children: we learned the hard way. And the temptation to (a) continue / stop with these parental habits with our own children is strong. If you were made to sit at the table until you had cleaned your plate, you are not alone: most of the adult population have suffered this at some point — at school if not at home. Forcing your children to eat, especially if they don't like what is on the plate, is completely (b) counterproductive / effective. "Sit there until you finish" may be how we learned, and (A) 또한 여러분이 자신의 목표를 달성할 수 있다고 여기는 유일한 방법일 수도 있다, but think about it: the experience of eating a pile of unwanted cabbage until they feel sick is hardly going to make children jump for joy the next time it is served. This strict approach is very old-fashioned, and (B) you may win the battle but you definitely won't win the war. (c) Delaying / Offering puddings used to be thought of as a good idea too, but guess what? That doesn't work either. "No pudding until you have finished your main course" was the standard line when most parents of today were young and is still commonly used, but it only makes sweet things seem more desirable.

10 (a), (b), (c)의 각 네모 안에서 문맥에 맞는 단어를 고르시오.

(a) _____   (b) _____   (c) _____

11 밑줄 친 (A)의 우리말과 같도록, 〈보기〉의 단어들을 배열하시오.

〈보기〉

the, you, feel , achieve, able, to, be, goal, only, may also, your, way

_____

12 밑줄 친 (B)의 의미를 우리말로 설명하시오.

_____

White Label ✎

III

Extra Study
서술형 필수 구문

1 가주어 / to 부정사(구) 진주어

It was easy **to see that his heart was not in his work**. 고1 / 201606

자신의 일에 그의 진심을 다하고 있지 않다는 것을 쉽게 알 수 있었다.

- 영어에서는 주어가 길어지는 것을 되도록 피하려고 하는 편이다. 그래서 긴 진짜 주어(진주어)를 문장 뒤로 보낸 후, 비어있는 주어 자리를 채우기 위해 의미가 없는 가짜 주어(가주어) it을 사용한다.
- to부정사(구)가 진주어로 사용되는 문장 구조
  It is(was) + 형용사 + to 부정사(구)

[1~3] 우리말과 같도록, 주어진 단어를 모두 활용하여 배열하시오.

1 그 농부가 필요한 것보다 더 많은 씨앗을 뿌리는 것이 필요하다.

to / than / the / is / is / necessary / sow / more / farmer / for / seed / it / necessary

2 그들만의 편협한 이기적인 욕망에 집중하는 아이들이나 어른들에게 동기부여하는 것은 어렵고 거의 불가능하다.

and / it / desires / almost impossible / is / motivate / kids or / who are / centered / narrow selfish / on their own / adults / difficult / to

3 우리가 현지 상황을 고려하고 융통성 있게 반응하는 것이 필요하다.

local / respond / consider / necessary / with / to / us / flexibility / it / situation / and / the / for / is

---

[4~5] 우리말과 같도록, 단어를 추가하여 조건에 맞게 문장을 완성하시오.

4 아이가 새로운 학교에 갈 때 긴장하는 것은 당연하다. (15 단어)

nervous / a new school / natural / is / moving to / a child / feel / to / when

5 그 자체로 멋있기만 하고 그 지역의 환경을 망치는 다리를 만드는 것은 받아들여질 수 없다. (18 단어)

is / in itself / create a bridge / that / acceptable / spoils / but / it / its local environment / spectacular

2 가주어/명사절 진주어

It is logical **that they would seek assistance from this source**.

고3 / 201509

그들이 이 정보원으로부터 도움을 구할 것이라는 것은 논리적이다.

● 주어와 동사로 이루어진 것을 '절'이라 한다. 그리고 문장에서 명사처럼 주어, 목적어, 보어의 역할을 할 때 그 절을 '명사절'이라고 한다. 특히 명사절이 주어로 쓰일 때, 기본적으로 그 길이가 길기 때문에 가주어 it을 맨 앞에 두고 진주어인 명사절은 뒤에 위치하게 된다.

● 명사절이 진주어로 사용되는 문장 구조

It is(was) + 형용사 + 명사절(that절, whether절, 의문사절)

[1~3] 우리말과 같도록, 주어진 단어를 모두 활용하여 배열하시오.

1 구성원들이 특별한 노력 없이 그들의 행동을 조정할 수 있을 것 같지 않다.

can / making / special / without / their / actions / that / members / a / is / coordinate / unlikely / effort / it

_____

2 방목이 목초지를 완전히 망칠 때까지 점점 더 많은 동물들이 목초지로 나오게 되는 일은 피할 수 없다.

overgrazing / totally destroys / that / be / onto / the pasture / more and more / it / until / animals / the pasture / brought / is / inevitable / will

_____

_____

3 누가 그 일을 하느냐가 중요한 것이 아니라 언제 그 일이 끝날 것인지가 중요하다.

who / will / not / be / but / it / important / when / the / do / is / work / will / work / the / done

_____

_____

[4~5] 우리말과 같도록, 단어를 추가하여 조건에 맞게 문장을 완성하시오.

4 그들이 협력할 때 학생들이 더 잘 배운다는 것은 놀라운 일이 아닐 것이다. (12 단어, 필요시 어형 변화할 것, when절은 뒤에 위치할 것)

when / students / should / surprise / cooperate / learn / they / that / it / better

_____

5 나이 변화는 각기 다른 시기에 몸의 다른 부위에서 시작될 가능성이 있다. (16 단어)

age changes / in different parts / at different times / likely / begin / of / the body

_____

3 가목적어 / 진목적어

The student will **find it** easy **to learn and master the skills more quickly**.

고1 / 200406

그 학생은 기술을 좀 더 빨리 배우고 익히는 것이 쉽다는 것을 알게 될 것이다.

- 목적어의 길이가 길어서 목적어 자리에 가목적어(가짜 목적어) it을 넣고, 진목적어(진짜 목적어)를 문장 뒤로 보낸 형태이다.
- 가목적어가 자주 사용되는 5형식 동사와 구조

주어 + { make / think / find / believe / consider } + it (가목적어) + 목적보어(형용사, 명사) + ┌ to 부정사(구)
└ 명사절(that절, if/whether절, 의문사절)

[1~3] 우리말과 같도록, 주어진 단어를 모두 활용하여 배열하시오.

1 현대 아이슬란드인은 중세 시대의 아이슬란드 영웅 전설을 읽는 것을 매우 어렵다고 생각하지 않는다.

sagas / the / not / to / the modern Icelander / find / the Middle Ages / difficult / Icelandic / it / read / from / does / very

2 그는 그 문제와 관련이 없었다는 것을 분명히 했다.

clear / nothing / it / to / the / with / do / had / he / made / that / matter / he

3 경쟁을 없애는 것은 모든 사람들이 단순한 전문성을 초월하는 장기적인 관계의 종류를 구축하는 것을 더 쉽게 만든다.

professionalism / everyone / easier / it / build / transcend / to / that / kinds / of / long-term / for / the / makes / competition / mere / eliminating / relationships

---

[4~5] 우리말과 같도록, 단어를 추가하여 조건에 맞게 문장을 완성하시오.

4 그것들은 더 이상 유용하지 않은 굳어버린 행동을 버리는 것을 어렵게 만든다. (13 단어)

abandon / it / they / that / are / no longer / behaviors / entrenched / useful / difficult

5 기술은 성급한 반응으로 상황을 악화시키는 것을 더 쉽게 만든다. (13 단어)

technology / makes / a situation / easier / much / with / a quick response / worsen

4 사역동사

I have to come and **have** my tooth **checked** again next week.
나는 다음 주에 다시 와서 치아를 검사받아야 한다.

고3 / 2015 수능

- 〈사역동사(let / have / make) + 목적어 + 목적보어〉의 구조에서 목적어의 동작을 나타내는 목적보어는 목적어와의 관계에 따라, 능동이면 동사원형을 사용하고, 수동이면 p.p.를 사용한다.
- 사역동사의 의미를 갖는 주요 동사와 구조
  - let + O + v / be p.p.
  - have + O + v / -ing / p.p.
  - make + O + v / p.p.

[1~3] 우리말과 같도록, 주어진 단어를 모두 활용하여 배열하시오.

1 나는 그들에게 사람들이 그들의 지역 공원들을 돌보게 하는 가장 좋은 방법을 조사하기 위한 실험에 참가하는 중이었다고 말했다.

take care of / make / them / they / in / an experiment / examine / to / that / their local parks / I / told / people / participating / to / were / the best way

_____

_____

2 그는 몇 개의 상품 라벨을 그가 다시 디자인하게 해달라고 그의 회사 대표를 설득했다.

let / the / product / of / the head / his / some / of / he / persuaded / redesign / to / him / company / labels

_____

3 그 연구자들은 두 마리의 개들을 서로 나란히 앉히고 각각의 개에게 번갈아 발을 내밀게 했다.

a paw / and / each dog in turn / each other / two / sit next to / to / had / the researchers / dogs / give / asked

_____

[4~5] 우리말과 같도록, 단어를 추가하여 조건에 맞게 문장을 완성하시오.

4 현미경은 생물의 아주 작은 구성체까지 우리가 더 깊이 들여다볼 수 있게 도와준다. (13 단어)

further / see / into / creatures / living / of / the tiny building blocks / microscopes

_____

5 배가 부르면 사람들은 만족스럽고 더 행복해진다. (10 단어, 필요시 어형 변화할 것)

stomach / satisfy / happier / having / feel / and / full / a / make / people

_____

5 지각동사

I **saw** all of the students **laughing** and **enjoying** themselves during the class.

고3 / 2015 수능

나는 모든 학생들이 수업 중에 웃고 즐기는 것을 보았다.

- 5형식으로 사용되는 지각동사는 see / feel / hear / watch / notice / listen to / observe / perceive 등이 있다.
- 〈지각동사 + 목적어 + 목적보어〉의 구조를 갖는데, 목적어와 목적보어의 관계가 능동이면 목적보어 자리에 동사원형이나 -ing 을 사용하고, 수동이면 p.p.를 사용한다.

[1~3] 우리말과 같도록, 주어진 단어를 모두 활용하여 배열하시오.

1 나는 코치와 부모들이 아이들에게 개념을 설명하는 시간을 잘못 선택하는 것을 인지해오고 있었다.

noticed / the wrong / concepts / children / have / to / explain / and / parents / to / time / I / choose / coaches

2 당신은 경기장에서 경기를 하고 있는 그의 아들을 지켜보는 아버지를 봤을지 모른다.

watching / in / a field / you / son / a father / his / playing / seen / have / might / a game

3 그녀는 그녀의 창문 밖을 내다보고 빗줄기가 가늘어지기 시작하는 것을 보았다.

window / she / her / saw / beginning / looked / the / fade / out / and / to / rain

[4~5] 우리말과 같도록, 단어를 추가하여 조건에 맞게 문장을 완성하시오.

4 나는 한 불쌍한 집시 여자가 그 지하철 역 밖에 있는 보도에 앉아 있는 것을 보았다. (14 단어)

sidewalk / on / the / gypsy / outside / woman / saw / the

5 그는 땅 위에 떨어져 있는 낙엽들을 보았고, 이곳에서 저곳으로 날아다니는 나비들을 보았다. (18 단어, 필요시 어형 변화할 것)

fly / and / on the ground / watch / to another / fall / the leaves / from one place / has seen

6 조동사 중요 구문

The vanguard of such a migration **must have been** small in number.

고3 / 2013 수능 B

그러한 이주의 선발대는 숫자가 매우 적었음이 틀림 없다.

● 조동사가 have p.p.를 만났을 때 의미를 정확히 파악하는 것이 필요하다.

must have p.p. : ~였음에 틀림없다 (과거의 강한 추측)	cannot have p.p. : ~였을 리가 없다 (과거의 강한 부정)
should(=ought to) have p.p. : ~했어야 한다 (과거에 하지 못한 것에 대한 후회)	shouldn't(=ought not to) have p.p. : ~하지 말았어야 했다 (과거에 했던 것에 대한 후회)
need not have p.p. : ~했을 필요가 없었다	may(might) have p.p. : ~했을지도 모른다

● 조동사와 유사한 역할을 하는 표현

had better (≒may as well) : ~하는 것이 더 낫다	would rather : 차라리 ~하는 게 더 낫다
used to + 동사원형 : ~하곤 했다/~였다	may well : ~하는 게 당연하다

[1~3] 우리말과 같도록, 주어진 단어를 모두 활용하여 배열하시오.

1 입 냄새에 대해서 당신이 들어봤을지도 모르는 사실이 아닌 두 가지가 여기 있다.

are / have / here / that / about / bad breath / not / things / true / you / may / heard / are / two

---

2 그들은 그 아주 작은 전화기가 사용하기가 얼마나 어려울지에 대해 생각해보지 않았을 수 있다.

to / that / hard / will / tiny / use / have / may / not / thought / be / phone / they / how / about

---

3 대부분의 아이들은 부모님이 충분히 엄격하지 않은 것보다 차라리 약간 더 엄격하기를 바란다.

parents / than / too strict / not / would rather / kids / a little / that / have / enough / strict / are / most

---

[4~5] 우리말과 같도록, 단어를 추가하여 조건에 맞게 문장을 완성하시오.

4 이 애벌레들이 성체로 나타나는 데 2년이 더 필요했어야 했다. (13 단어, 필요시 어형 변화할 것)

emerge / as / take / have / a further / nymphs / years / to / these / adults

---

5 그들은 기차가 그들의 아파트를 지나가곤 했던 그 시간 즈음에 전화하는 경향이 있었다. (16 단어)

tended / around / when / past / run / their / the trains / apartments / used / the time

---

7 수동태 구문

The grain **is not suited** for seed saving and replanting. 고3 / 2016 수능

그 곡물은 종자용으로 보관했다가 다시 심기에는 적절하지 못하다.

● 수동태는 「be+p.p.」 형태로 쓴다. 서술형에서 능동-수동 문장 전환 문제가 나왔을 때, 주어에 맞도록 be동사를 수일치 시키고 시제에 유의하여 쓴다.

● 수동태의 해석은 반대로 해야 자연스럽기 때문에 예를 들어 be told는 '듣다', be given은 '받다'로 의역되어 있는 경우가 많다. 따라서 제시된 우리말만 보면 능동 문장 같지만 수동으로 구성해야 되는 경우도 있다.

[1~3] 우리말과 같도록, 주어진 단어를 모두 활용하여 배열하시오.

1 아동의 놀이를 관찰하는 것은 아동의 내면 세계에 대단히 깊은 통찰을 제공한다고 보여질 수 있다.

a child's / seen / rich insights / observing / can / to / provide / a child's / particularly / inner world / play / be / into

2 이 고리가 끊어지도록 하기 위해서, 그 회피는 수학에서의 몇 가지 긍정적인 경험을 통해 배우지 않았던 상태가 되어야 한다.

with math / to / in order / be / broken / be / must / for this cycle / the avoidance / unlearned / through / some positive experiences

3 연료와 토지 때문에 파괴되고 있는 그 숲들은 열대의 나라들에 위치해 있다.

destroyed / in / for fuel and land / are / the tropical countries / being / located / the forests

[4~5] 우리말과 같도록, 단어를 추가하여 조건에 맞게 문장을 완성하시오.

4 그 학생들은 그들이 3순위로 가장 아름답다고 순위를 정했던 그 포스터를 가지도록 허락되지 않았다.
(18 단어, 필요시 어형 변화할 것)

allow / beautiful / they / as / had rated / that / keep / the poster / the third most

5 댐의 가장 나쁜 영향은 자신의 알을 낳기 위해 흐름을 거슬러 올라가야 하는 연어에서 관찰되어 왔다.
(19 단어, 필요시 어형 변화할 것)

have to / effect / their eggs / that / to / travel upstream / observe / of / dams / on salmon / lay

8 수동태를 품은 단문과 복문

Protogenes **is said to** have been about seventy years of age.
Protogenes는 약 70세였다고 전해진다.

고3 / 2016 수능

- that절을 목적어로 사용하는 think, say, believe, suppose, know 등의 동사들을 수동태로 만들 때, 가주어를 사용하여 복문 (It is(was)+p.p.+that+S+V)으로 바꿀 수 있고, 단문(S+be p.p.+to-v / S+be p.p.+to have p.p.)으로도 전환할 수 있다. 이처럼 복문과 단문의 전환을 할 수 있는지를 알아보는 서술형이 출제되기도 하므로, 수동태를 품은 복문과 단문이 어떻게 전환되는지 알아둘 필요가 있다. (단문: 주어와 동사로 이루어진 절이 한 번 나오는 문장 복문: 주어와 동사로 이루어진 절이 두 번 이상 나오는 문장)
- 위의 단문을 복문으로 전환하면 다음과 같다.
  → It is said that Protogenes was about seventy years of age.
  　 S V　　　　　　　 S　　　 V

[1~2] 우리말과 같도록, 주어진 단어를 모두 활용하여 배열하시오.

1 플라톤의 추종자들이 스스로에게 다음과 같은 질문을 하기 위해서 모였다고 전해진다.

to / Plato / themselves / that / said / it / the followers / the following question / of / ask / gathered / is

---

2 그러한 관행은 매스컴이 "pester power(부모에게 떼를 써서 구매하게 하는 힘)"라고 칭했던 것에 굴복시키기 위해 부모님들에게 압력을 가한다고 믿어지고 있다.

yield / believed / to / "pester power" / to / such practices / parents / put / pressure / what / the media / to / have / dubbed / on / are

---

[3~4] 우리말과 같도록, 단어를 추가하여 조건에 맞게 문장을 완성하시오.

3 어떤 야구장들은 다른 야구장들보다 홈런을 치기 더 좋았다고 알려져 있다. (15 단어, 단문으로 쓸 것, 필요시 어형 변화할 것)

home runs / to / others / some baseball parks / better for / been / hit / know

---

4 금발은 고대 로마에서 더 젊어 보이는 외모를 주었다고 믿어지고 있다. (14 단어, 단문으로 쓸 것)

ancient Roman / have / in / believed / a more youthful appearance / to / provided

9 seem을 품은 단문과 복문

Assertiveness **seems to** be uncharacteristic of counselors.
자기주장은 상담사답지 않은 것처럼 보일 수도 있다.

고3 / 2016 수능

● seem을 가지고 있는 단문과 복문을 서로 전환할 수 있는 지를 알아보는 서술형 문항도 출제되고 있으므로, 전환하는 방법을 미리 익혀두어야 한다. 위의 단문을 복문으로 전환하면 다음과 같다.

→ It seems that assertiveness is uncharacteristic of counselors.
   S   V   S   V

● 〈seem to-v〉와 〈seem to have p.p.〉는 가주어(It), 진주어(that절)를 사용한 복문으로 바꿔쓸 수 있다. 단문에서 쓰인 to부정사나 to have p.p.를 통해, 복문으로 전환했을 때 절의 시제를 알 수 있다.

to-v → 주절 시제 현재, 종속절 현재	He **seems to be** lonely. → It **seems** that he **is** lonely.
to have p.p. → 주절 시제 현재, 종속절 과거(현재완료)	He **seems to have been** lonely. → It **seems** that he **was** (**has been**) lonely.
to-v → 주절 시제 과거, 종속절 과거	He **seemed to be** lonely. → It **seemed** that he **was** lonely.
to have p.p. → 주절 시제 과거, 종속절 과거완료	He **seemed to have been** lonely. → It **seemed** that he **had been** lonely.

[1～2] 우리말과 같도록, 주어진 단어를 모두 활용하여 배열하시오.

1 지나친 보상을 주는 것이 그 일을 하는 사람들의 태도에 부정적 영향을 주는 것처럼 보인다.

the attitude / the work / a negative effect / that / giving / the people / excessive reward / doing / on / seems / it / have / of / may

2 이러한 작동 방식은 초과 칼로리가 액체의 형태로 섭취되면 제 기능을 충분히 발휘하지 않는 것처럼 보인다.

be / liquids / seem / when / in the form of / excess calories / to / consumed / are / doesn't / fully functional / this mechanism

[3～4] 우리말과 같도록, 단어를 추가하여 조건에 맞게 문장을 완성하시오.

3 우리들 대부분은 어느 정도까지는 어떻게 그것을 속여야 하는지를 알고 있는 것처럼 보인다. (14 단어, 복문으로 쓸 것)

us / to some extent / it / fake / that / to / seems

4 그들의 경계 신호는 탐지되어 온 포식자의 특성에 대해 매우 구체적인 정보를 전달하는 것처럼 보인다. (19 단어, 단문으로 쓸 것)

that / convey / detected / about / to / very specific / seem / has / the nature of the predator / their alarm calls

10 주(장), 요(구), 명(령), 제(안)_주 · 요 · 명 · 제의 문장 구성

Linda **demanded** that her name **be removed** from the list.
Linda는 그녀의 이름을 참가자 명단에서 삭제해 달라고 요청했다.

고1 / 201506

- 주장, 요구, 명령, 제안의 의미를 갖는 동사들 뒤에 that절의 내용이 의무(~해야 한다)일 때, 주로 should가 생략되어 동사원형이 사용된다.

  주장 − insist
  요구 − ask, demand, request
  명령 − order, command
  제안 − suggest, propose, recommend
  } + (that) + S + (should) + 동사원형

- 위의 동사들이 쓰였지만, 예외적으로 that절의 내용이 단순 사실을 전달하는 경우에는 should를 사용하지 않고 문맥상 적절한 시제를 사용한다.

  e.g. Many witnesses <u>insisted</u> that the accident <u>had taken</u> place on the crosswalk.

[1~2] 우리말과 같도록, 주어진 단어를 모두 활용하여 배열하시오.

1 그들은 가벼운 혈압 상승이 있는 환자들이 약을 복용할 것을 제안하는 지침을 작성했다.

wrote / with mild blood pressure / suggesting / elevation / should / guidelines / medicine / they / take / patients

---

2 '객관성'이라는 용어는 측정에서 중요한데 관찰된 것(결과, 기록)들은 공개 검증을 받아야 한다는 과학적 요구 때문이다.

that / measurement / the scientific / important / in / subject to / the term / demand / 'objectivity' / be / is / observations / because of / verification / public

---

[3~4] 우리말과 같도록, 단어를 추가하여 조건에 맞게 문장을 완성하시오.

3 그는 나머지 가족들이 잠자리에 들 때 William이 잠자리에 들어야 한다고 주장했다. (16 단어, 필요시 어형 변화할 것)

the rest of / should / retire / did / for the night / the family / insist

---

4 당신의 의사가 당신이 원하는 모든 일을 해보기를 권했다고 가정해 보자. (13 단어)

suppose / do / wanted / that / recommended / everything

11 too ~ to-v / ~ enough to-v

One immediate reason was easy **enough to** spot. 고3 / 2016 수능
한 가지 직접적인 원인은 알아내기 충분히 쉬웠다.

● 관용적인 표현으로 많이 쓰는 〈too ~ to-v〉와 〈enough to-v〉가 있다. 이 표현을 절로 변환시키는 서술형이 나올 수 있으니 꼭 기억하도록 한다.

표현	뜻	절 변환
too ~ (for+O) to-v	너무 ~해서 …할 수 없다	so ~ that + S + can't(couldn't) + v
~ enough (for+O) to-v	…할 수 있을 정도로 충분히 ~하다	so ~ that + S + can(could) + v

[1~3] 우리말과 같도록, 주어진 단어를 모두 활용하여 배열하시오.

1 그들은 바닥까지 살펴 내려다보고는 그 경사가 그들이 시도하기에 너무 가파르다고 결론을 내릴 것이다.

try / look down / will / determine / the slope / steep / too / to the bottom / that / them / they / is / for / to / and

2 그 아버지는 그의 배낭을 벗어 아들에게 건네주었고, 아들은 곧 그것이 자기가 가지고 다니기에는 너무 무겁다는 것을 즉시 발견했다.

his / too / son / to / , who / that / him / it / immediately discovered / handed / the father / carry / was / it / to / heavy / off / for / took / his backpack / and

3 나는 너무 좌절하고 당황스러워서 그것들을 제대로 기억할 수 없었다.

was / in my mind / straight / frustrated / them / I / couldn't / and / I / keep / so / embarrassed / that

[4~5] 우리말과 같도록, 단어를 추가하여 조건에 맞게 문장을 완성하시오.

4 그는 너무 가난해서 병원에 갈 수 없는 사람들을 치료하기 위해 아프리카에 갔다. (16 단어)

poor / too / a hospital / who / went / were / treat / to

5 유년기와 청소년기는 너무나 귀중하여 어른들의 현재의 편의에 따라 희생될 수 없다. (15 단어, 필요시 어형 변화할 것)

childhood / sacrifice / invaluable / too / to the present convenience / of adults / adolescent

12 형용사가 길어진 문장 1 _ 관계대명사

Someone **who is chronologically 80-year-old** may be biologically 60-year-old.

고3 / 2016 수능

생활 연령으로 80세인 어떤 사람은 생물학적으로 60세 일지도 모른다.

- 선행사를 수식 또는 설명하기 위해 쓰이는 관계대명사가 이끄는 절이 들어가면, 문장의 길이가 상당히 길어진다. 관계대명사는 그 모습이 의문사와 비슷한 것들이 있지만 역할이 다르므로, 그 쓰임과 종류를 제대로 알고 서술형에 대비해야 한다.
- 배열 문제와 같이 문장을 만들 때에 관계대명사로 연결해야 하는 경우도 있고, 어법 문제에서도 다양한 관계대명사의 쓰임에 대해 묻는 경우가 많다.
- 관계대명사 뒤의 절은 불완전한 문장이 온다. 또한 앞에서 차례대로 해석하는 계속적 용법에서는 콤마(,) 다음에 that이나 what 은 사용할 수 없다.

[1~3] 우리말과 같도록, 주어진 단어를 모두 활용하여 배열하시오.

1 그가 'Satyr'를 그린 정원은 적의 막사 한가운데에 위치하고 있었다.

the garden / was / camp / the 'Satyr' / painted / in the middle of / in which / the enemy's / he / situated

---

2 그는 경영 사학자였는데 그의 연구는 경영사와 경영관리 연구에 집중해 왔다.

on / of business history / whose / the study / he / was / work / centered / has / an economic historian / and administration

---

3 대부분의 투자자들이 저지르는 가장 큰 실수는 손실을 보고 공황상태에 빠지는 것이다.

most investors / losses / into / make / over / mistake / biggest / the / is / a panic / getting / that

---

[4~5] 우리말과 같도록, 단어를 추가하여 조건에 맞게 문장을 완성하시오.

4 그녀는 많은 이야기들을 들려주었는데, 그녀 자신의 모험 이야기라고 그녀가 주장한다.
(12 단어, 관계대명사의 계속적 용법을 사용할 것)

she / claims / stories / has told / own / are / adventures

---

5 책장 선반을 둘러본 부모의 비율은 인쇄된 책을 빌린 부모의 비율과 같다. (18 단어, 관계대명사를 사용할 것)

browsed / of parents / the same as / print books / parents / the percentage / shelves / that of

---

13 형용사가 길어진 문장 2 _ 관계부사

The reason **why it looks that way** is that the sun is on fire.
그것이 그렇게 보이는 이유는 태양이 불타고 있기 때문이다.

● 관계부사 when, where, why, how가 이끄는 절은 앞의 선행사를 수식하는 형용사절로서의 역할을 한다. 관계부사는 「전치사+which」로 바꿔쓸 수 있다. 관계부사는 선행사와 연결하여 그대로 쓸 수도 있고, 생략할 수도 있다. 단, 예외적으로 the way how로 쓸 수는 없고 둘 중 하나만 써야 한다.

[1~3] **우리말과 같도록, 주어진 단어를 모두 활용하여 배열하시오.**

1 변화하는 사람들은 변화가 가능한지 어떤지를 질문하지 않거나 그들이 변화할 수 없는 이유를 찾지 않는다.

reasons / is / change / not / change / look for / question / who / change / cannot / people / or / possible / they / whether / do / why

_____

2 주변 환경의 분위기를 바꿈으로써 우리의 기분에 영향을 끼치려고 다른 사람들이 노력하는 많은 상황들이 있다.

changing / the environment / by / influence / where / many situations / other / our mood / people / there / try to / are / the atmosphere / of

_____

_____

3 그것들은 땅이 부드럽고 파기 쉬운 서식지를 선호하고 대부분의 시간을 지하에서 보낸다.

habitats / the earth / most of their time / spend / where / they / and / they / to / is / dig in / soft / and / prefer / underground / easy

_____

_____

[4~5] **우리말과 같도록, 단어를 추가하여 조건에 맞게 문장을 완성하시오. (관계부사를 사용할 것)**

4 시간이 흐름에 따라 단어의 정의가 변해 온 한 가지 이유는 단지 그것들(단어들)을 오용했기 때문이다. (17 단어)

their misuse / is / simply / of words / have / the definitions / over time / because of

_____

5 이리저리 돌아다니는 부족들은 그들이 갈증으로 죽지 않고 안전하게 사막을 건널 수 있는 방법을 알 필요가 있었다. (15 단어)

dying of thirst / wandering / could / tribesmen / deserts safely / without

_____

14 명사가 길어진 문장 3 _ 관계대명사 what

They analyzed **what they need to do to master the first step.**
그들은 첫 번째 단계에 숙달하기 위해 해야 할 필요가 있는 것을 분석했다.

고3 / 2015 수능

- 관계대명사 what은 '~(하)는 것'이란 의미의 명사절을 이끄는 관계대명사로, the thing(s) which(=that)로 바꿔쓸 수 있다. what 뒤에는 주어나 목적어 또는 전치사의 목적어 자리가 비어 있는 불완전한 문장이 온다.
- what은 다른 관계대명사와 그 쓰임을 정확히 구분할 줄 아는지를 물어보는 어법 문제로 출제되는 편이다. what이 들어간 문장이라면, 주어나 목적어가 빠진 부분에 the thing(s)를 넣어 문장이 자연스러운지 확인해 보도록 한다.
- 관계대명사 what이 들어간 관용적 표현
  - what S is(are) : 존재, 사람됨
  - what S have(has) : 재산
  - A is to B what(as) C is to D. : A와 B의 관계는 C와 D의 관계와 같다.

[1~2] 우리말과 같도록, 주어진 단어를 모두 활용하여 배열하시오.

1 Sue가 생산을 향상시키기 위해 고안된 가벼운 경고라고 여겼던 것은 사직을 초래한 위협으로 해석된 것이다.

in / a resignation / designed / Sue / what / saw / a mild warning / output / as / is / improve / a threat / to / interpreted / resulting / as

_____

_____

2 그들은 여러분이 성취하려고 노력하고 있는 것에 진심으로 관심이 있고, 여러분의 모든 목표와 노력을 지지한다.

in all of your / trying to / support you / they / truly interested in / achieve / and / are / are / goals and efforts / you / what

_____

_____

[3~4] 우리말과 같도록, 단어를 추가하여 조건에 맞게 문장을 완성하시오.

3 가장 정상적이고 유능한 아이도 살면서 극복할 수 없는 문제들처럼 보이는 것을 만난다. (14 단어, 관계대명사 what을 사용할 것)

seem like / in living / insurmountable / normal / encounters / competent / child / problems

_____

4 그것을 할 여유가 있었던 사람들이 예상되는 것보다 더 많은 임금을 누릴 수 있었다. (16 단어, 관계대명사 who, what을 사용할 것)

those / might be / far above / it / wages / enjoy / could afford / able to

_____

15 명사가 길어진 문장 4 _ 동격 접속사 that

Temporocentrism is **the belief that** your times are the best.
자기 시대 중심주의는 자신의 시대가 최고라는 믿음이다.

고3 / 201506 수능

● 추상명사인 the hope, the fact, the news, the possibility, the feeling, the evidence, the proof, the belief 뒤의 that은 동격의 접속사로, 이 that이 이끄는 절과 앞의 추상명사는 서로 동격이다. 일반적으로, that은 생략하지 않고(구어체, 비격식체에서 생략하는 경우도 있음) that 뒤에는 완전한 문장이 온다.

[1~3] 우리말과 같도록, 주어진 단어를 모두 활용하여 배열하시오.

1 사건은 언제나 힘들이 작용하는 장에서 발생한다는 개념은 중국인에게 전적으로 직관적이었을 것이다.

that / completely intuitive / in / always / a field of force / events / the Chinese / the notion / been / have / occur / would / to

_____

2 음악이 그것에 통합된다면 아이들이 수학을 더 잘 수행한다는 강력한 연구 증거가 있다.

is / in / children / strong research evidence / music / incorporated / there / it / in / better / if / perform / that / mathematics / is

_____

3 그것은 많은 아이들이 그들이 똑똑하지 않고 교육에서 성공할 수 없다는 잘못된 생각을 가지고 성장하는 데 기여해 왔다.

that / are / intelligent / the mistaken idea / it / not / cannot / growing up / education / many children / and / with / has contributed to / in / succeed / they

_____

[4~5] 우리말과 같도록, 단어를 추가하여 조건에 맞게 문장을 완성하시오.

4 아이는 그가 매우 복잡한 기호를 학습하고 있다는 그 사실을 의식하지 않고 그 언어를 연습한다.
(19 단어, 동격의 that을 사용할 것, 필요시 어형 변화할 것)

be conscious of / without / a highly complex code / a child / is / learning /

_____

5 컴퓨터가 다수의 일을 처리하는 속도는 모든 것이 동시에 일어난다는 환상을 키운다.
(18 단어, 「전치사+관계대명사」를 사용할 것, 동격의 that을 사용할 것)

happens / multiple tasks / feeds the illusion / computers / with / the speed / process / at the same time

_____

16 시제

Many owners **have been snapped** at by their dogs when they **returned** home.

고3 / 2016 수능

많은 주인이 집에 돌아왔을 때 개가 달려든 적이 있다.

● 주절, 종속절처럼 두 가지의 절이 결합된 문장에서 각 절의 시제가 다른 경우가 있다. 이때는 어떤 상황이 더 이전에 일어났는지를 생각하여 문장을 구성해야 한다.

[1~2] 우리말과 같도록, 주어진 단어를 모두 활용하여 배열하시오.

1 인간이 한 번에 많은 일을 한다는 개념은 1920년대 이래로 심리학자들에 의해 연구되어 왔지만, '멀티태스킹'이라는 용어는 1960년대가 되어서야 비로소 존재하였다.

the 1960s / until / since the 1920s / of / "multitasking" / psychologists / , but / the concept / the term / multiple things / studied / humans / has / doing / didn't / by / at a time / been / exist

2 Nancy는 그녀의 십 대 딸아이가 그녀의 생활과 능력에 대한 부정적인 관점을 겪고 있을 때 긍정적인 면을 찾아보려고 애쓰고 있었다.

was / the positive / perspective / on / life and abilities / to / Nancy / negative / when / her teen daughter / experiencing / struggling / was / see / her / a

[3~4] 우리말과 같도록, 단어를 추가하여 조건에 맞게 문장을 완성하시오.

3 그녀는 그녀가 출장 판매원과 결혼했었고, 그는 최근에 세상을 떠났다고 그에게 말하기 시작했다. (19 단어)

married to / a traveling salesman / that / had / had / recently passed away / been / , who / began to

4 진화론은 다른 경쟁적인 이론들이 틀리다는 것을 증명하는 막대한 양의 설득력 있는 자료를 모아 왔다.
(19 단어, 필요시 어형 변화할 것)

an enormous amount of / theories / competing / false / assemble / that / convincing data / the theory of evolution / proving / has

17 상관접속사

Material prosperity can help individuals **as well as** society.
물질적 풍요는 사회뿐만 아니라 개인들에게도 도움이 될 수 있다.

● 상관접속사란, 단어나 구, 절을 연결시키기 위해 두 개 이상의 단어로 이루어진 접속어구를 말한다.

중요 표현	의미	동사 수일치
not only A but (also) B = B as well as A	A뿐만 아니라 B도	B에 일치
not A but B = B not A	A가 아니라 B	
either A or B / neither A nor B	A이거나 B / A도 B도 아닌	
not because A but because B	A 때문이 아니라 B 때문이다	
both A and B	A와 B 둘 다	항상 복수동사

[1~2] 우리말과 같도록, 주어진 단어를 모두 활용하여 배열하시오.

1 이것은 표면적으로 더 실용적인 교과일 뿐만 아니라 가장 추상적인 교과에서도 흔히 그러하다.

disciplines / often / more practical / is / the most abstract / the case / the / seemingly / this / as well as / with

2 우리는 아이들이 말하는 스타일이나 어머니의 스타일이 모두 아버지의 스타일과 아무런 유사점을 가지고 있지 않다는 결과에 놀라웠다.

the mother's style / nor / neither / the father's style / at / surprised / were / to / we / that / the result / the children's speaking style / any resemblance / bore

[3~4] 우리말과 같도록, 단어를 추가하여 조건에 맞게 문장을 완성하시오.

3 그들이 보고 싶어하거나 보도록 훈련받은 것을 사람들이 본다는 것을 기억하는 것은 중요하다.
(19 단어, 가주어(it) − 진주어(to-v)를 사용할 것)

see / that / or / are / to see / is / what / trained / people / to see / they / either

4 공상 과학 소설은 학생들이 과학적 원리들을 볼 수 있도록 도움을 줄 뿐만 아니라 또한 그들의 비판적 사고와 창의적 기술을 길러준다. (18 단어, 〈not only A but also B〉 구문을 사용할 것, 필요시 어형 변화할 것)

build / scientific principles / critical thinking / help / creative skills / science fiction / and / see

18 부사가 길어진 문장 1 _ 분사구문

Ehret traveled around Europe, **observing plants**.

Ehret은 식물을 관찰하며 유럽을 여행했다.

● 분사구문을 만들어 보게 하는 배열이나 문장 전환 문제보다는, 분사구문의 형태가 옳은지를 판단하는 어법 문제에서 더 자주 나타난다. 생략된 주어와 동사의 관계에 따라 수동 분사구문 또는 능동 분사구문이 결정되므로, 어법 문제를 해결하기 위해서는 생략된 주어를 앞에 놓고 be동사를 넣어 수동과 능동을 파악한다.

[1~3] 우리말과 같도록, 주어진 단어를 모두 활용하여 배열하시오.

1 낯선 그림자가 집으로 밀고 들어오는 광경에 깜짝 놀라서, 이 개들은 그들의 코 대신에 그들의 눈을 사용하고 있었다.

were / their noses / pushing / using / surprised / the vision / of / by / their eyes / into the house / unfamiliar silhouette / instead of

_____ ,

these dogs

2 Richard Rha라는 이름의 한 심리학자는 내성적인 사람들 한 집단을 불러 놓고, 그들에게 수학 수업을 가르치는 체하면서 외향적인 사람들처럼 행동할 것을 요청했다.

a group of / Richard Rha / introverts / teach / to / and / to / a math class / called / a psychologist / pretending / asked / extroverts / named / act like / them

_____ ,

while

3 나이가 많은 아이들이 그들의 선물을 여는 것을 지켜보며, 나는 이미 큰 선물들이 반드시 가장 좋은 것들은 아니라는 것을 알았다.

opening / the big gifts / the nicest ones / that / the older children / knew / having / their gifts / watched / not necessarily / were

_____ ,

I already

[4~5] 우리말과 같도록, 단어를 추가하여 조건에 맞게 문장을 완성하시오.

4 어떤 것이 빠져 있었음에 틀림없다는 것을 깨닫고, 비서실장은 그 보고서를 다시 썼다. (14 단어, 분사구문을 이용할 것)

something / rewrote / missing / that / realizing / must

_____, the chief of staff _____

5 그의 부하들이 눈보라에서 생존했다는 것에 안도하면서, 그들의 지휘관은 그들이 어떻게 빠져나올 수 있었는지를 물었다. (18 단어)

that / his men / made / their way out / relieved / commanding officer / the snowstorm

_____, their _____

19 부사가 길어진 문장 (2) _ 부대상황을 나타내는 with

Your friend exhibits no facial expression, **with arms folded**.

당신의 친구가 팔짱을 낀 채 무표정한 얼굴을 보여준다.

고1 / 201509

- 부대상황(동시에 일어나는 상황)을 나타내는 with는 '~하면서, ~한 채로, ~하여, ~때문에'의 의미로 해석된다. 보통 〈with+명사(의미상의 주어)+분사〉의 형태로 쓰이며 〈with+명사+형용사(구)/전치사구/부사(구)〉로도 활용된다.
- 분사에는 -ing와 p.p. 형태가 있다. -ing는 의미상의 주어와의 관계가 능동임을 뜻하고, p.p.가 수동임을 뜻한다. 따라서 문제를 접했을 때, 의미상의 주어와의 관계가 능동인지 수동인지를 파악한 후 적절한 형태를 넣어야 하고, 배열 문제뿐 아니라 어법 문제로도 활용될 수 있다.

[1~2] 우리말과 같도록, 주어진 단어를 모두 활용하여 배열하시오. (with를 맨 앞에 놓을 것)

1 팀들 중 나머지 사람들이 기다리고 있어서, 나는 나의 여자 친구에게 작별 인사를 말할 시간이 없었다.

for / team / of / had / to / my / to / the / say / with / girlfriend / time / no / rest / waiting / goodbye / the / me / I

2 많은 학생들이 우울감과 불안을 호소하여, 학교 관계자들은 사기를 북돋아 퍼뜨리고 스트레스와 싸울 수 있도록 애완동물 치료 행사를 마련한다.

events / anxiety / with / students / therapy / many / to / and fight / pet / spread / cheer / and / arrange / depression / officials / stress / reporting / school

[3~4] 우리말과 같도록, 단어를 추가하여 조건에 맞게 문장을 완성하시오. (with를 맨 앞에 놓을 것)

3 아이들과 십대들이 학교에서 식사와 간식을 먹고 있기 때문에, 음식 알레르기에 관한 정보를 얻는 것이 필요하다.
(19 단어, 〈가주어-진주어〉 사용할 것, 어법에 맞게 어형 변화할 것)

meals and snacks / be / inform / to / consume / allergies / teenagers / about

4 오직 몇 천 마리의 들소만이 남은 상태에서, 평원의 주민은 저녁식사로 오직 혀만을 잘라내기 위해 아메리카 들소를 죽였다.
(22 단어, 필요시 어형 변화할 것)

an American bison / only a few / his / a plainsman / for / only the tongue / cut out / for / bison / leave

20 부사가 길어진 문장 (3) _ to-v의 부사적 용법

Humans use all their five senses **to analyze** food quality.

인간은 음식의 질을 분석하기 위해 자신의 모든 오감을 사용한다.

고3 / 2016 수능

- '목적'의 to-v : '~하기 위해서'의 의미로 to-v를 〈in order (for+O) to-v〉, 〈so as to-v〉, 〈so that S+can(may)+동사원형〉으로 바꿔 쓸 수 있다.
- '감정'의 to-v : 감정을 나타내는 형용사들 뒤에서 to-v는 '(감정의) 원인'을 나타낸다.
- '결과'를 나타내는 to-v
  - grow up+to-v: 자라나서 결국 ~하다
  - live+to-v: 살아서 결국 ~하다
  - never+to-v: 결국 ~하지 못하다
  - awake+to-v: 깨어보니 ~하다
  - only+to-v: (~했으나) 결국 ~하고 말다

[1~2] 우리말과 같도록, 주어진 단어를 모두 활용하여 배열하시오.

1 여러분은 대부분의 아이들이 오히려 충분히 엄하지 않은 것보다 약간 엄격한 부모님을 가지기를 바란다는 것을 알면 놀랄지도 모른다.

strict / surprised / than / a little / to / enough / rather / be / are / might / most / have / not / kids / learn / too strict / would / parents / that / that / you

_____

_____

2 우리 개개인은 우리의 인생에서 우리의 능력에 자신감을 느낄 수 있게 하고 우리의 목표를 향해 앞으로 나아가기 위해 우리를 격려해 주는 사람들이 필요하다.

our / toward / us / people in / our / each of / and / capabilities / who / we can feel / in / goals / move forward / needs / lives / our / confident / encourage / so that / us

_____

_____

[3~4] 우리말과 같도록, 단어를 추가하여 조건에 맞게 문장을 완성하시오.

3 Bradley와 저는 올해 또 다시 귀하의 하계 체조 캠프가 열린다는 것을 알고 몹시 기뻤습니다.
(18 단어, 접속사 that을 사용할 것, 필요시 어형 변화할 것)

are / hold / thrill / Gymnastics Summer Camp again / were / learn

_____

4 당신은 가족 구성원들에게 '그래'라고 말할지도 모르는데, 결국 당신이 가져야 할 양질의 시간의 부족으로 좌절하게 된다.
(20 단어, 〈only+to-v〉를 사용할 것)

have / may / feel / that / family members / frustrated / by the lack of / say 'yes' / quality

_____

21 If절이 있는 가정법

If that **were** the case, there **would be** no cultural differences.
만약 사실이 그렇다면, 전혀 문화적 차이가 없을 것이다.

고3 / 2016 수능

- if가 들어 있는 가정법에서는 현재 사실을 반대로 가정하느냐, 과거 사실을 반대로 가정하느냐에 따라 동사의 쓰임이 다르므로, 종속절과 주절에 동사가 어떻게 들어가야 하는지를 아는 것이 중요하다. 모든 단어가 제시되어 있지 않은 배열 문제의 경우, 시제를 잘 생각하여 동사를 넣어야 하므로 if 가정법을 써야 하는 서술형일 경우 난이도가 높을 수 있다.

종류와 의미	문장 구조
조건절 : 실현될 수도 있는 미래	If S+현재동사 ~, S+will+동사원형 … .
가정법 과거 : 현재 사실을 반대로 가정	If S+과거동사 / were ~, S+조동사 과거형+동사원형 … .
가정법 과거완료 : 과거 사실을 반대로 가정	If S+had p.p. ~, S+조동사 과거형+have p.p. … .

[1~2] 우리말과 같도록, 주어진 단어를 모두 활용하여 배열하시오. (If절을 맨 앞에 놓을 것)

1 만약 그들이 일정 기간 동안 잘 정돈된 환경 속에서 일을 해보게 된다면, 그들은 자신들이 얼마나 훨씬 더 생산적인지에 대해 놀라게 될 것이다.

in / at / they / environment / time / a well-organized / more / were / of / any length / be / surprised / would / for / they / productive / if / they / how / worked / much

_____

2 만약 Ernest Hamwi가 zalabia(페르시아의 아주 얇은 와플)를 팔고 있었을 때 그런 태도를 가지고 있었더라면, 그는 거리의 상인으로 그의 생을 마감했을지도 모른다.

attitude / when / a / might / had / vendor / that / as / ended / if / street / Ernest Hamwi / have / he / zalabia / selling / was / he / taken / his / days

_____

[3~4] 우리말과 같도록, 단어를 추가하여 조건에 맞게 문장을 완성하시오. (If절을 맨 앞에 놓을 것)

3 만약 당신이 복잡한 기계를 작동하는 방법을 휴대전화로 설명하려고 하는 중이라면, 당신은 걸음을 멈출 것이다.
(20 단어, 가정법 과거를 사용할 것, 〈의문사+to-v〉를 사용할 것, 어법에 맞게 어형 변화할 것)

a complex machine / operate / the cell phone / would / walk / to explain on / trying

_____

4 만약 그가 야외 활동의 가장 기본적인 규칙들 중에 하나를 따랐더라면, 그가 직면했던 그 끔찍한 사고를 피할 수 있었을지도 모른다. (22 단어, 가정법 과거완료를 사용할 것, 어법에 맞게 어형 변화할 것)

incident / the horrible / the most / follow / could have been / faced / of outdoor activities / avoid

_____

22 If절이 없는 가정법 _ wish, as if, without

I wish I could camp in the wild.

야생에서 야영을 할 수 있다면 좋을 텐데.

고3 / 2016 수능

● 가정법의 다양한 표현들을 꼭 알아두고, 특히 without으로 표현되는 가정법의 경우에는 서술형에서 문장 전환 유형으로 출제되기도 하므로 잘 알아두도록 한다.

I wish (that) S+과거동사 / were	~라면 좋을 텐데 (현재 사실을 반대로 가정)
I wish (that) S+had p.p.	~였다면 좋았을 텐데 (과거 사실을 반대로 가정)
S+V as if(≒as though) S+과거동사 / were	마치 ~인 것처럼 (현재 사실을 반대로 가정)
S+V as if(≒as though) S+had p.p.	마치 ~였던 것처럼 (과거 사실을 반대로 가정)
Without+명사, S+조동사 과거형+동사원형 …	~이 없다면 (현재 사실을 반대로 가정) = But for = If it were not for = Were it not for
Without+명사, S+조동사 과거형+have p.p. …	~이 없었더라면 (과거 사실을 반대로 가정) = But for = If it had not been for = Had it not been for

[1~2] 우리말과 같도록, 주어진 단어를 모두 활용하여 배열하시오.

1 우리 사회는 STEM 관련 지식이 없이는 생존할 수 없지만, 인문학적 지식이 없다면 우리는 똑같이 쇠약해질 것이다.

without / our / as well / be equally / society / knowledge / impoverished / without / could / humanistic / knowledge / not / STEM / survive / we would / but

2 유아들은 다른 아이의 눈물을 볼 때 울면서, 그들 주변 사람들의 마음의 동요에 마치 그것이 자신의 것인 것처럼 반응한다.

see / another / it / around / own / as / child's / were / a disturbance in those / when / them / their / react / they / to / tears / if / infants

,

crying

[3~4] 우리말과 같도록, 단어를 추가하여 조건에 맞게 문장을 완성하시오.

3 나는 시가 더 많은 공동 텃밭을 만들어서 나와 같은 시민들에게 자신들의 작물을 재배할 장소를 주기를 바란다.
(22 단어, 〈I wish 가정법〉을 사용할 것)

community gardens / would / the citizens / the city / and / their own food / a place / build / to grow

4 나는 Phil이 교장선생님의 말씀에 끼어드는 것을 보았을 때, 나는 마치 내가 객관적으로 무례한 행동을 보고 있는 것처럼 느꼈다.
(18 단어, when으로 문장을 시작할 것, 〈as if 가정법〉을 사용할 것)

interrupt / observing / the principal / an objectively rude act / were

23 forget, remember, regret + to-v / -ing

He **remembers** putt**ing** it earlier in the day.

그는 그날 일찍 그것을 넣어두었던 것을 기억하고 있다.

고2 / 201506

● forget, remember, regret은 목적어로 어떤 형태를 취하는지에 따라 의미가 달라지는데, to-v를 취하면 미래의 사실을 나타내고, -ing를 취하면 과거의 사실을 나타낸다. 서술형 중 특히 어법 유형에서 다룰 수 있는 중요 표현이므로 꼭 알아두도록 한다.

forget		~할 것을 잊다	forget		~했던 것을 잊다
remember	to-v	~할 것을 기억하다	remember	-ing	~했던 것을 기억하다
regret		~할 것이 유감스럽다	regret		~했던 것이 유감스럽다(후회한다)

[1~2] **우리말과 같도록, 주어진 단어를 모두 활용하여 배열하시오.**

1 체육관에 가지 않은 것을 얼마나 많이 후회하게 될 것인가에 대해 단지 짧은 순간 생각을 해보는 것이 당신에게 운동하도록 동기를 부여하는 데 도움을 줄 것이다.

going / not / about / the gym / to / how / you / much / you / help / will / exercise / to / moments' / motivate / will / regret / thinking / just a few / you

_____

_____

2 그 방 건너편에서 나는 내 딸을 봤던 것으로 기억하는데, 그녀의 눈에는 눈물이 그렁그렁했다.

with tears / watching / welling / from / across / eyes / the room / I / her / my / remember / daughter

_____

[3~4] **우리말과 같도록, 단어를 추가하여 조건에 맞게 문장을 완성하시오.**

3 비록 우리가 '감사'를 말할 시간을 가져야 하는 것을 잊는 것이 정말 쉬울지라도, 그것은 다른 사람과의 교류에서 필수적인 부분이다. (25 단어, although로 시작할 것)

others / really / to / take the time / of interaction / part / with / to say / although / 'Thank-You' / an essential / it

_____

_____

4 그들은 너무 강렬하게 집중하고 있어서 다가오는 터널들이나 다리들을 지켜보는 것을 잊었다.
(15 단어, 〈so ~ that〉을 사용할 것)

tunnels / focused / intensely / watch / upcoming / were

_____

24 병렬구조

He **propelled** himself into a backspin **and covered** his eyes.
그는 백스핀으로 자신을 돌아가게 했고 그의 눈을 가렸다.

고3 / 2016 수능

● 대등한 관계에 있는 단어, 구, 절 등이 등위접속사나 상관접속사에 의해 연결될 때는 같은 성질의 것들끼리 연결하는 것을 병렬구조라 한다. 예를 들어, 명사는 명사끼리, 형용사는 형용사끼리, 부정사는 부정사끼리 연결된다. 비교구문에서도 비교 대상이 되는 요소는 병렬구조를 이룬다.

등위접속사	상관접속사
and, but, for, or, nor, yet, so 등	both A and B / either A or B / neither A nor B / not A but B / not only A but also B (= B as well as A) 등

[1~2] 우리말과 같도록, 주어진 단어를 모두 활용하여 배열하시오.

1 가끔씩 간식을 주거나 때때로 점심을 사는 것은 당신의 직원들이 인정받고 있다고 느끼게 도와줄 수 있고 사무실이 더 따뜻한 느낌이 들게 할 수 있다.

appreciated / the office / a lunch / paying / snack / more / feel / help / employees / and / for / make / now and then / can / or / feel / your / an occasional / welcoming / providing

2 우리는 얼마나 많은 달걀을 바닥에 떨어뜨리고, 부엌을 밀가루로 뒤덮고, 또는 스토브 위에서 국을 끓어 넘치게 했는지 당신에게 말해줄 수 없다.

stove / coated / have / over on / dropped / soup / or / many / times / the / boiled / in / how / tell / on / you / we / we / the floor / flour / can't / the kitchen / eggs

[3~4] 우리말과 같도록, 단어를 추가하여 조건에 맞게 문장을 완성하시오.

3 재정적 안정은 우리가 의미 있다고 생각하지 않는 일로부터 그리고 다음 번 월급에 대해서 걱정해야 하는 것으로부터 우리를 해방시켜 줄 수 있다. (20 단어, 필요시 어형 변화할 것)

have to / security / and from / liberate / the next paycheck / from work / find / financial / can

4 변화하는 사람들은 변화가 가능한지를 질문하지 않거나 그들이 변화할 수 없는 이유를 찾지 않는다. (17 단어)

or / cannot / question / who / is / possible / reasons why / look for / change / whether

25 원급 / 비교급 / 배수 표현

The percentages of male children diagnosed with asthma were **higher than** those of female children for all the periods. 고3 / 2011 수능

천식 진단을 받은 남자 아이들의 비율이 전체 기간 동안에 여자 아이들의 비율보다 더 높았다.

- [동등 비교] as+원급 (~)+as … : …만큼 ~한(하게)
- [우등 비교] A+비교급 (~)+than B : A는 B보다 더 ~하다
- [열등 비교] A+less+원급 (~)+than B : A는 B보다 덜 ~하다
- much, far, even, still, a lot : '훨씬'이라는 뜻으로 비교급의 의미를 강조
- 배수사 + as + 원급 (~) + as / 배수사 + 비교급 (~) + than : …보다 몇 배 ~한

  e.g. You are twice as old as Jane. = You are twice older than Jane.

- 비교급 관용 표현
  - no more than + 수사 : 단지 ~에 지나지 않다
  - no less than + 수사 : ~만큼이나
  - not more than + 수사 : 기껏해야
  - not less than + 수사 : 적어도
  - not A so much as B (= not so much A as B) : A라기 보다는 B이다

[1~3] 우리말과 같도록, 주어진 단어를 모두 활용하여 배열하시오.

1 과학의 영역에서, 잘되지 않는 것을 알아내는 것이 잘되는 것을 알아내는 것만큼 중요하다.

out / as / does / work / finding / is / of / in / does / what / important / the / science / finding / out / field / as / what / not

_____

2 덩치가 큰 동물들은 더 작은 동물들보다 도보 여행자들에게 실제로 덜 위험하다.

dangerous / ones / are / to / smaller / actually / large / animals / than / hikers / less

_____

3 1999년에, 수입된 생과일의 시장 점유율은 수입된 말린 과일의 시장 점유율보다 두 배 많았다.

much / as / imported / of / fresh / that / twice / fruit / the / share / was / imported / dried / as / in / of / fruit / market / 1999

_____

[4~5] 우리말과 같도록, 단어를 추가하여 조건에 맞게 문장을 완성하시오.

4 당근과 감자와 같은 뿌리는 항상 그 식물의 나머지 부분보다 훨씬 더 달다. (16 단어, 필요시 어형 변화할 것)

sweet / such as / the rest / potatoes / always / roots / much / the plant

_____

5 이러한 요건은 예술의 속성에 대해서라기보다는 인간 지각 기관의 속성에 대한 것이다. (20 단어, 〈not A so much as B〉를 사용할 것)

requirement / the nature / perceptive / about / apparatus / the human / art

_____

26 최상급 / 기타 비교 표현

Walking is one of **the easiest** ways to get some minutes of exercise after a meal.

고3 / 2012 수능

걷기는 식후에 몇 분간 운동할 수 있는 가장 손쉬운 방법들 중의 하나이다.

• 최상급 표현: ~(중)에서 가장 …한		• 라틴어에서 온 비교급

the＋최상급＋of＋복수명사
＝the＋최상급＋in＋단수명사
＝the＋최상급＋관계대명사 that절~
	– 부정어 + 비교급(~) than … :
	  …보다 더 ~한 것은 없다 (최상급의 의미)
	– 비교급 + than any other + 단수명사
	＝비교급 + than (all) the other + 복수명사 :
	  다른 어떤 …보다 더 ~한 (최상급의 의미)
		prefer, superior, inferior :
		본래 뜻에 비교급을 포함하고 있고, than이 아닌 to와 같이 쓰인다.

[1~3] 우리말과 같도록, 주어진 단어를 모두 활용하여 배열하시오.

1 많은 보도 기사가 아침 식사는 하루 세끼 식사 중에서 가장 중요하다고 주장한다.

out of / media / reports / most / that / breakfast / significant / the three / of the day / is / the meals / lots of / claim

_____

2 어느 것도 아이들에게 사용할 그들만의 돈을 그들에게 주는 것보다 물건들이 얼마나 가격이 나가는지에 대해서 더 빨리 가르치지 못한다.

what / money / things / teaches / about / to / cost / by / their / them / than / nothing / quicker / own / giving / spend / kids

_____

3 대부분의 동물들은 미래에 더 큰 보상을 받기보다는 지금 당장의 작은 보상을 선호한다.

than / rewards / ones / in / animals / prefer / smaller / the / rather / right now / future / greater / most

_____

[4~5] 우리말과 같도록, 단어를 추가하여 조건에 맞게 문장을 완성하시오.

4 언어는 인간을 다른 동물들과 구분하는 가장 중요한 특징들 중 하나이다. (14 단어)

distinguish / features / other / from / important

_____

5 결혼의 성공은 다른 어떤 요소보다 의사소통 기술들에 더욱 긴밀히 연관되어 있다. (14 단어)

more closely / linked to / to any other / marital / factor / skills

_____

27 The + 비교급 + S + V ~, the + 비교급 + S + V …

The more times you're exposed, **the more** you like it. 고2 / 201606

당신이 더 많이 노출될수록, 당신은 그것을 더 좋아한다.

● 〈The + 비교급 + S + V ~, the + 비교급 + S + V …〉는 '~하면 할수록, 더 …하다'의 의미로 해석하며, 〈S + V〉는 생략 가능하다.

e.g. The more, the better. 다다익선(多多益善)

[1~2] 우리말과 같도록, 주어진 단어를 모두 활용하여 배열하시오.

1 그들이 상표나 상품을 사용하기 시작하는 때가 어리면 어릴수록, 그들이 그것을 향후 몇 년 동안 계속 사용할 가능성이 더욱 더 높아진다.

using / more / they are / using / younger / years / keep / they / or / product / start / to come / they are / it / a brand / likely / the / to / the / when / for

_____

_____

2 이러한 투자를 통해 나오는 과학이 더 많으면 많을수록, 충분한 이해력을 가지고 우리가 과학의 요점을 따라야 할 필요성은 더욱 더 커진다.

of / more / the science / this / us / the / point / greater / the need / with / follow / from / the / the / for / sufficient / understanding / that emerges / science / investment / to

_____

_____

[3~4] 우리말과 같도록, 단어를 추가하여 조건에 맞게 문장을 완성하시오.

3 어떤 일이 당신의 심장을 더 뛰게 하면 할수록, 말을 한마디 하거나 타자로 치기 전에 한 걸음 뒤로 물러나는 것이 더욱 더 중요하다. (23 단어, 〈가주어-진주어〉 사용할 것, before 전치사구는 맨 뒤로 보낼 것)

speaking or typing / causes / a single word / to race / to step back / something / before

_____

_____

4 여러분이 당신의 독자에 대해 더 많이 알면 알수록, 여러분이 그들의 필요와 기대들을 충족시킬 가능성이 더욱 더 커진다. (19 단어, 필요시 어형 변화할 것)

about / the chances / great / needs / their / reader / will / meet / that / expectations

_____

_____

28 도치 구문

Not only can some types of plants reduce air pollutants, **but** they can **also** convert carbon dioxide back into oxygen. 고2 / 201403

어떤 종류의 식물은 공기 오염 물질을 줄일 수 있을 뿐만 아니라, 이산화탄소를 다시 산소로 전환시킬 수도 있다.

- 일반적으로 영어 문장은 〈주어+동사+목적어(또는 보어)〉의 순서가 기본이다. 그런데 특정 의미를 강조하기 위해서 어떤 구성 성분을 문장의 맨 앞으로 보내게 되면 주어와 동사의 위치가 바뀌게 되는데, 이를 '도치'라고 한다.
- 부정어(not, never, little, hardly, rarely, scarcely, nor)나 부사(구)가 문장 앞에 위치하면 도치가 발생한다.
- 또한 only를 포함한 어구나 장소·방향의 의미를 갖는 부사(구)가 문장 앞에 위치하면 도치가 발생하는데, 단 주어가 대명사이거나 동사가 타동사일 경우는 도치되지 않는다.
- 〈so+대동사+주어〉: 앞 문장이 긍정의 의미를 담고 있고 이에 대한 동의를 표시하고자 할 때 사용하며, '(주어)도 역시 그러하다'로 해석한다. 이때 대동사는 앞 문장이 be동사이면 be동사로, 조동사이면 조동사로, 일반동사이면 do/does/did로 받는다.

[1~3] 우리말과 같도록, 주어진 단어를 모두 활용하여 배열하시오.

1 훈련된 무능력의 기저에는 적은 다양성과 반복적인 업무를 가진 일이 있다.

incapacity / the / trained / variety / job / with / and / is / repetitive / tasks / root / of / little / a

At _____

2 오직 이미지 형성의 물리학 관점에서, 눈과 카메라는 무엇인가를 공통으로 가지고 있다.

terms / anything / formation / have / eye / common / and / physics / of / in / the / of / do / camera / in / image / the

Only _____

3 정직이 좋은 관계 속에서 자리잡고 있긴 하지만, 상대방의 기본적인 선함에 대한 가정도 역시 그렇다.

so / goodness / has / relationship / basic / does / of / other's / good / presumption / in / the / its place / but / a / the

Honesty _____

[4~5] 우리말과 같도록, 단어를 추가하여 조건에 맞게 문장을 완성하시오.

4 내가 집에 도착해서 집 열쇠에 손을 뻗고 나서야 비로소 나는 내 지갑을 버스 정거장의 벤치 위에 두고 왔다는 것을 깨달았다. (27 단어)

on / did / got / reached for / realize / had left / purse / the house key / the bus stop / home / that

Not until _____

_____

5 내가 그 집에 도착하자마자, 나는 그곳이 비어 있다는 것을 깨달았다. (13 단어)

than / reached / empty / had / realized / it

No sooner _____

29 강조 표현

Ironically, **it's** usually when we try to do everything right **that** we wind up doing something wrong.

고2 / 201303

이아러니하게도, 무엇인가가 잘못되는 것은 대개 우리가 무슨 일이든 잘 해보려 할 때이다.

● 〈It is(was) ~ that ...〉은 '…한 것은 바로 ~이다'라는 의미로, ~ 부분을 강조하는 표현이다. ~ 부분에는 주어, 목적어, 부사구, 부사절이 들어갈 수 있고, 강조 대상이 사람인 경우에는 that 대신에 who나 whom으로 바꿔 쓸 수 있다.
● 일반동사를 강조할 때는 동사원형 앞에 do/does/did를 쓰며, '정말로(확실히, 분명히) ~하다'라고 해석한다.

[1~3] 우리말과 같도록, 주어진 단어를 모두 활용하여 배열하시오.

1 두 개의 렌즈가 근처의 풍향계를 더 크게 보이도록 한다는 것을 발견한 사람은 Lippershey가 아니라 그의 아이들이었다.

nearby / double / his / made / Lippershey / children / weathervane / discovered / was / a / not / the / it / but / lenses / bigger / that / look / who

2 사람들이 그에게 그를 우울하게 하는 것은 바로 그의 생각이라고 말했을지라도, 그는 그것을 인정하지 않았다.

was / that / didn't / him / thinking / him / if / he / that / even / told / was / accept / people / depressing / it / it / his

3 그의 아버지는 분명히 페인트 몇 방울을 흘렸지만 즐거워하면서 더 보기 좋은 벽을 만들었다.

spill / drops / wall / having / did / made / fun / father / a / but / while / a few / better-looking / his / of paint

[4~5] 우리말과 같도록, 단어를 추가하여 조건에 맞게 문장을 완성하시오.

4 9시가 지나서야 비로소 비행기 한 대가 이륙을 위해 바다를 향하여 활주로를 달리기 시작했다. (19 단어)

start / toward / it / to run down / takeoff / until / that / runway / after 9 / the ocean / for / wasn't

5 주차장이 꽉 찬 그 식당은 대체로 분명히 최고의 음식을 제공한다. (13 단어, 동사를 강조할 것)

the fullest parking lot / usually / the best food / have

30 기타구문

We often **spend** our childhood years **testing** our physical limits by doing all kinds of team sports.

고2 / 201403

우리는 흔히 모든 종류의 단체 운동을 함으로써 신체적 한계를 시험해 보면서 어린 시절을 보낸다.

● 자주 쓰이는 구문

표현	의미
spend + 시간/돈 + -ing(on + 명사)	~하는 데 (시간/돈)을 쓰다(보내다)
have trouble(difficulty, a problem) + -ing	~하는 데 어려움을 겪다
It takes + 시간 + for O + to-v	(O)가 ~하는 데 시간이 걸리다

[1~3] 우리말과 같도록, 주어진 단어를 모두 활용하여 배열하시오.

1 전 세계의 남성들은 화장품에서부터 성형 수술까지 모든 것에 수십억 달러를 쓰고 있다.

of / world / from / plastic surgery / the / are / everything / to / cosmetics / over / spending / men / dollars / all / on / billions

2 한 신입 사원이 자신의 새로운 업무를 숙달하는 데 어려움을 겪고 있는 중이다.

new / a / trouble / mastering / job / employee / been / new / his / has / having

3 당신이 새로운 단어 하나를 배울 때, 그 단어가 숙달되기 위해서는 다양한 간격으로 여러 번 반복하는 것이 필요하다.

takes / learn / repetitions / to / new / you / it / a / various / the / word / when / intervals / at / for / be / word / several / mastered

[4~5] 우리말과 같도록, 단어를 추가하여 조건에 맞게 문장을 완성하시오.

4 그것이 매우 좋든 매우 나쁘든 인간이 정보를 처리하는 데에는 시간이 필요하다. (17 단어)

takes / process / whether / or / very / a person

5 당신이 충분한 잠을 자는 중이라면, 당신은 기분이 상쾌해야만 하고 일어나는 데 문제가 없어야 한다. (18 단어)

not have / getting / refreshed / trouble / sufficient / should / getting out of bed / feel

전교 **1**등의
책상위에는 언제나
블랙라벨!

전교 1등은 어떤 수학 교재 많이 쓸까

1위	블랙라벨(진학사)	18명
2	수학의정석(성지출판사)	15
3	자이스토리(수경출판사)	13
4	쎈수학(좋은책신사고)	9
5	일품 수학(좋은책신사고)	6
6	일등급 수학(수경출판사)	5
7	신(新)수학의바이블(이투스)	3
	개념원리 미적분과통계기본(개념원리수학연구소)	
	EBS수능특강(EBS)	
8	EBS교x(EBS)	2

중앙일보 열려라 공부
〈전교1등의 책상〉편

중앙일보 〈열려라 공부〉에 소개된
전교1등 34명 중 25명 조사결과

문학
독서(비문학)
문법

15개정
수학(상)   수학(하)   수학 I   수학 II
확률과 통계   미적분   기하

22개정
공통수학1(출시 예정)   공통수학2(출시 예정)

영어 독해
커넥티드 VOCA   1등급 VOCA
내신 어법

서술형 문항의
원리를 푸는 열쇠

화이트라벨

| 서술형 문장완성북 | 서술형 핵심패턴북

마인드맵으로 쉽게
우선순위로 빠르게

링크랭크

| 고등 VOCA | 수능 VOCA

1등급을 위한 서술형 명품 영어

WHITE
label
화이트라벨

서술형
핵심패턴북

정답과 해설

OX로 개념을 적용하는
고등 국어 문제 기본서

더THE 개념
블랙라벨

국어

국어 문학   국어 독서   국어 문법

개념은 빠짐없이! 설명은 분명하게!
연습은 충분하게! 내신과 수능까지!

짧은 호흡, 다양한 도식과 예문으로	꼼꼼한 OX 문제, 충분한 드릴형 문제로	내신형 문제부터 수능 고난도까지
직관적인 **개념 학습**	**국어 개념** **완벽 훈련**	**내신 만점** **수능 만점**

정답과 해설

I Pre-study 서술형 유형잡기

문장완성 01 · 단어 배열

1 not as you originally posed it but as you later reconceived it
2 they all end up thumbing through the same newspaper that has been touched over and over
3 are taught to find their own solutions rather than look them up

1

해석

핵심내용: 재정의(reframing)를 통한 문제 해결

대부분의 우리들은 우리에게 제기되어 온 문제들(예를 들어, 우리의 상사들이 준 과제들)을 가지고 있다. 하지만 우리는 또한 우리 자신의 문제들(예를 들어, 여러분이 일하고 있는 도시에서의 추가적인 주차 공간에 대한 필요성)을 인식한다. 문제의 존재를 확인한 후에, 우리는 그 문제의 범위와 목적들을 정의해야 한다. 주차 공간의 문제는 종종 더 많은 주차장 또는 주차용 차고에 대한 필요성으로 간주된다. 하지만, 이 문제를 창의적으로 해결하기 위해서는, 근무일 동안 주차시킬 공간을 필요로 하는 차량이 너무나 많다는 문제로 그것을 재정의하는 것이 유용할지도 모른다. 그러한 경우에, 여러분은 도심 주차장을 사용하는 사람들 사이에서 카풀을 조직하기로 결정을 내릴 수도 있고, 이러한 개인 소유 차량들을 활용하여 주간 지역 택시 서비스를 실시하기로 결정할 수도 있다. 그리하여, 여러분은 여러분이 그것을(그 문제를) 원래 제기했던 방식이 아닌 여러분이 나중에 그것을 새롭게 생각했던 대로 문제를 해결한다.

해설

상관접속사 〈not A but B〉는 'A가 아니라 B'라는 의미로, 이를 이용하여 문장을 배열해야 한다. 바로 쓰기 어렵다면 주어진 우리말을 직독직해로 바꾸어 '여러분이 그것을(그 문제를) 원래 제기했던 방식이 아닌 / 여러분이 나중에 그것을 새롭게 생각했던 대로'로 나누어 보고 그에 맞게 문장을 구성해 본다. 이 문장에서 A와 B는 문법적으로 동일하게 접속사 as가 이끄는 부사절로 써야 하는 것에 주의한다.

힌트 여러분이 그것을(그 문제를) 원래 제기했던 방식이 아닌 / 여러분이 나중에 그것을(그 문제를) 새롭게 생각했던 대로

정답 not as you originally posed it / but as you later reconceived it

---

어휘 reconceive 새로운 방식으로 생각하다

구문 분석

[7행] In that case, / you may decide [to organize a carpool
그러한 경우에   여러분은 사람들 사이에서 카풀을 조직하기로 결정을 내릴 수도 있고
among people {who use downtown parking lots}] / and [institute
            도심 주차장을 사용하는   그리고
a daytime local taxi service / using these privately owned
주간 지역 택시 서비스를 실시하기로 결정할 수도 있다   이러한 개인 소유 차량들을 활용하여
vehicles].

○ [to organize ~]와 [institute ~]는 동사 decide의 목적어인데 병렬 구조로 연결되어 있고, {who ~ lots}는 선행사 people을 수식하는 관계대명사절이다. using ~ vehicles는 부대상황을 나타내는 분사구문이다.

2

해석

핵심내용: 신문 더미의 청결에 관한 잘못된 믿음

만약 당신이 조간 신문을 사는 습관이 있다면, 분명 당신은 신문 더미 제일 위에 있는 신문은 건너뛸 것이다. 대신에, 당신은 맨 위에 있는 신문을 들어 올리고 바로 밑에 있는 신문을 빼낼 것이다. 의식적이든 아니든, 72퍼센트의 사람들이 똑같이 한다는 사실을 알고 있었는가? 왜일까? 위에서 두 번째에 있는 신문은 수많은 손가락 끝에 의해 만져지지 않아서 그 위에 있는 신문보다 아무래도 더 깨끗하다고 생각하기 때문이다. 그러나 반어적으로, 똑같은 72퍼센트의 소비자들 중 상당수는 헤드라인을 대충 훑어본 후 자신들이 그것을 발견한 바로 그곳 즉, 맨 위 신문의 아래에 신문을 다시 놓아둔다. 그래서 그들 모두 결국 여러 번 만져진 동일한 신문을 만지게 된다.

해설

전체적인 글의 흐름을 파악한 후, 결론에 해당하는 마지막 문장을 완성시킬 수 있어야 한다. 다수의 사람들이 신문을 사려고 할 때, 맨 위의 신문은 건너뛰고 그 바로 아래에 있는 신문을 꺼내는데, 그런 행동을 하는 이유가 바로 맨 위 신문의 아래에 있는 신문이 맨 위의 신문보다 더 깨끗할 것 같다고 생각하기 때문이다. 하지만 사람들은 꺼내든 그 신문의 헤드라인을 대충 읽어본 후 그 자리에(즉, 맨 위 신문의 아래) 다시 놓아둔다고 했으므로, 결국에는 많은 사람들이 만졌던 신문을 그대로 만지게 된다는 것과 같다는 설명이 이어지면 된다. 따라서 마지막 문장인 So 다음에는 결론 또는 결과에 해당하는 의미가 나와야 하므로, 그에 맞게 '결과적으로 ~하다'라는 의미의 〈end up -ing〉를 이용하고, 주격 관계대명사 that이 이끄는 절이 the same newspaper를 후치 수식하도록 구성한다.

힌트 그들 모두 결국 동일한 신문을 만지게 되다 / 여러 번 만져진

정답 they all end up thumbing through the same newspaper / that has been touched over and over

어휘 end up -ing 결국 ~하다 thumb through 엄지손가락으로 넘기다
over and over 여러번

구문 분석

[4행] Because we imagine / [**that** the second one from the top
왜냐면 우리는 생각하기 때문이다 / 위에서 두 번째에 있는 신문은
/ **hasn't been** handled by countless fingertips / and **is** therefore
수많은 손가락 끝에 의해 만져지지 않아서
somehow cleaner than the one above it].
그 위에 있는 신문보다 아무래도 더 깨끗하다고

○ [that ~ it] 절은 imagine의 목적어가 되는 명사절로, that은 목적
절을 이끄는 접속사이다. 그 안에서 the second one from the top
이 주어가 되고, 동사는 hasn't been과 is가 된다.

3

해석

핵심내용: Jack Welch의 경영 개선

Jack Welch는 미국 최고의 재계 리더 중 한 사람으로 간주된다.
상징적이면서 실제적인 제스처로, Welch는 구식의 GE(General
Electric)사의 Blue Books를 불태우는 의식을 지시했다. Blue
Books는 GE의 관리자들이 조직에서 과업을 어떻게 해내야 할지를
말해주는 여러 권의 경영 훈련 매뉴얼이었다. 이 책들이 훈련 교
재로 사용되지 않은 지 약 15년이 지났다는 사실에도 불구하고, 여
전히 그것들은 GE의 관리자들의 행동에 지대한 영향을 주고 있었
다. 매일매일의 경영 난제들에 대한 해답을 관리자들이 직접 만들
필요성을 언급하면서, Welch는 조직 문화에서 Blue Books를 제거
함으로써 낡은 제도를 일소했다. 이제 GE의 관리자들은 먼지투성
이의 낡은 책에서 <u>그것들[해결책]을 찾기보다는 그들 자신의 해결책
들을 찾도록 배우고 있다.</u>

해설

문맥을 통해 'GE의 관리자들이 먼지투성이의 낡은 책에서 그것들
[해결책]을 찾기보다는 그들 자신의 해결책을 찾도록 배우고 있다.'
라는 결론을 추론할 수 있어야 한다. 주어 GE managers가 제시되
어 있으므로, 동사에 해당하는 '배우고 있다'라는 표현을 동사 teach
를 변형하여 수동태 are taught로 쓴다.

힌트 그들 자신의 해결책들을 찾도록 배우고 있다 / 그것들[해결책
들]을 찾기보다는

정답 are taught to find their own solutions / rather than look
them up

어휘 solution 해결 look up ~을 찾아보다

구문 분석

[5행] Despite **the fact** [that these books for training had not
사실에도 불구하고 이 책들이 훈련 교재로 사용되지 않은 지 약 15년이 지났다는
been used for some 15 years], they still had great influence /
여전히 그것들은 지대한 영향을 주고 있었
over the actions of GE managers.
GE의 관리자들의 행동에

○ [that ~ 15 years]는 추상명사 the fact를 부연 설명하는 동격절이
다.

문장 완성 02 · 문장 쓰기

1 were considered as ratable as those on the ground floor

2 clear statement of the problem

3 makes the balloon rise is not on, outside but on, inside

1

해석

핵심내용: 세금을 피하기 위한 행동

전 역사에 걸쳐, 사람들은 세금을 피하기 위해 그들의 행동을 바꾸
어 왔다. 몇 세기 전에, 토스카나(이탈리아 중부의 주)의 공작은 소
금에 세금을 부과했다. 토스카나의 제빵업자들은 그들의 조리법에
서 소금을 없애고 오늘날 우리가 즐겨 먹는 토스카나의 맛있는 빵을
우리에게 선사하는 것으로 응수했다. 여러분이 암스테르담을 방문
한다면, 여러분은 오래된 집들이 모두 거의 다 좁고 높다는 것을 알
아챌 것이다. 그것들은 재산세를 최소화하기 위해서 그런 식으로 건
축되었는데, 이것(재산세)은 집의 폭을 근거로 한 것이었다. 또 다른
건축 사례인, 프랑스의 맨사드 지붕의 발명을 생각해 보자. 재산세
는 흔히 집에 있는 방의 개수에 부과되었고, 따라서 2층이나 3층에
있는 방들도 1층에 있는 방들처럼 과세될 수 있는 것으로 여겨졌다.
그러나 3층에 망사르드 지붕이 만들어지면, 그 방들은 다락방의 일
부로 간주되었고 과세되지 않았다.

해설

주어진 문장의 해석을 직독직해로 생각해 보면, '과세할 수 있다는
것으로 여겨졌다 / 1층에 있는 방들처럼'이다. 이때 '여겨졌다'라는
의미는 동사 consider를 과거시제 수동태인 were considered로 써
야 한다. those는 반복되는 단어인 rooms를 대신하는 역할을 하고
있다.

힌트 과세될 수 있는 것으로 여겨졌다 / 1층에 있는 방들처럼

정답 were considered as ratable / as those on the ground floor

어휘 ratable 과세할 수 있는 ground floor 1층

구문 분석

[2행] Tuscan bakers responded / by [eliminating salt in their recipes]
토스카나의 제빵업자들은 응수했다 그들의 조리법에서 소금을 없애고
and [giving us the delicious Tuscan bread / we enjoy today].
그리고 토스카나의 맛있는 빵을 우리에게 선사하는 것으로 우리가 오늘날 즐겨 먹는

○ 전치사 by의 목적어로 동명사구 [eliminating ~] 과 [giving ~]
이 병렬 구조로 연결되어 있다. bread와 we 사이에는 목적격 관계
대명사 which(that)가 생략되었다.

2

해석

핵심내용: 문제를 명확히 진술하는 것이 문제 해결에 도움이 된다.

당신이 "내 차가 고장 났어."라고 말할 때, 만약 당신이 차를 두 대 가지고 있다면 그것은 그 자체로는 문제가 아니다. 그래서 더 나은 진술은 "나는 오늘 출근할 방법이 없어." 혹은 "내 유일한 차가 고장 나서 오늘은 회사에 지각할 것 같아."일 것이다. 근본적인 문제를 명확하게 진술하는 이유는 이 특정한 예에서 당신의 목표가 "내 차를 고치는 것"이 아니기 때문이다. 그것은 출근하는 것이다. 이런 방식으로 그 문제를 진술하는 것은 버스 타기, 친구에게 전화하기, 하루 휴가 내기 등의 다른 선택사항들을 열어준다. 문제에 대한 명확한 진술은 당신이 그 문제를 해결하는 방법에 맞는 명확한 선택사항을 떠올리는 데 도움이 될 것이다.

해설

빈칸이 있는 문장은 이 글의 요지에 해당한다. 문맥상 어떤 특정 상황에서 명확하게 진술하는 것을 통해 선택사항을 떠올려 문제를 해결할 수 있다고 설명할 수 있으므로, 주어 부분에 해당하는 빈칸에는 '문제에 대한 명확한 진술'이라는 의미가 들어가야 하고, 본문에서 5개의 단어를 찾아야 한다.

[힌트] 명확한 진술 / 문제에 대한

[정답] clear statement / of the problem

구문 분석

[5행] **Stating the problem in this way** / opens up other
　　　이런 방식으로 그 문제를 진술하는 것은　　　다른 선택사항들을 열어준다
options: **taking** the bus, **calling** a friend, **taking** the day off,
　　　　　버스 타기　　　　　친구에게 전화하기　　　　하루 휴가 내기 등의
etc.

❍ Stating the problem in this way가 동명사구로 문장의 주어 역할을 하고 있고, 따라서 동사는 단수형인 opens가 쓰였다. taking ~, calling ~, taking ~의 3개의 동명사구는 other options에 대한 구체적인 예시가 되며, 병렬 구조를 이루며 연결되어 있다.

3

해석

핵심내용: 풍선을 떠오르게 하는 힘

어느 봄날 뉴욕의 센트럴 파크에서, 풍선을 파는 사람이 자신의 풍선을 팔려고 애쓰느라 바빴다. 공원을 산책하는 사람들의 관심을 얻기 위해, 때때로 그는 밝은 색상의 풍선을 풀어 놓고 그것을 하늘로 올라가도록 두곤 했다. 화창한 그날 오후에, 한 어린 흑인 소년이 그에게 다가왔다. 그 소년은 숫기가 없었고 낮은 자아상을 가지고 있었다. 소년은 그 남자를 바라보고 있다가 그에게 질문했다. "아저씨, 만약 아저씨가 검은색 풍선을 놓아주면 그것도 (하늘로) 올라갈까요?" 풍선을 파는 사람은 그가 묻고 있는 것을 알았다. "얘야," 그는 설명했다. "풍선이 무슨 색인지는 중요하지 않단다. 그 풍선을 떠오르게 하는 것은 (풍선의) 바깥에 있는 것이 아니라 바로 안에 있

는 것이란다."

해설

우선 사역동사 make를 이용하여 주어부(그 풍선을 떠오르게 하는 것)를 만들면 What makes the balloon rise가 되고, 동사는 is이다. ⟨not A but B⟩ 구문을 이용할 때는 A와 B가 동일한 문법 형식을 가져야 하므로, A, B 각각 on the outside와 on the inside가 되도록 만든다.

[힌트] 그 풍선을 떠오르게 하는 (것은) / 풍선의 바깥에 있는 것이 아니라 / 바로 안에 있는 것이다

[정답] (What) makes the balloon rise / is not on (the) outside / but on (the) inside.

구문 분석

[7행] It doesn't matter [what color the balloon is].
　　　중요하지 않다　　　　풍선이 무슨 색인지는

❍ It은 가주어이고, 명사절이자 간접의문문인 [what ~ is]가 진주어이다. what은 '무슨'이라는 의미를 가진 의문형용사로 사용되어 명사 color를 수식하고 있다.

1 (1) 탱크들은 아주 빠르게 적의 전선을 돌파해서 보병대가 따라올 수 없었다.
　(2) They blasted through enemy lines too quickly for the infantry to keep up.
2 seemed that everything about him was running
3 (1) to have been
　(2) is believed to have been
4 with a view to earning money for his poor family

1

해석

핵심내용: 탱크의 개발과 진화

탱크는 영국의 발명품이었다. 전쟁 초기에 발명가들이 육군 지휘관들에게 (탱크에 관한) 아이디어를 제시했지만 육군은 비실용적이라고 그것을 거절했다. 하지만, 해군 장관이었던 Winston Churchill은 그 아이디어가 잠재력이 있다고 생각했고, 그의 본부는 그것의 개발에 자금을 지원했다. 2년 후에 탱크는 Somme 전투에서 처음으로 사용되었다. 그것들은 보병대보다 앞서서 진격하여 방어선을 돌파하고 적군에게 기관총을 난사했다. 그것들은 독일군 사이에서 불안감을 조성했고 영국군의 사기를 높였다. 틀림없이 이것은 획기적인 돌파구가 될 수 있는 무기였다! 하지만, 이 최초의 기계는 고작 걷는 속도로 이동했다. 그것들 중 절반 이상이 독일군 참호에 도달하기 전에 망가졌다. 그것들은 그다지 믿을 만하지 못했다. 1년 후에야 비로소 탱크들은 실제로 큰 성과를 거두었다. 탱크는 아주 빠르게 적의 전선을 돌파해서 보병대가 따라올 수 없었다.

해설

(1) 〈so ~ that+S+can't〔couldn't〕…〉는 '너무 ~해서 …할 수 없(었)다'라는 의미이다. 주어 They는 앞 문장에서 말하고 있는 tanks를 지칭하고 있으므로, 이 문장을 해석하면 '탱크들은 아주 빠르게 적의 전선을 돌파해서 보병대가 따라올 수 없었다.'이다.
(2) 〈so ~ that+S+could not…〉은 〈too ~ to-v〉으로 바꿀 수 있다. 이때, 원문장에서 주절의 주어 They와 that절의 주어 the infantry가 서로 다르기 때문에 to부정사 구문으로 바꿀 때 의미상의 주어로 〈for+목적격〉을 써주어야 한다. 즉, to keep up을 행하는 주어는 the infantry(보병대)이므로, for the infantry를 to keep up 앞에 써야 한다.

구문 분석

[10행] It was [not until a year later] / that tanks actually
　　　　　1년 후였다　　　　　　　　　　　　　탱크가 실제로 큰 성과를 거둔 것은
achieved great success.

○ 〈not A until B(B하고 나서야 A하다)〉 구문이 〈It is〔was〕~

that…〉 강조 구문으로 강조된 형태로, [not until a year later]가 강조대상으로 사용되었다.

2

해석

핵심내용: 낯선 곳에서 개들의 짖는 소리가 주는 두려움

Charlie는 뭔가 잘못되었다는 것을 알았다. 호수가 사라진 것이다. 그는 멈춰서 들판을 살펴보았지만, 익숙한 어떤 것도 보이지가 않았다. 갑자기 개 한 마리가 그의 뒤에서 짖었다. 예기치 못했던 커다란 그 소리에 그는 깜짝 놀라서 도망치기 시작했다. 그때 다른 개가 짖고 있었고, 또 다른 개가 짖어댔는데, 그 개들이 어디에 있는지 알 수가 없었다. 그는 너무나 두려웠고 커져가는 불안함에 손으로 잡초를 잡아채고 허공을 허우적거리면서 달려가서, 그의 느린 발을 제외하고는 그 주변의 모든 것이 달리고 있는 것처럼 보였다. 개들의 짖는 소리가 온통 그를 둘러싼 것 같았고, 심지어 점점 커져만 갔다.

해설

'~인 것 같다'라는 의미의 seem을 포함한 단문을 두 개의 절로 이루어진 복문으로 전환해야 한다. 〈S+seem(s)+to-v〉를 〈It seems that+S+V〉로 전환하면 되는데, 이때 시제에 주의해야 한다. 단문일 때 seemed인 것으로 보아 시제가 과거이므로, 복문으로 전환했을 때에도 주절의 시제를 과거형인 seemed로 써야 한다. 그리고 단문일 때 to be인 것으로 보아 복문으로 전환했을 때 주절의 시제와 일치해야 하므로, 주절과 같은 시제인 be동사의 과거형 was를 써야 한다.

구문 분석

[4행] He was terribly frightened / and he ran with increasing
　　　　그는 너무나 두려웠고　　　　　　　그리고 그는 커져가는 불안함에 달려갔다
awkwardness, / **tearing** at the weeds with his hands, / **pulling** at
　　　　　　　　　　손으로 잡초를 잡아채며　　　　　　　허공을 허우적거리면서
the air, / so that everything about him / seemed to be running /
　　　　　　　　　　그 주변의 모든 것이　　　　　　　달리고 있는 것처럼 보였다
except his slow feet.
그의 느린 발을 제외하고는

○ tearing ~, pulling ~은 분사구문으로 동시동작을 나타내므로, '손으로 잡초를 잡아채고 허공을 허우적거리면서'라고 해석한다.

3

해석

많은 사람들은 Steve Gerber가 만화 역사에서 중요한 인물이라고 생각한다.

해설

(1) 동사 believe는 3형식과 5형식 문장으로 사용된다. 주어진 문장은 3형식 문장으로, that절이 목적어로 사용되었고, 이것을 5형식 문장으로 전환하는 문제이다. 즉, that절의 주어 Steve Gerber가 believe의 목적어로 쓰이면 목적보어 자리에 to부정사가 와야 한다. 이때, 주절의 동사(believe)보다 that절의 동사(was)가 이전 사실을

나타내므로, 완료부정사인 to have been으로 써야 한다.

(2) 주어진 문장을 수동태로 전환하는 문제이다. that절의 주어 Steve Gerber를 수동태 문장의 주어 자리로 옮기고, 주절의 동사 believe는 수동태인 is believed로 쓰며, that절의 동사(was)는 주절의 동사(is believed)보다 이전 사실을 나타내므로, 완료부정사인 to have been으로 써야 한다.

4

해석
그는 자신의 가난한 가족을 위해 돈을 벌려고 슈퍼마켓에서 일했다.

해설
이 문제의 출제 포인트는 '~하기 위해서(목적)'의 동일 표현을 알고 있는지 확인하기 위한 것이다. 즉, to부정사로 표현된 to earn money(돈을 벌기 위해)를 〈with a view to+-ing〉 구문으로 바꿔 써야 한다.

1 (a) the newcomers (b) killing
2 프리즘을 통해 백색광을 굴절시켜 일곱 가지 색으로 분해하는 것
3 (w)atch (T)V (h)abitually

1

해석
핵심내용: 늑대의 사냥 성공 비결

내가 젊었을 때, 이곳에 살던 마지막 늑대가 잡혀 죽었다. 이 땅에 새로 온 사람들은 늑대에 관해 오랫동안 품고 있던 두려움도 그들과 함께 가지고 왔다. 그들은 늑대가 죽이는 것을 좋아하고 또 그것에 능숙했기 때문에 성공했다고 생각했고, 지금도 여전히 그렇게 생각하고 있다. 그들에게, 그는 사악해서 죽여야 하는 존재였다. 그들은 그가 성공보다 실패를 더 많이 했다는 사실을 깨닫지 못했다. 먹잇감이 도망갔기 때문에 그는 열 번에 아홉 번은 굶주렸다. 그러나 그는 먹이를 잡을 때까지 계속 시도를 했다. 마침내 의지력으로 열 번 만에 성공했을 때, 그는 주린 배를 채웠다. 사람들이 (늑대의) 죽이고 싶어 하는 욕망이라고 여겼던 것은 사실은 결의였다. 그것은 성공의 비결이었다. 그는 어려움이 있더라도 결코 그만두지 않는다.

해설
(a) them은 이 문장의 주어인 the newcomers를 지칭한다.
(b) it은 앞 부분의 kill을 지칭하지만, 전치사 at 뒤에는 (동)명사가 와야 하므로, 동사를 명사형으로 바꾼 형태인 동명사 killing이 적절하다.

구문 분석
[7행] **What** they saw as a thirst for killing / **was** really
그들이 (늑대의) 죽이고 싶어 하는 욕망이라고 여겼던 것은   사실은 결의였다
determination.

O What은 선행사를 포함하고 있는 관계대명사로 The thing which로 바꿔 쓸 수 있으며 '~하는 것'으로 해석한다. 관계대명사 What이 이끄는 절은 단수 취급하므로, 단수 동사 was가 쓰였다.

2

해석
핵심내용: 빛이 색의 원천임을 증명한 Newton의 실험

1600년대 후반에 Issac Newton 경은 프리즘, 빛, 그리고 색과 관련한 일련의 실험들을 실행했는데, 그것이 현재의 우리의 색에 대한 이해의 기초를 형성한다. 이러한 실험들에는 빛의 파장을 개개의 색으로 분리해 내는 간단한 삼각형 모양의 유리 물체인 프리즘을 통해서 백색광을 굴절시키는 것이 포함되었다. 그 결과들은 빛이 실제로 빨강, 주황, 노랑, 초록, 파랑, 남색, 그리고 보라 같은 일곱 가지 색

으로 분해될 수 있다는 것을 밝혀냈다. 이 발견까지는, 프리즘이 그 것을 통과하는 빛을 어떤 식으로든 '색칠했다'고 짐작되었다. 이것이 틀렸다는 것을 증명하기 위해, Newton은 그 과정을 거꾸로 실행하였다. 그는 색깔들을 다시 그 프리즘으로 투사시켰는데, 이것이 순수한 백색광을 가져왔다. 예술가와 과학자 모두 빛이 모든 색의 원천이라는 이러한 발견에 놀라워 했다.

해설
the process는 Newton의 발견이 있기 이전의 생각(프리즘이 빛을 색칠한다)을 얻게 된 과정으로, 백색광을 프리즘을 통해 굴절시켜 일곱 가지 색으로 분해하는 과정을 의미한다.

구문 분석
[9행] Artists and scientists alike were amazed / by this
예술가와 과학자 모두 놀라워했다
discovery [that light is the source of all color].
빛이 모든 색의 원천이라는 이러한 발견에

○ [that ~ color]는 this discovery와 동격을 이루는 that절이다.

3

해석
핵심내용: 습관적인 TV 시청을 자제하라

여러분이 슈퍼마켓에 있을 때, 여러분은 각각의 모든 통로에서 무언가를 사는가? 물론 아니다. 여러분은 여러분이 사고 싶은 것이 있는 통로로 가고, 여러분이 필요한 것이 없는 통로는 지나친다. 그러나 TV 시청에 있어서, 우리 중 다수는 모든 통로에서 물건 구입하기 방식을 따르는 것 같다. 너무나 자주 우리는 우리가 실제로 보고 싶은 것이 있기 때문이라기보다는 그것이 우리가 일상적으로 하는 것이기 때문에 TV를 시청한다. 여러분이 TV를 보고 있을 때 스스로에게 "이것이 내가 보고 싶은 것인가?"라고 물어보라. 단지 그것이 거기에 있고 그것이 여러분이 일상적으로 하는 것이라는 이유만으로 TV를 켜지는 말아라.

해설
슈퍼마켓에서는 살 필요가 있는 물건이 있는 통로에만 가지만, TV 시청에 있어서는 슈퍼마켓의 모든 통로에서 물건을 사는 것처럼 고민이나 생각을 하지 않고 습관적으로 너무 자주 TV를 보는 것과 같다고 설명하고 있다. 따라서 밑줄 친 부분의 의미는 watch TV habitually(습관적으로 TV를 보다)가 적절하다.

구문 분석
[2행] You go to aisles / [that have something you want] / and
여러분은 통로로 간다   여러분이 사고 싶은 것이 있는
skip the aisles / [that don't have anything you need].
그리고 통로는 지나친다   여러분이 필요한 것이 없는

○ 주어 You 다음에 동사 go ~ 와 skip ~이 병렬 구조로 연결되어 있다. [that ~ want]와 [that ~ need]는 관계대명사절로 각각 선행사 aisles와 the aisles를 수식한다.

1 다른 사람들의 생각을 고려하기 시작한다.
2 to see a way to make negotiations go smoother
3 (1) it was destroyed by fire last year
  (2) It performed what appeared to be an almost impossible task.

1

해석
핵심내용: 네 살은 타인의 생각을 인식하기 시작하는 나이다.

아이가 네 살이 되면, 그들은 다른 사람들이 무엇을 생각하고 있는지 고려하기 시작한다. 예를 들어, 만약 여러분이 네 살 아이에게 껌한 통을 보여주고 그 안에 무엇이 있는지 물어보면, 그 아이는 '껌'이라고 말할 것이다. 여러분은 그 통을 열어 그 아이에게 껌 대신 연필 한 자루가 그 안에 있다는 것을 보여준다. 만약 여러분이 일단 그것을 다시 닫고 그 아이에게 밖에서 기다리고 있는 그 아이의 엄마가 그 통 안에 무엇이 들어 있을 것이라고 생각하는지를 물어본다면, 그 아이는 엄마가 연필을 보지 않았다는 것을 알기 때문에 '껌'이라고 말할 것이다. 그러나 네 살 미만의 아이는 일반적으로 그들의 엄마가 그 안에 연필이 있다고 생각할 거라고 말할 것이다. 왜냐하면 이 나이의 아이는 아직 그들 자신만의 현실을 넘어선 세상을 상상할 수 없기 때문이다. 그들(네 살 미만의 아이)은 다른 사람의 마음을 형상화할 수 없고(다른 사람의 관점에서 이해할 수 없고), 이러한 경우 그것을 알기 위해 누군가가 무언가를 봐야 한다는 것을 인식할 수 없기 때문에 그들은 모든 사람이 그들이 알고 있는 것을 안다고 생각한다.

해설
네 살 미만의 아이와는 달리, 네 살이 되면 아이는 상대방이 무엇을 생각하고 있는지 고려하기 시작한다. 그래서 껌 대신 연필이 들어 있는 껌통에 대해 네 살 아이는 자신의 엄마가 '껌 통에 껌이 있을 것이다'라고 말할 것이라고 추측한다. 이처럼 4세 아이의 특징은 첫 번째 문장인 they start to consider what other people are thinking에 나타나 있다.

구문 분석
[4행] If you ask her / [what her mother, who's waiting outside,
만약 당신이 그 아이에게 물어본다면   밖에 기다리고 있는 그 아이의 엄마가
will think is in the packet] once it's been reclosed, ~.
그 통 안에 무엇이 들어 있을 것이라고 생각하는지를   일단 그것을 다시 닫고

○ 복잡한 [ ] 부분의 문장 구조를 파악하기 위해 먼저, her mother를 부연 설명하기 위해 중간에 삽입된 관계대명사절 who's waiting outside를 생략한 후 문장을 살펴보자.
→ what her mother will think is in the packet
본래는 her mother will think what is in the packet이었으나, 추측

성 동사 think, imagine, guess, suppose 등의 동사가 간접의문문(의문사+S+V)에 사용되면 뒤의 의문사가 문장 앞으로 이동하게 된다.

2

해석

핵심내용: 물리적 거리가 멀수록 협상이 잘 성사된다.

한 연구가 협상을 더 원활하게 만드는 방법을 살펴보기 위해 행해졌고 Journal of Experimental Social Psychology(실험 사회 심리학 저널)에 실렸다. 이 연구에서, 온라인 메신저를 통해 오토바이 구매를 협상했던 대학생들이 자신이 물리적으로 멀리 떨어져 있다고 믿을 때(15마일 이상), 참가자들이 더 가까이 있다고 믿을 때(몇 피트)보다 협상이 더 쉬웠고 더 많은 타협을 보였다. 연구자들은 사람들이 더 멀리 떨어져 있을 때, 덜 중요한 것들에 매달리기보다는 주요 사안들에 집중하면서 요인들을 좀 더 추상적으로 고려한다고 설명한다. 그러므로 여러분이 다음에 복잡한 거래를 성사시켜야 할 때는 먼 거리에서 시작하는 것이 가치가 있을 수 있다고 연구자들은 말한다.

해설

질문은 연구의 목적이 무엇인지에 대해 묻고 있다. 첫 문장을 보면, 한 연구가 시행되었는데, 협상을 더 원활하게 만드는 방법을 보기 위함(to see a way to make negotiations go smoother)이었다고 말하고 있다.

구문 분석

[6행] The experimenters explain / [that when people are farther apart, / they consider the factors in a more abstract way, / {focusing on the main issues / rather than getting hung up on less important points}].

◐ [ ] 부분은 explain의 목적어가 되는 목적절이다. 그 안에 { } 부분은 focusing ~과 getting ~ 두 개의 현재분사구가 쓰인 분사구문으로 동시동작을 나타내어 '~하면서'라는 의미를 나타낸다. 〈A rather than B〉는 'B라기보다는 A'라는 의미를 나타내는데, focusing ~과 getting ~두 개의 현재분사구가 병렬 구조를 이루고 있다.

3

해석

핵심내용: 본사 건물 재건축을 예정대로 완공한 것에 대한 감사 편지

Heyerdahl 주식회사의 임원 및 이사진을 대표하여, 저는 작년에 화재로 소실된 Woodtown 소재 저희 본사 건물 재건축의 성공적인 완공에 대하여 Davis 건설회사에 진심 어린 감사와 축하를 표하고자 합니다. 귀 회사는 거의 불가능해 보였던 과업을 완수함으로써 건설업계의 선두주자로 우뚝 서게 되었습니다. 어려운 조건과 단축된 건축 일정 아래에서 공사를 했음에도 불구하고, 귀 회사는 예정된 6월 1일에 공사를 완료했습니다. 이 성과는 귀 회사가 현장에 투입한 뛰

어난 전문 기술자들과 숙련된 기능인들 그리고 프로젝트 책임자인 David Wallace 씨의 개인적 역량과 헌신의 결과라고 하겠습니다.

해설

(1) 본사 건물을 재건축하게 된 이유를 묻고 있으므로, which was destroyed by fire last year 부분을 인용하여 문장을 완성한다.
(2) Davis 건설회사가 어떻게 건설업계의 선두주자로 명성을 얻게 되었는지를 묻고 있으므로, by performing what appeared to be an almost impossible task. 부분을 인용하여 문장을 완성한다.

구문 분석

[6행] [Working under difficult conditions and accelerated construction schedules], / your company completed the building / on June 1 / as scheduled.

◐ [ ]는 분사구문으로 의미상 Although your company worked under difficult conditions and accelerated construction schedules의 의미이다.

06 · 밑줄 어법/어휘

1 ③ that → if
⑤ demanded → demanding
⑥ was → were
2 ② after → before
⑤ delay → hasten
3 ③ change and modify → changes and modifies
⑤ grow up → growing up

1

해석

핵심내용: 선택에 대한 의식적인 검토는 선택에 대한 만족도를 떨어뜨린다.

Timothy Wilson은 한 실험을 했는데, 그 실험에서 그는 학생들에게 다섯 개의 다른 미술 포스터의 선택권을 주고, 그러고 나서 나중에 그들이 자신의 선택을 여전히 좋아하는지를 알아보기 위해 조사했다. 자신의 선택을 의식적으로 검토하라고 말을 들은 사람들은 몇 주 후에 그들의 포스터에 가장 덜 만족스러워했다. 포스터를 짧게 본 후에 선택한 사람들이 가장 만족했다. 또 다른 연구원이 가구 상점에서 서재용 가구를 가지고 실제 상황에서도 그 결과를 그대로 보여줬다. 가구 선택은 소비자가 하는 가장 인지적으로 힘든 선택 중 하나이다. 덜 의식적으로 검토한 후에 서재용 가구를 선택했던 사람들은 매우 주의 깊게 검토한 후에 구입했던 사람들보다 더 만족했다.

해설

③ '~인지 아닌지 확인하다'라는 문맥적 의미로 보아, 접속사 that을 if로 바꿔 써야 적절하다.

⑤ demanded는 demand의 과거분사 형태이고 '요구되어진'이라는 수동의 의미이다. 문맥상 '어려운 선택'이라는 의미가 더 자연스럽기 때문에 명사(choices)를 수식하는 형용사인 demanding(힘든, 어려운)을 써야 적절하다.

⑥ 문장에서 주어가 무엇인지를 잘 찾아야 한다. 주격 관계대명사 who가 이끄는 절이 The people을 수식하고 있는 구조이므로, was 앞에 있는 examination을 주어로 오해하지 않도록 한다. The people이 진짜 주어이므로, 복수동사인 were를 써야 적절하다.

① 〈전치사 + 관계대명사〉로 이루어진 in which에서 which는 선행사 an experiment를 가리킨다. 문맥상 in the experiment he gave students ~로 이해할 수 있으므로 in which는 올바르게 사용되었다.

② 문장의 시제가 모두 과거로 표현되고 있으므로, 과거형 동사 surveyed가 바르게 사용되었다.

④ tell의 수동태 be told를 쓰면 '듣다'라는 의미가 되고, 주격 관계대명사 who가 가리키는 people로 인해 were이라는 복수동사가 바르게 사용되었다.

⑦ those who라는 표현은 '~하는 사람'이라는 뜻으로 those people who에서 people이 생략된 것으로 볼 수 있다.

구문 분석

[7행] **The people** [who had made their selections of a study set
서재용 가구를 선택했던 사람들은
after less conscious examination] / **were happier than** *those*
덜 의식적으로 검토한 후에   사람들보다 더 만족했다
[who made their purchase after a lot of careful examination].
매우 주의 깊게 검토한 후에 구입했던

○ 앞에 있는 [who ~ examination]은 문장의 주어인 The people을 수식하는 주격 관계대명사절이다. The people은 than 뒤의 those who ~와 서로 비교되고 있고, those who는 '~하는 사람들'이라고 해석한다.

2

해석

핵심내용: 과학적 발견을 통한 적용이 더 빨라지고 있다.

과학적 발견들은 과거 어느 때보다 더 빠른 속도로 결실을 맺고 있다. 예를 들어, 1836년에 (곡식을) 베고, 타작하고, 짚을 다발로 묶고, 낟알을 자루 안으로 쏟아 부어 주는 기계가 발명되었다. 그 기계는 심지어 그 당시에 20년 된 기술에 기초하였지만, 1930년이 되어서야 비로소 그러한 기계가 실제로 유통되었다. 타자기에 대한 최초의 영국 특허권이 1714년에 발급되었지만, 타자기가 상업적으로 이용 가능하게 되기 전에 150년이 더 지났다(150년이 더 지나서야 타자기는 상업적으로 판매되었다). 오늘날, 아이디어와 적용 사이의 그러한 지연은 거의 생각할 수 없다. 그것은 우리가 우리 조상들보다 더 간절하거나 열망이 더 강해서가 아니라, 시간이 지나면서 우리가 그 과정을 앞당기는 모든 종류의 사회적 장치들을 발명해 왔기 때문이다. 그러므로 혁신적인 순환의 첫 번째와 두 번째 단계 사이, 즉 아이디어와 적용 사이의 시간이 급격히 줄어들어 왔다는 것을 우리는 알게 된다.

해설

② 과거에는 기술이 적용되기까지 오랜 시간이 걸렸다는 의미로 글의 흐름이 이어지고 있다. 직역하면 '타자기가 상업적으로 이용 가능하게 되기 '이전에' 또 다시 150년이 지났다'라는 의미이므로, 문맥상 after를 before로 바꿔 써야 적절하다.

⑤ '오늘날 기술과 적용 사이의 지연을 생각할 수 없는 이유는 시간이 지나면서 (기술이 적용되는) 과정을 '앞당기는' 사회적 장치들이 발명되었기 때문이다'라는 문맥적 의미로 보아, delay를 '앞당기다, 재촉하다'라는 의미의 hasten으로 바꿔 써야 적절하다.

구문 분석

[7행] It is **not** [**that** we are more eager or more ambitious than
그것은 우리가 더 간절하거나 열망이 더 강해서가 아니라
our ancestors] / **but** [**that** we have, over time, invented all sorts
우리 조상들보다   시간이 지나면서 우리가 모든 종류의 사회적 장치를 발명해 왔다
of social devices / to hasten the process].
                   그 과정을 앞당기는

○ 〈not A but B(A가 아니라 B다)〉의 상관접속사 표현에서 각각 A와 B 자리에 that 명사절이 사용된 구조이다. 접속사 that 대신에 because를 사용할 수도 있다.

3

해석

핵심내용: 지능은 유전보다 경험에 큰 영향을 받는다고 여겨지지만, 이런 변화가 학교 교육에 영향을 미치지 못한다.

최근 20여 년 동안 두뇌에 대한 연구가 지능을 이해하는 방식을 급격하게 변화시켜 왔다. 이제는 일반 지능의 개념을 둘러싼 상당한 논쟁이 있다. 우리 지능의 일부는 실제로 물려받을지도 모르지만, 우리의 삶의 경험이 이제는 지능에 엄청난 영향을 미치는 것으로 여겨진다. 과학자들은 우리가 인생을 살아가면서 지능이 변화하고 수정된다고 말한다. 이러한 발견은 아직 그 어떤 중대한 방식으로도 학교 교육에 영향을 미치지 못하고 있다. 처음 만난 학급을 묘사해 달라고 요청받았을 때, 일부 교사들은 즉시 아이들을 영리한 아이들, 중간 수준의 아이들, "희망이 없는 아이들"이라는 세 개의 집단으로 나누었다. 지능이 선천적이라는 옛 관념이 아이들을 이렇게 분류하고 명명하는 것에 주된 영향을 미친 것이다. 그것은 많은 아이들이 자신이 똑똑하지 않고 교육에서 성공할 수 없다는 잘못된 생각을 가지고 성장하는 원인이 되어 왔다.

해설

③ suggest의 목적어가 되는 that절 이하의 내용이 일반적 사실이므로, 조동사 should가 사용되지 않고 항상 현재시제로 써야 하므로, 동사 changes and modifies가 적절하다.
⑤ contribute to에서 to가 전치사이므로, 동명사 growing으로 바꿔 써야 적절하다. many children은 동명사 growing up의 의미상의 주어이다.

① controversy라는 명사를 능동의 의미로 후치 수식하기 위해 surrounding이라는 현재분사가 적절하게 사용되었다.
② think를 포함한 복문을 수동태 단문으로 고치게 되면, be thought to의 형태를 가지게 된다.
[원문장_복문] People **think that** our life experience has a profound effect upon intelligence.
→ [가주어가 사용된 복문] **It is thought that** our life experience has a profound effect upon intelligence.
→ [가주어가 사용된 단문] Our life experience **is thought to** have a profound effect upon intelligence.
④ 과거분사로 이루어진 분사구문으로, 생략된 주어와 동사의 관계가 능동인지 수동인지를 먼저 파악해야 한다. 원문장은 When some teachers were asked to describe a class ~로, 주어와 동사의 관계가 '요청받았다'라는 수동의 의미가 되기 때문에 being이 생략된 채로 과거분사만 남은 형태이다. 주로 접속사를 생략하지만, 이 문장의 경우는 의미를 강조하기 위해 접속사 When을 남겨 둔 형태이다.

구문 분석

[10행] It has **contributed to** many children / **growing** up with
그것은 많은 아이들에게 원인이 되어 왔다   잘못된 생각을 가지고 성장하는
the mistaken idea / [**that** they are not intelligent and cannot
그들이 똑똑하지 않고 교육에서 성공할 수 없다는
succeed in education].

○ contribute to(~에 기여하다)에서 to는 전치사이므로, 동명사 growing이 사용되었고, many children은 동명사의 의미상의 주어이다. [that ~]은 앞의 추상명사 the mistaken idea를 보충설명하는 동격절이다.

07 · 어형 바꾸기

1 (A) was asked (B) incorporate (C) that (D) does
2 (A) complaints (B) innovations (C) discomfort
3 (A) would not have been (B) Had we let

1

해석

핵심내용: 불필요한 것을 버리고 본질을 추구한 디자이너

독일의 산업 디자이너인 Dieter Rams는 거의 모든 것이 소음(불필요한 것)이라는 생각에 이끌린다. 그는 극소수만이 본질적이라고 믿는다. 그가 하는 일은 그가 본질에 도달할 때까지 그 불필요한 것을 걸러내는 것이다. 예를 들어, 그가 한 회사에서 수석 디자이너였을 때 그는 레코드 플레이어를 공동 제작하도록 요청받았다. 그 당시 표준은 턴테이블을 단단한 나무 덮개로 가리거나 심지어는 레코드 플레이어를 거실 가구의 일부로 통합하는 것이었다. 대신에 그와 그의 팀은 불필요한 것을 제거하고 위에 투명한 플라스틱 덮개가 있고 그 외에는 아무것도 없는 레코드 플레이어를 디자인했다. 그때가 그런 디자인이 사용된 처음이었는데, 그것이 매우 혁신적이어서 사람들은 아무도 그것을 사지 않을 것이기 때문에 그것이 회사를 파산시킬지도 모른다고 걱정했다. 항상 그러하듯이 불필요한 것을 제거하는 것은 용기가 필요했다. 60년대까지 이 미학은 점점 더 인기를 얻기 시작했다. 이윽고 그것은 모든 다른 레코드 플레이어가 따라하는 디자인이 되었다.

해설

(A) 내용상 '그가 요청을 받았다'라는 수동태가 적절하므로, asked를 was asked로 고쳐야 한다.
(B) 앞에 있는 to cover와 병렬 관계이므로, to 뒤에 동사원형인 incorporate가 적절하다.
(C) '너무 ~해서 …하다'라는 뜻의 결과를 나타내는 표현인 〈so ~ that+S+V〉의 구조를 이루고 있으므로, what이 아닌 접속사 that이 적절하다.
(D) 문맥상 동사 took의 반복을 피하는 대동사가 필요한데 의미상 현재의 사실에 해당하는 내용이므로, does가 적절하다.

구문 분석

[4행] The norm at the time was [**to cover** the turntable / in a
그 당시 표준은 턴테이블을 가리는 것이었다
solid wooden lid] or even [**to incorporate** the player / into a
단단한 나무 덮개로   또는 심지어 레코드 플레이어를 통합하는 것이었다
piece of living room furniture].
거실 가구의 일부로

● 주어는 The norm이고, 동사는 was, 보어의 자리에 [to cover ~ lid]와 [to incorporate ~ furniture]의 to부정사구가 병렬구조를 이루고 있다.

2

해석

핵심내용: 역지사지를 통한 새로운 해결 방법

조직 행동 전문가인 Frank Barrett은 일상을 방해하고 다른 사람의 관점으로 상황을 바라보는 것이 새로운 해결책을 이끌어 낼 수 있다고 설명한다. 한 강연에서, Barrett은 고객 서비스에 대한 많은 불만을 해결하던 중이던 항공사의 이야기를 들려준다. 그 항공사의 임원들은 어떻게 고객들에게 더 나은 경험을 제공할 것인지 논의하려고 워크숍을 열었다. 첫날, 모든 사람들이 회의에 참석하는 동안, 영업 담당 부사장은 임원들의 호텔 방 침대를 비행기 좌석으로 교체했다. 그날 밤 비행기 좌석에서 하룻밤을 보낸 후, 임원들은 몇 가지 '획기적인 혁신안'을 생각해 냈다. 만약 그가 임원들의 일상적 수면을 방해하지 않고 그들이 고객의 불편을 경험하도록 하지 않았다면, 그 워크숍은 가치 있는 변화 없이 끝났을지도 모른다.

해설

(A) many 뒤에는 셀 수 있는 명사가 위치해야 한다. 문맥상 '고객 서비스에 대한 많은 불만들을 처리하다'로 연결되어야 하므로, 동사 complain을 복수명사 complaints로 바꾸어야 한다. complain: 불평하다 complaint: 불평, 불만
(B) some 뒤에는 셀 수 있는 명사가 나와야 하고, radical이라는 형용사 뒤에는 명사가 위치해야 한다. 내용상 호텔 방 침대를 비행기 좌석으로 교체한 후, 그 좌석에서 잠을 잔 임원들은 평소에 겪지 않던 불편함을 실제로 느낀 후, 그 불편함을 바탕으로 몇 가지 획기적인 '혁신안'을 생각해 냈다고 문맥적으로 연결되어야 하므로, 형용사 innovative를 복수명사인 innovations로 바꾸어야 한다. innovative: 혁신적인 innovation: 혁신, 획기적인 것
(C) their customers' 뒤에는 명사가 위치해야 한다. 문맥상 임원들은 비행기 좌석에서 하루를 보내는 '불편'을 경험했기 때문에, 혁신안이 나오는 성과를 거둘 수 있었다. 따라서 고객들의 '불편'을 경험했다고 이어져야 하므로 명사 comfort의 반의어인 discomfort로 바꾸어야 한다. comfort: 안락, 편안 discomfort: 불편

구문 분석

[7행] **After having spent** that night in airline seats, the company's
그날 밤 비행기 좌석에서 하룻밤을 보낸 후,
leaders came up with some "radical innovations."
임원들은 몇 가지 '획기적인 혁신안'을 생각해 냈다.

● having spent는 완료분사구문이고, 접속사 After가 분사구문의 의미를 명확하게 하기 위해 생략되지 않고 남아 있는 형태이다. 회사의 임원들이 '혁신안을 생각해 냈다'라는 주절의 내용보다 비행기 좌석에서 '하룻밤을 보낸 것'이 먼저 발생한 동작임을 나타낸다.

3

해석

핵심내용: 물건을 아끼려다 결국 망가지게 된 일화

몇 년 전 우리는 최신형 캠핑카를 구입했다. 우리가 캠핑카를 구입하고 얼마 지나지 않아, 친구 중 한 명이 그녀의 가족이 차를 빌릴 수 있는지 물었다. 우리는 한 점의 얼룩도 없는 캠핑카를 별로 빌려주고 싶지 않았기 때문에 거절했다. 이것은 가을에 일어난 일이고, 우리는 그 캠핑카를 겨울 내내 뒷마당에 두었다. 봄에 남편과 나는 여행을 준비하기 위해 그것을 준비하고 있었다. 우리는 겨울 내내 캠핑카에 과자 상자를 놔두었다는 것을 알고서 깜짝 놀랐다. 우리는 그 전 해의 여름과 가을에 이사를 하고 아기를 낳아서 캠핑카를 깨끗이 청소하는 것을 간과했던 것이다. 쥐만 없었더라면 그것은 그 자체로 그렇게 나쁘지 않았을 것이다. 음식 때문에 쥐가 꾀었고, 쥐는 모든 커튼, 스크린 및 쿠션을 조각조각으로 잘라놓았다. 우리가 캠핑카를 친구에게 빌려 주었더라면, 그녀는 쥐보다 먼저 그 상자들을 발견했을 것이다.

해설

(A) had it not been for를 통해 이 문장이 가정법 과거완료 형태를 보이고 있다는 것을 먼저 파악한다. '쥐만 없었더라면 그것은 그 자체로 그렇게 나쁘지 않았을 것이다.'라는 문맥적 의미에 맞추어 가정법 과거완료의 부정문 형태인 would not have been을 쓰는 것이 적절하다.

(B) she would have discovered를 통해 이 문장이 가정법 과거완료 형태를 보이고 있다는 것을 먼저 파악한다. '우리가 캠핑카를 친구에게 빌려 주었더라면'이라는 문맥적 의미에 맞추어 가정법 과거완료의 조건절인 If we had let을 써야 한다. 그런데 (B)의 조건이 3단어로 구성해야 한다고 했으므로, If를 생략하고 도치된 형태의 Had we let으로 써야 한다.

구문 분석

[5행] We were very surprised / **to find** / [that we had left
우리는 아주 깜짝 놀랐다   알고서
cookie boxes in the camper / over the winter].
캠핑카에 과자 상자를 놔두었다는 것을   겨울 내내

○ 감정을 나타내는 형용사 다음에 이어지는 to부정사는 '감정의 원인'을 나타내어 '~ 때문에, ~해서'라고 해석한다. [that ~ winter]는 find의 목적어로 사용된 명사절이다.

---

1 (v)ariety
2 (A) (c)ontrary (B) (v)alidity (C) (e)rrors
3 (h)ydration

1

해석

핵심내용: 수렵 채집인들의 생존 비결은 다양한 음식이었다

수렵 채집 생활인들을 굶주림과 영양실조로부터 보호했던 성공 비결은 그들의 다양화된 음식이었다. 농부들은 매우 제한되고 불균형한 음식을 섭취하는 경향이 있다. 특히 전근대기에, 농업 인구가 섭취하는 칼로리의 대부분은 밀, 감자, 또는 쌀과 같은 인간에게 필요한 비타민, 미네랄, 그리고 다른 영양 성분들 중 일부가 부족한 단일 농작물로부터 왔다. 전통적인 중국의 전형적인 농부는 아침, 점심, 저녁으로 쌀을 먹었다. 만약 그 농부가 운이 좋다면, 그 사람은 다음 날에도 같은 것을 먹을 것이라고 기대할 수 있었다. 대조적으로, 고대 수렵 채집 생활인들은 수십 가지의 다양한 음식물을 규칙적으로 먹었다. 농부의 고대 조상인 수렵 채집 생활인은 아마도 아침으로 산딸기와 버섯을, 점심으로 과일과 달팽이를, 저녁으로 달래를 곁들인 토끼고기 스테이크를 먹었을 것이다. 내일의 메뉴는 완전히 달랐을지도 모른다. 이러한 다양성은 고대 수렵 채집 생활인들이 필요로 하는 모든 영양소를 얻는 것을 보장해 주었다.

해설

농부들이 제한되고 불균형한 음식을 섭취하는 반면, 농부의 고대 조상인 수렵 채집 생활인들은 필요한 영양소를 골고루 얻을 수 있었다. 바로 그 비결은 '다양화된 음식'이라고 했으므로, 빈칸에는 variety(다양성)가 적절하다.

구문 분석

[8행] The peasant's ancient ancestor, the forager, may have
농부의 고대 조상인 수렵 채집 생활인은 아마도 먹었을 것이다
eaten / [berries and mushrooms for breakfast]; / [fruits and
아침으로 산딸기와 버섯을
snails for lunch]; / and [rabbit steak with wild onions for
점심으로 과일과 달팽이를   그리고 저녁으로 달래를 곁들인 토끼고기 스테이크를
dinner].

○ the forager는 주어 The peasant's ancient ancestor를 보충설명하는 동격어구이다. may have eaten은 과거사실에 대한 추측을 나타내는 표현으로 사용되었는데, 세 개의 [ ] 부분이 모두 may have eaten의 목적어로, 병렬구조로 연결되어 있다.

2

해석

핵심내용: 사람들은 자신의 생각과 일치하지 않는 것들은 반박하고 무시함으로써, 자신의 신념을 보호하려는 경향이 있다.

우리가 어떤 주장을 믿고 싶지 않을 때, 우리는 "내가 그것을 믿어야만 하나?"라고 자신에게 묻는다. 그리고 나서 우리는 반대의 증거를 탐색하고, 만일 우리가 그 주장을 의심할 단 한 개의 이유라도 발견하면 그 주장을 버릴 수 있다. 심리학자들은 현재 "동기화된 추론"에 관한 수많은 연구 결과를 가지고 있는데, 이것은 사람들이 도달하기를 원하는 결론에 도달하기 위해 사용하는 많은 요령을 보여 준다. 실험 대상자들은 지능검사에서 자신이 낮은 점수를 받았다고 들었을 때, 그들은 지능검사의 타당성을 비판하는 기사를 읽기로 선택한다. 과도한 카페인 섭취가 유방암에 걸릴 위험을 증대시키는 것과 관련이 있다고 보고한 (가상의) 과학 연구를 읽을 때, 커피를 많이 마시는 여성들은 카페인을 덜 섭취한 여성들보다 그 연구에서 더 많은 오류를 찾아낸다.

해설

(A) 믿고 싶지 않은 주장을 반박하기 위해서 '반대의 증거'를 탐색한다는 문맥적 의미로 보아 '반대의'라는 의미를 가지고 있는 형용사인 contrary가 적절하다.

(B) 지능검사에서 낮은 점수를 받은 사람들은 지능검사의 '타당성'을 비판하는 기사를 읽으려 한다는 문맥적 의미로 보아 validity가 적절하다.

(C) 카페인 섭취를 많이 하는 여성은 믿고 싶지 않은 결과를 보고한 연구에서 '오류'를 찾는다는 문맥적 의미로 보아 errors가 적절하다.

구문 분석

[7행] When people read *a (fictitious) scientific study* [**reporting**
사람들은 ~을 보고하는 (가상의) 과학 연구를 읽을 때
heavy caffeine consumption / is associated with an increased
과도한 카페인 섭취가   유방암에 걸릴 위험을 증대시키는 것과 관련이 있다는
risk of breast cancer], *women* [**who** are heavy coffee drinkers] /
                              커피를 많이 마시는 여성들은
find more errors in the study than do less caffeinated women.
그 연구에서 더 많은 오류를 찾아낸다   카페인을 덜 섭취한 여성들보다

◑ 현재분사구 [reporting ~ cancer]은 앞에 〈관계대명사+be동사〉가 생략된 채로 선행사인 a (fictitious) scientific study를 수식하고 있다. [who ~ drinkers]는 앞에 있는 women을 수식하는 관계대명사절이다.

3

해석

핵심내용: 학교에서 학생들을 위한 안전한 무료 식수를 제공해야 한다.

물을 마시는 것은 건강에 기여할 수 있고, 학교는 충분한 물을 마시는 것을 포함하여, 건강한 식습관 형성을 촉진시킬 수 있는 유일한 공간이다. 95% 이상의 아이들과 청소년들이 학교에 다니고 있고, 학생들은 전형적으로 매일 학교에서 최소 6시간을 보내고 있다. 학생들에게 학교 환경 전역에서 안전한 무료 식수를 이용하는 것을 보장하는 것은 과당 음료의 건강한 대체물을 학생들에게 제공하는 것이다. 학생들로 하여금 깨끗하고 무료인 물을 마시게 하는 것은, 학생들의 전반적인 물 소비를 증가시키고, 수분을 유지시켜 주며, 건강에 좋지 않은 칼로리의 흡수를 줄이도록 하는 데 도움을 준다. 적절한 수분은 아이들과 청소년들의 인지 기능을 개선할 수 있으며, 이것은 학습에 중요하다.

해설

학생들이 학교에서 충분한 물을 마시고, 적절한 '수분'을 유지하는 것이 건강과 학습 능력 향상에 도움이 된다는 것이 글의 요지이다. 빈칸이 있는 문장은 물을 마시게 하는 것의 이점을 설명하고 있으므로, h로 시작하는 단어는 그 이점에 해당하는 단어여야 한다. 그리고 단어의 영영 뜻 풀이가 '우리 몸에서 물이나 다른 액체를 흡수하는 과정'이므로 hydration(수화작용: 물과 결합하는 것)이 적절하다.

구문 분석

[4행] [**Ensuring** that students have access to safe, free drinking
학생들에게 안전한 무료 식수를 이용하는 것을 보장하는 것은
water / throughout the school environment] / **gives them a**
학교 환경 전역에서   그들에게 건강한
healthy substitute / for sugar-sweetened beverages.
대체물을 제공한다   과당 음료에 대해서

◑ [Ensuring ~ environment]의 동명사구가 주어로 사용되었고, 동명사구는 단수 취급을 하므로 동사 gives가 사용되었다. give는 수여동사로, 뒤에 간접목적어와 직접목적어를 갖는다. them(=students)은 간접목적어, a healthy substitute가 직접목적어이다.

1 (A) (r)ole (B) (c)oncentrate
2 (A) know (B) knowledge
3 (A) fair (B) equal (C) random

1

해석
핵심내용: 엄마와 함께하는 놀이가 자녀의 집중력을 향상시킨다

40년도 더 전에, 심리학자 Sibylle Escalona는 128명의 유아들과 그 엄마들의 놀이 행동에 관한 고전적인 연구가 된 것을 수행했다. 그녀의 주요한 발견은 유아들이 가지고 놀 수 있는 많은 다양한 장난감을 가지고 있더라도, 혼자서 노는 아기들의 감각운동 놀이가 상호작용할 어른이 있었던 아이들보다 덜 지속되었다는 것이었다. 엄마들은 노련한 사회적 감독자처럼 보였다. 그들은 아이들이 하고 있었던 것에 반응하여 자기 자신들의 활동을 달리함으로써 놀이 활동을 아이들의 즉각적인 필요에 맞추는 경향이 있었다. 예를 들어, 엄마들은 새로운 놀이 재료를 내놓는 속도를 달리했으며, 아이들이 흥미를 잃는 것처럼 보일 때는 변화를 주거나 놀이의 강도를 높이기도 했다. 그 결과, 엄마들은 다양한 놀이 활동에 대한 아이들의 흥미를 유지할 수 있었으며 그에 의해 아이들의 주의 집중 시간도 늘릴 수 있었다.
→ 한 연구에서, 엄마가 해주는 안내자 역할은 유아들이 어른에 대한 접근이 제한되어 있는 유아들보다 더 오랫동안 놀이 활동에 집중하는 데 도움이 된다는 사실이 밝혀졌다.

해설
다양한 장난감이 있지만 혼자 노는 유아보다 옆에서 같이 상호작용하는 엄마가 있는 경우, 엄마가 아이들의 반응을 살피면서 흥미를 유지할 수 있게 해주기 때문에 놀이에 대한 아이들의 집중 시간을 늘릴 수 있었다고 설명하고 있다. '한 연구에서, 엄마가 해주는 안내자 역할은 유아들이 어른에 대한 접근이 제한되어 있는 유아들보다 더 오랫동안 놀이 활동에 집중하는 데 도움이 된다는 사실이 밝혀졌다.'라고 요약할 수 있으므로, (A)는 '역할'이라는 의미의 명사인 role, (B)는 '집중하다'라는 의미의 concentrate가 적절하다.

구문 분석
[3행] ~, the sensorimotor play of **babies playing alone** was **less**
혼자 노는 아기들의 감각운동 놀이가   덜 지속되었다
sustained / **than that** of babies [**who** had an adult to interact
아이들보다   상호작용할 어른이 있었던
with].
○ babies와 playing alone 사이에는 주격 관계대명사와 be동사(who were)가 생략되어 있다. 이 문장은 less ~ than의 비교구문이 사용되었는데, 비교 표현에서는 비교 대상의 형태가 문법적으로 동일해야 하므로, that이 the sensorimotor play의 반복을 피하기 위해서

사용되었다. [who ~ with]는 선행사 babies를 수식하는 관계대명사절이다.

2

해석
핵심내용: 아는 만큼 보인다

만약 당신이 야구 경기장에 있다면, 어디를 봐야 할지를 어떻게 아는 것일까? 만약 당신이 전에 경기장에 단 한 번도 가 본 적이 없다면, 이 모든 것은 아마도 복잡하고 혼란스러운 상황으로 보일 것이다. 당신은 그 다음에 일어날 일을 예측할 수 없기 때문에 아마도 경기의 많은 부분을 놓칠지도 모른다. 당신이 야구에 대해서 더 많이 배우고 야구 경기에 대한 이해가 높아짐에 따라, 어디를 봐야 할지와 어떤 대상들을 발견하는 것이 중요한지를 알게 된다. 처음에 당신은 투수와 타자에 주목할 수도 있다. 하지만 나중에는, 내야수가 안쪽 혹은 뒤쪽에서 경기를 하는지를 알아차리거나 혹은 외야수가 특정한 타자에 대해 어디에 서 있기로 결정하는지를 확인할지도 모른다.
→ 당신이 야구에 대해서 더 많이 알수록, 그 지식은 당신이 경기를 보는 방식에 대해 더 많은 정보를 준다.

해설
야구 경기장에 가 본 적이 없다면 경기에 관해 잘 알지 못하므로 경기의 많은 부분을 놓칠 수 있지만, 야구에 대해 배우고 이해가 높아지게 되면 무엇이 중요한지를 알게 된다는 것이 이 글의 중심 내용이다. '당신이 야구에 대해서 더 많이 알수록, 그 지식은 당신이 경기를 보는 방식에 대해 더 많은 정보를 준다.'가 이 글의 요지이므로, (A)에는 동사 know가, (B)에는 지시형용사 that의 수식을 받는 명사 knowledge가 들어가는 것이 적절하다.

구문 분석
[3행] **As you learn more about baseball** / and develop some
당신이 야구에 대해 더 많이 배우면서
understanding of the game, / you learn [where to look] and [what
그리고 경기에 대한 이해가 높아짐에 따라   알게 된다   어디를 봐야할지와
objects are important to find].
어떤 대상들을 발견하는 것이 중요한지를
○ 접속사 As 뒤에 동작이나 상태의 변화의 내용이 등장하면 '~함에 따라'라고 해석한다. 동사 learn의 목적어 자리에 [where to look] (명사구)과 [what ~ find](명사절)이 병렬된 구조이다.

3

해석
핵심내용: 도박사의 오류는 독립적인 사건을 인과관계라고 생각하기 때문이다.

동전을 반복해서 던지는 것을 상상해 보고, 연이어 여섯 번 앞면이 나왔다고 해보자. 많은 사람들은 이 상황에서 그 동전이 다음 번 던지기에서 앞면보다 뒷면이 나올 가능성이 더 있다고 믿는다. 그러나 이 결론은 틀렸고, 이 믿음은 보통 "도박사의 오류"라고 불린다. 이 오류를 초래하는 논리는 만약 동전이 공정하다면, 일련의 던지기들

이 앞면과 뒷면의 동일한 횟수를 포함해야 한다는 것과 같다. 만약에 한동안 뒷면이 나오지 않는다면, 이런 균형을 맞춰 줄 몇 번의 뒷면이 지체되고 있는 것이다. 그러나 어떻게 이것이 가능하겠는가? 그 동전은 기억력이 없어서, 마지막으로 뒷면이 나온 이후로 얼마나 오랫동안 그래 왔는지를 알 수 있는 방법이 없다. 더 일반적으로는, 이전의 던지기의 이력이 현재의 것에 영향을 미칠 수 있게 하는 메커니즘은 전혀 없다. 따라서 일곱 번째 던지기에서 뒷면이 나올 가능성은, 첫 번째 던지기에서 그랬던 것처럼, 그리고 매번 던질 때마다 그런 것처럼, 50대 50이다.

→ 동전 던지기에서, 사람들은 종종 동전이 <u>공정하고</u> 어느 정도 <u>동일한</u> 수의 앞면과 뒷면이 나올 것이라는 생각에 속게 된다. 하지만, 동전이 앞면이나 뒷면이 나올 가능성은 항상 <u>무작위</u>이다.

해설

동전 던지기를 할 때, 사람들은 동전이 공정하고 어느 정도 동일한 수의 앞면과 뒷면이 나올 것이라는 생각에 속게 되지만, 실제로 동전이 앞면이나 뒷면이 나올 가능성은 항상 무작위라는 것이 이 글의 요지이다. 따라서 (A)는 '공정한'이라는 의미의 fair, (B)는 '동일한'이라는 의미의 equal, (C)는 '무작위'라는 의미의 random이 적절하다.

구문 분석

[4행] The logic leading to this fallacy / seems to be / that [if
이 오류를 초래하는 논리는   ~인 것 같다
the coin is fair], / then a series of tosses should contain equal
만약 동전이 공정하다면   일련의 동전 던지기들이 앞면과 뒷면의 동일한 횟수를 포함해야 한다
numbers of heads and tails.

● be동사 뒤의 보어 자리에 명사절(that절)이 사용되었고, that절 안에서 [if ~ fair]의 부사절이 삽입된 구조이다.

1 (A) Contact (B) beneficial
2 경기 중인 아이에게 설명을 하는 것은 효과적이지 않다.
3 직원들의 봉사활동을 지원하는 것은 회사에 도움이 된다.

1

해석

핵심내용: 애완동물이 스트레스를 받는 학생들에게 도움이 될 수 있다

미국 및 전세계 대학 캠퍼스에서, 몇몇 동물들이 도움이 절실한 학생들을 도와주고 있다. 많은 학생들이 우울증과 불안을 호소함에 따라, 학교 관계자들은 특히 시험 기간 동안에 사기를 북돋우고 스트레스에 대처할 수 있도록 애완동물 치료 행사를 마련한다. 이 동물들은 장애를 가진 사람들을 돕도록 훈련된 장애인 보조 동물이 아니라 대부분이 자원봉사자들의 애완동물이다. 이 동물들의 방문은 분명히 도움이 된다. 연구에 따르면 애완동물과의 접촉이 혈압과 스트레스 호르몬 수치는 낮추고 소위 행복 호르몬은 증가시킬 수 있다. Pet Partners의 책임자인 Mary Callahan은 대학 캠퍼스 내 애완동물의 방문이 학생들의 성공을 도와주는 훌륭한 방법이라고 생각한다.

→ 동물들과의 <u>접촉</u>이 스트레스를 받는 대학생들에게 <u>도움</u>이 된다.

해설

우울과 불안으로 힘들어하는 대학생들을 위해 애완동물 치료 행사를 진행했는데, 동물들과의 접촉이 혈압과 스트레스 호르몬 수치를 낮추고 행복 호르몬을 증가시켰다고 설명하고 있다. 따라서 '동물들과의 접촉이 스트레스를 받는 대학생들에게 도움이 된다.'라는 것이 글의 주제이므로, (A)에는 '접촉'이라는 의미의 Contact가, (B)에는 '유익한'이라는 의미의 beneficial이 적절하다.

구문 분석

[7행] Mary Callahan, a director at Pet Partners, **considers** /
Pet Partners의 책임자인 Mary Callahan은   생각한다
[pet visits on campus] [a great way **to support** students on their
대학 캠퍼스 내 애완동물의 방문이   학생들의 성공을 도와주는 훌륭한 방법이라고
path to success].

● 〈consider A B〉는 'A를 B로 간주하다'라는 의미로, A에 해당하는 부분은 [pet visits on campus]이고, B에 해당하는 부분은 [a great way ~ success]이다. to support는 a great way를 수식하는 형용사적 용법의 to부정사로 사용되었다.

2

해석

핵심내용: 경기 중인 아이에게 설명하지 마라

나는 코치와 부모들이 아이들에게 개념을 설명하는 시간을 잘못 선택하는 경우를 많이 보았다. 이것의 완벽한 예시는 아이들이 경기 중일 때이다. 코치로서, 내가 유일하게 전략을 이야기하는 시간은

타임아웃 때나 경기 후였다. 이것은 아이들이 경기하는 것과 듣는 것을 동시에 하는 것은 정말 어렵기 때문이다. 아이들이 경기 중일 때 나는 오직 격려의 말만을 한다. 당신은 아마 경기 중인 아들에게 잘못을 지적하면서 소리를 지르는 아버지를 본 적이 있을 것이다. 아이가 자기 아버지가 하는 말에 집중하려고 노력하는 중에도 경기는 계속된다. 아이들은 당면 과제에 집중할 수 있어야 한다. 아이들은 경기를 하거나 (설명을) 들을 수 있지만, 어른들과 마찬가지로 동시에 두 가지를 하는 것은 거의 불가능하다.

해설

코치나 부모들이 경기 중인 아이들에게 경기에 대해 설명하는 것은 바람직한 행동이 아니라고 설명하고 있다. 아이들은 경기하는 것과 듣는 것을 동시에 하기 어렵기 때문에 경기 중에 설명을 하기보다는 경기가 잠시 멈추는 타임아웃 때나 경기 후가 적절하다고 말하고 있으므로, 경기 중인 아이에게 설명을 하는 것은 바람직하지 않다는 것이 필자의 주장으로 적절하다.

구문 분석

[6행] You might have seen a father / **watching** his son [**playing a game in a field**], / **yelling** at him to point out his errors.

○ 지각동사(have seen) 뒤에 목적어(a father)가 이어지고, 목적격 보어로 현재분사구 watching ~ a field가 사용되었다. [playing ~ field]는 his son을 수식하는 형용사구이며, yelling은 부대상황(~하면서)을 나타내는 분사구문이다.

3

해석

핵심내용: 직원들의 봉사활동을 지원하는 것이 회사에 도움된다

일부 기업은 직원들의 자원봉사 활동 참여를 돕는 것을 꺼리기도 한다. 그들은 그것이 기업의 일과는 무관하다고 믿는다. 만약 직원들이 자원봉사 활동을 하고 싶어 한다면, 직원들이 스스로 계획하고 자신들이 한가한 시간에 그렇게 할 수 있다. 기업은 또한 그런 프로그램을 마련하는 데 필요한 자원을 할당하는 것에 대해 걱정하게 되거나, 혹은 어쩌면 그들은 그들의 직원이 다른 곳에 관여하는 것을 돕는 것이 그들의 조직이나 업무에 대한 그들의 헌신을 약화시킬 수 있음을 두려워할지도 모른다. 마지막 사항에 대해서는 걱정할 필요가 없다. 사람들은 기업이 하기 쉽게 만들어 준 선행을 할 때 자존감을 느낀다는 부분적인 이유 때문에 회사 차원의 자원봉사 활동에 참여하는 것이 직원들의 조직에 대한 헌신도를 약화시키기보다는 오히려 높인다는 것을 연구가 보여준다.

해설

일부 기업들은 직원들이 자원봉사 활동을 하는 것을 기업의 일과는 무관하기 때문에 꺼리는 면이 있지만, 기업이 오히려 봉사활동을 하기 쉽도록 만들어 주게 되면, 직원들은 자존감을 느끼고, 회사에 헌신도를 높인다는 연구 결과가 있다고 한다. 따라서 이 글의 주제는 '직원

들의 봉사활동을 지원하는 것은 회사에 도움이 된다.'가 적절하다.

구문 분석

[9행] ~ because people feel a sense of self-worth / when they do the good deeds [that their organizations **made it** easier **for them to do**].

○ [ ] 부분은 the good deeds를 부연설명하는 목적격 관계대명사절이다. 그 안에 〈make+it(가목적어)+for them(의미상의 주어)+to do(진목적어)〉의 구문이 사용되었는데, 가목적어 it은 to do(good deeds)를 지칭하고, them은 people을 지칭한다.

II Main Study
서술형 미니테스트

Mini Test 01회

1 Children are much more resistant to giving something to someone else than to helping them.

2 (a) no, as frequently as
  (b) most frequently
  (c) more frequently than any other

3 (a) help (b) share

4 (f)amily (t)ension

5 It is amazing how hard some people find them to say.

6 (a) opposite (b) advantage (c) natural

7 A fish fills its bladder with oxygen collected from the surrounding water.

8 (e) floor → surface

9 물고기의 부레가 완전히 팽창되고 최대 부피가 되어 수면 으로 떠오르는 방법

10 (a) 다중 작업이 시간을 절약해 준다는 것
   (b) 세탁을 하는 동안에는 그냥 세탁만 하는 것

11 Give your whole focus to what you're doing at the moment no matter what it is.

12 (1) when it is done with your phone pressed to your ear
   (2) done with your phone pressed to your ear

[1~3]

해석

핵심내용: 어린 아이들은 어려울 때 서로 돕지만 자기 소유물을 공유하려 하지 않는다.

아이들은 그들을 돕는 것보다는 다른 누구에게 무언가를 주는 것에 훨씬 더 저항한다. 우리는 아주 어린 아이들에게서 이러한 차이점을 확실히 관찰할 수 있다. 1년 6개월 된 아기들은 어려운 상황에서는 서로 도와주려 하지만, 그들 자신의 장난감은 다른 아기들과 기꺼이 공유하려 하지 않는다. 그 어린 아이들은 심지어 자신의 소유물을 소리를 지르면서, 필요하면 주먹을 날리면서 지킨다. 이것은 걸음마를 배우는 아이들 사이의 끊임없는 싸움으로 어려움을 겪고 있는 부모들의 일상적인 경험이다. 내 딸들이 여전히 기저귀를 차고 있을 때조차 그들에게서 "내 거야!"라는 말보다 더 자주 들었던 말은 없었다.

1

〈more ~ than ...〉의 비교급 구문이 쓰였고 much는 비교급을 강조하는 부사이며, to giving과 to helping이 병렬구조를 이루고 있다.

힌트 아이들은 더 저항한다 / 다른 누구에게 무언가를 남에게 주는 것에 / 그들을 돕는 것보다는

정답 Children are much more resistant / to giving something to someone else / than to helping them.

어휘 resistant 저항하는

2

(B)는 〈부정어+비교급+than ~〉의 형태로 최상급 의미를 나타내며 다음 형태로도 최상급 의미를 나타낼 수 있다.

(a) 원급을 이용한 최상급 표현: 〈부정어+as+원급+as ~〉

(b) 최상급 표현: 〈the+최상급 ~〉

→ 부사의 최상급을 꾸며줄 경우, the를 생략한다.

(c) 비교급을 이용한 최상급 표현: 〈비교급 ~+than+any other+단수명사〉

3

→ 아주 어린 아이들은 어려운 상황에서 서로를 도와주려고(help) 하지만, 그들은 자신의 소유물은 기꺼이 공유하려(share) 하지 않는다.

구문 분석

[5행] This is the daily experience of parents / **troubled** by
이것은 부모들의 일상적인 경험이다   끊임없는 싸움으로 어려움을 겪고 있는
constant quarreling / **between** toddlers.
          걸음마를 배우는 아이들 사이에서

○ troubled는 앞의 parents를 수식하는 과거분사로 쓰였고, '~ 사이에'라는 의미의 전치사 between은 둘 사이에 사용되어 복수명사인 toddlers를 썼다. 참고로 among은 세 개 이상, 또는 불특정 다수의 사이를 말할 때 사용한다.

[4~6]

해석

핵심내용: 가족 간의 갈등을 해결하는 방법

가족 간의 갈등에 대처하는 가장 좋은 처방 중 하나를 아는가? "I'm sorry."라는 두 단어이다. 몇몇 사람들이 그 말을 하는 것을 얼마나 어려워하는지는 놀랍다. 그들은 그것이 약함이나 패배를 의미한다고 생각한다. 전혀 그렇지 않다. 사실, 정확하게 반대이다. 갈등을 덜어 주는 또 다른 좋은 방법은 말다툼이다! 바다는 폭풍 후에 훨씬 더 잔잔하다. 말다툼은 또 다른 이점을 가지고 있다. 화가 날 때, 입 밖에 내지 않은 진실이 일반적으로 나오게 된다. 그것들은 특히 그 순간에 약간 감정을 상하게 할 수도 있다. 그러나, 끝에 가서는 서로를 조금 더 잘 알게 된다. 마지막으로, 아이들 간의 갈등과 싸움의 대부분은 자연스러운 것이다. 그것들이 지속적인 것처럼 보일 때 조차, 현명한 부모는 지나치게 걱정하지 않는다.

4

"I'm sorry."라는 말과 말다툼의 긍정적인 효과를 언급하며, 아이들 간의 갈등과 싸움은 자연스러운 것이라는 내용으로, 가족과 관련된 갈등(family tension)을 푸는 방법에 관한 글이다.

5

가주어 It과 진주어로 의문사절이 쓰인 문장이다. how hard some people find는 간접의문문으로 〈의문사구(의문부사+형용사)+S+V〉의 어순임을 유의한다.

힌트 놀랍다 / 얼마나 어려운지 / 몇몇 사람들이 (그)말을 하는 것은

정답 It is amazing / how hard / some people find them to say.

6

(a) 앞 문장의 '전혀 그렇지 않다.'는 내용과 이어지도록 opposite(반대의)가 적절하다. same: 같은

(b) 말다툼의 긍정적인 부분을 계속 기술하고 있으므로 advantage(이점)가 적절하다. disadvantage: 불리

(c) 뒤 문장에서 현명한 부모는 지나치게 걱정하지 않는다고 했으므로 갈등과 싸움은 '자연스러운' 것이라는 의미의 natural이 적절하다. risky: 위험한

구문 분석

[5행] The sea is ever so **much** calmer / after a storm.
바다는 훨씬 더 잔잔하다   폭풍 후에

○ 비교급을 강조하는 부사: a lot, still, far, much, even

[7~9]

해석

핵심내용: 물고기가 부상(浮上)하는 방법

부상(浮上)하기 위해서, 물고기는 자신의 총 밀도를 낮춰야 하는데, 대부분의 물고기는 부레를 통해 그렇게 한다. 물고기는 주변 물에서 모은 산소로 자신의 부레를 채운다. 부레가 채워지면, 그것은 팽창한다. 그 후, 물고기의 부피는 커지지만, 무게는 크게 증가하지 않는다. 이것은 물고기의 밀도가 낮아졌음을 의미하고, 따라서 물고기는 더 큰 부력을 경험하게 된다. 마침내, 부레가 완전히 팽창되었을 때, 물고기는 부피가 최대치가 되고 바닥으로(→ 수면으로) 떠오른다. 대부분의 물고기는 이런 방법으로 부상하지만, 전부 그런 것은 아니다. 일부 (물고기) 종은 평생을 바다 밑바닥에서 움직이며 보내기 때문에 부레가 필요 없다. 다른 물고기들은 앞으로 나아가면서 뜨고 가라앉는다.

7

〈fill A with B〉는 'A를 B로 채우다'라는 의미이다. 해석에서 '산소'를 수식하는 부분인 '주변 물에서 모은'에 해당하는 표현을 만들기

위해, 과거분사 collected를 사용하여 oxygen을 후치 수식하는 것에 유의한다.

힌트 물고기는 자신의 부레를 채운다 / 산소로 / 주변 물에서 모은

정답 A fish fills its bladder / with oxygen / collected from the surrounding water.

어휘 surrounding 주위의

8

(e) 물고기가 밀도가 낮아져서 부력을 얻고 부레가 팽창되었을 때 수면(surface)으로 올라온다는 의미가 되어야 하므로 floor를 surface로 고쳐 써야 한다.

9

앞 부분의 내용인 물고기의 부레가 완전히 팽창되고 최대 부피가 되어 수면으로 떠오르는 방법을 의미한다.

구문 분석

[7행] Some species don't need a swim bladder / because they
일부 (물고기) 종은 부레가 필요 없다   평생을 보내기 때문에
spend all their lives / **moving** along the ocean floor.
                         바다 밑바닥에서 움직이며

○ spend는 목적어인 시간·돈 뒤에 전치사 in이 생략되었기 때문에 동명사인 moving을 썼다.

[10~12]

해석

핵심내용: 무슨 일이든 한 번에 한 가지 일에만 집중하라.

오늘날의 생활 방식의 빠른 속도는 우리로 하여금 한 가지 것을 또 다른 것 위에 쌓아두게 한다. 하지만 다중 작업이 시간을 절약해 주지 못한다는 것을 당신은 알아야 한다. 매우 자주, 다중 작업은 일반적인 믿음과 상반되게 당신의 속도를 늦추게 할 뿐이다. 그것이 무엇이든 당신이 그 순간에 하는 일에 온전히 집중을 하라. 세탁을 하는 동안에는, 그냥 세탁만 해라. 즉, 물이 세탁기를 채울 때는 물의 소리를 듣고 손에 있는 세탁물을 느껴 보아라. 그것은 당신의 귀에 전화기가 대어진 채로 행해질 때 차지할 것보다 조금도 시간을 더 많이 차지하지 않는다. 똑같은 것이 당신의 일에도 적용된다. 한 번에 한 가지 일에만 집중하라, 그러면 일을 더 잘, 그리고 아마도 더 빠르게 해낼 것이다.

10

(a) 일반적인 믿음과 상반되게 다중 작업은 당신의 속도를 늦추게 할 뿐이라는 의미로, 바로 앞 문장에서 다중 작업이 시간을 절약해 주지 못한다(multitasking doesn't save any time)고 언급했으므로, '일반적인 믿음(popular belief)'은 '다중 작업이 시간을 절약해 준다는 것'을 의미한다.

(b) 당신의 귀에 전화기가 대어진 채로 행해질 때보다 그것은 시간

을 조금도 더 많이 차지하지 않는다는 의미로, It은 '세탁을 하는 동안에는 그냥 세탁만 하는 것'을 의미한다.

11

전치사 to 뒤에 목적어로 관계대명사 what절이 쓰였다. no matter what은 복합관계부사로서, whatever로 바꿔 쓸 수 있다.

힌트 온전히 집중을 하라 / 당신이 하는 일에 / 그 순간에 / 그것이 무엇이든

정답 Give your whole focus / to what you're doing / at the moment / no matter what it is.

12

(1) '행해질 때'라고 했으므로, doing은 수동 의미의 과거분사 done이 되어야 한다. 〈with+O+-ing / p.p.〉는 부대상황을 나타내는 분사구문으로, 목적어 your phone과 목적보어 press의 관계가 수동이므로 과거분사 pressed가 되어야 한다.

(2) 분사구문의 주어는 주절의 주어와 같으면 생략하며 동사를 현재분사로 바꾸는데, being done에서 being은 생략 가능하다.

구문 분석

[5행] **Listen** to the sound of the water / **as** it fills the washing
물의 소리를 듣고   물이 세탁기를 채울 때는
machine / and **feel** the clothes / in your hand.
그리고 세탁물을 느껴 보아라   손에 있는

○ 동사원형으로 시작된 명령문으로, as는 '~할 때'의 의미를 가진 접속사이다. Listen과 feel은 and를 기준으로 병렬 구조를 이루고 있다.

---

1 have a limited amount of money to spend and a limited amount of time to shop
2 (i)nformation
3 whether, or not
4 (c) what → that
5 (m)istakes
6 money is something you will have to deal with for the rest of your life
7 I never wake up without being full of ideas.
8 the harder I work, the more I live
9 (h)ard (w)ork
10 Accept, Negative Feelings
11 A helpful way of coping with strong negative feelings is to take them for what they are
12 (i)ncreasing, (m)aking, (m)uch (e)asier

[1~3]

해석

핵심내용: 쇼핑은 정보 검색이며 정보를 얻는 데에는 비용이 든다.

쇼핑객들은 보통 지출할 수 있는 한정된 양의 돈과 쇼핑할 수 있는 한정된 양의 시간을 가지고 있다. 쇼핑이 사실 정보 검색이라는 것을 깨닫는 것이 중요하다. 여러분은 광고, 친구, 판매원, 상표, 잡지 기사, 인터넷, 또는 몇몇 다른 출처들에서 정보를 얻을 수 있다. 여러분은 또한 옷을 입어보거나, 자동차를 시험 운전 해 보거나, 헬스클럽에서 판촉 행사를 이용하는 것과 같이 그 제품을 실제 사용하는 것에서 정보를 얻을 수도 있다. 그러나, 쇼핑객들은 이러한 정보의 출처 중에서 어떤 것을 얻는 것에는 비용이 든다는 것을 이해해야 한다. 이러한 비용에는 교통비와 시간이 포함될 수 있다. 오직 여러분만이 그 비용을 감수할지 말지를 결정할 수 있다.

1

'지출할 수 있는'과 '쇼핑할 수 있는'의 의미를 표현하기 위해서 명사를 수식해 주는 to부정사의 형용사적 용법을 사용하면 된다. to부정사가 형용사처럼 명사를 수식하는 경우, 후치 수식을 하므로, money to spend와 time to shop으로 쓴다.

힌트 (쇼핑객들은 보통) 지출할 수 있는 한정된 양의 돈을 가지고 있다 / 그리고 쇼핑할 수 있는 한정된 양의 시간을

정답 (Shoppers usually) have a limited amount of money to spend / and a limited amount of time to shop.

2

쇼핑은 정보(information) 검색으로 실제 제품을 사용해 봄으로써

그 정보(information)를 얻을 수 있으며, 정보(information)의 출처는 비용이 든다는 것을 이해해야 한다는 내용이다.

3

〈의문사 whether+to부정사 ~ or not(~인지 아닌지)〉 구문이 사용되었으며, whether or not to take the costs로 바꿔 쓸 수 있다. 이때, 〈의문사+to부정사〉는 decide의 목적어로 사용되었으며, 여기서 whether는 if로 바꿔 쓸 수 없는데, if가 쓰일 때는 절이 와야 하기 때문이다.

구문 분석

[2행] **It** is important **to realize** / that shopping is really a search
깨닫는 것이 중요하다   쇼핑이 사실 정보 검색이라는 것을
for information.
○ 〈It(가주어) ~ to부정사(진주어)〉 구문이 사용된 문장으로 접속사 that 이하 절은 realize의 목적어 사용되었다.

[4~6]

해석

핵심내용: 돈 관리 방법은 어릴 적 실수를 통해서 배울 수 있다.

여러분의 부모는 여러분이 용돈을 현명하게 쓰지 않을까 봐 걱정할 수도 있다. 여러분은 돈을 쓰는 데 몇 가지 어리석은 선택을 할 수도 있지만, 만일 여러분이 그렇게 한다면 그렇게 하기로 한 결정은 여러분 자신의 결정이고 바라건대 여러분은 자신의 <u>실수</u>로부터 배울 것이다. 배움의 많은 부분이 시행착오를 거쳐서 일어난다. 돈은 여러분이 평생 동안 처리해 나가야 할 어떤 것임을 여러분의 부모에게 설명해라. 삶에서 나중보다 이른 시기에 실수를 저지르는 것이 더 낫다. 여러분이 언젠가는 가정을 갖게 될 거라는 것과 여러분의 돈을 관리하는 법을 알 필요가 있다는 것을 설명해라. 모든 것을 학교에서 가르침을 받는 것은 아니다!

4

(c) 가주어 It에 상응하는 진주어인 명사절을 이끄는 that으로 고쳐야 한다.

(a) do는 make 이하를 대신하는 대동사로 쓰였으며 주어가 you이고 현재시제로 설명하고 있으므로 do는 적절하다.
cf. 일반동사를 대신하는 대동사는 수와 시제에 따라 do, does, did를 사용한다.
(b) 주어 Much of learning은 단수 취급하므로 단수형 occurs는 적절하다.
(d) 〈의문사+to부정사〉의 형태로 '~하는 법을 의미'하므로, to manage는 적절하다. 〈의문사+S+should+V〉 형태로 바꿔 쓸 수 있다.
(e) '학교에서 가르침을 받는다'는 수동의 의미로 쓰였으므로 수동태

인 is taught는 적절하다.

5

모든 결정은 여러분 자신의 결정이고 자신의 실수(mistakes)로부터 배운다는 내용으로, 다음 문장의 error를 통해 답을 유추할 수 있다.

6

'~해라'라는 명령문으로 동사원형인 Explain 뒤에 목적어로 that절이 와야 한다. something 뒤에는 목적격 관계대명사 that이 생략되었는데, 생략된 that이 이끄는 절이 앞에 있는 something을 후치 수식한다.

힌트 (여러분의 부모에게 설명해라) 돈은 어떤 것임을 / 여러분이 처리해 나가야 할 / 여러분이 평생 동안
정답 (Explain to your parents that) money is something / you will have to deal with / for the rest of your life.
어휘 deal with ~을 처리하다

구문 분석

[7행] **Not everything** is taught / at school!
모든 것이 가르침을 받는 것은 아니다   학교에서
○ not every는 부분부정으로 '모든 것이 ~하는 것은 아니다'라는 의미로 쓰인다.

[7~9]

해석

핵심내용: 열심히 일하는 것의 중요성

Armand Hammer는 1990년에 92세의 나이로 사망한 훌륭한 사업가였다. 그가 한번은 그의 나이의 사람이 어떻게 사업을 하고 정부의 정상들을 만나기 위해 세상을 계속 돌아다닐 수 있는 에너지를 가지고 있는지 질문을 받았다. "나는 내 일을 사랑합니다. 새로운 하루를 시작하는 게 너무나 기다려집니다. 나는 아침에 잠이 깰 때면 늘 아이디어가 가득합니다. 모든 것이 도전이죠."라고 그는 말했다. 역대 가장 성공한 작가 중 한 명인 George Bernard Shaw도 약 100년 전 이와 비슷한 말을 했다. "나는 죽을 때 완전히 소진되기를 원하는데, 그 이유는 내가 열심히 일하면 할수록, 그만큼 더 사는 것이기 때문입니다."라고 그는 썼다. 나는 Hammer와 Shaw가 인생에서 열심히 일하는 것을 대신할 수 있는 것은 아무것도 없다는 것에 내게 동의했을 것이라고 생각한다.

7

'~하지 않고는 …않다'는 의미로 〈not(never) … without ~〉을 사용하는데 의역은 '~할 때마다 ~하다'로 한다. 빈도부사는 be동사와 조동사의 뒤에, 일반동사의 앞에 올 수 있으므로 never는 wake up 이라는 일반동사 앞에 위치하고, 전치사 without 뒤에는 명사나 동

명사가 와야 하므로 동명사 being이 오면 된다. 이 동명사 being과 연결되는 것은 be full of라는 표현인데 '~으로 가득하다'라는 의미이다. 이 문장은 Whenever I wake up, I am full of ideas.로 바꿔 쓸 수 있다.

힌트 나는 절대 일어나지 않습니다 / 아이디어로 가득하지 않고는

정답 I never wake up / without being full of ideas.

8

⟨the+비교급+S+V, the+비교급+S+V⟩ 구문은 '더 ~하면 할수록, 더 ~하다'라는 의미를 나타낸다.

9

열심히 일하는 것(hard work)의 중요성에 대한 글로, 앞 문장에서 열심히 일하면 할수록, 그만큼 더 사는 것이라고 언급하였다.

구문 분석

[2행] He was once asked / **how** a man of his age / had the
그가 한번은 질문을 받았다　　어떻게 그의 나이의 사람이　에너지를 가지고 있었는지
energy / **to continually travel** the world / **to do** business /
세상을 계속 돌아다닐　　　　　　사업을 하기 위해
and **meet** with heads of governments.
그리고 정부의 정상들을 만나기 위해

○ how 이하는 간접의문문의 어순(의문사+S+V)을 취하고 있다. to travel은 the energy를 수식하는 형용사적 용법으로 사용되었다. to do와 and 뒤의 (to) meet은 병렬구조를 이루며 '~하기 위해'라는 목적을 나타내는 부사적 용법으로 사용되었다.

[10~12]

해석

핵심내용: 부정적인 감정을 있는 그대로 받아들여라.

강한 부정적인 감정은 인간 삶의 일부이다. 이러한 감정을 통제하거나 피하려고 지나치게 노력하면 문제가 발생한다. 강한 부정적인 감정에 대처하는 데 도움이 되는 방법은 그 감정을 있는 그대로 받아들이는 것인데, 이것은 여러분을 안전하게 지켜 주기 위한 의도로 여러분의 몸과 마음이 보내는 메시지이다. 예를 들어, 당신이 업무 프레젠테이션을 두려워 한다면, 불안을 피하려고 애쓰는 것이 당신의 자신감을 감소시키고 두려움을 증가시킬 수도 있다. 그 대신, 대부분의 다른 사람들처럼, 그 불안을 사람들 앞에서 말하는 것에 대해 긴장해 있을지도 모른다는 신호로 받아들이도록 노력해라. 이것은 당신의 불안과 스트레스 수준을 낮추도록 도와주어, 자신감을 높이고 프레젠테이션을 훨씬 더 용이하게 만들어 줄 것이다.

10

불안과 같은 강한 부정적인 감정을 통제하려고만 하지 말고 있는 그대로 받아들일 것을 권하는 내용이다.

→ 여러분의 부정적인 감정(Negative Feelings)을 자연스럽게 받아

들여라(Accept)

11

coping with는 전치사 of의 목적어로, 전치사 of 뒤에는 명사나 동명사가 와야 하므로 동명사 coping이 쓰였다. to take는 to부정사의 명사적 용법으로 사용되어 주격보어로 쓰였다. for의 목적절로 what they are가 왔으며, ⟨take A for B⟩는 'A를 B로 받아들이다(생각하다)'의 의미이다.

힌트 ~하는 데 도움이 되는 방법은 / 강한 부정적인 감정들에 대처하는 / 그것들(감정)을 받아들이는 것이다 / 있는 그대로

정답 A helpful way of / coping with strong negative feelings / is to take them / for what they are

어휘 cope with ~에 대처하다

12

주절의 주어인 This는 동사 increase 및 make와 능동 관계를 이루므로 and로 연결되는 병렬구조에 맞게 increasing과 making을 쓴다. 비교급 easier를 강조할 때는 부사 much를 쓴다.

구문 분석

[6행] Instead, **try** to accept your anxiety as **a signal** /
그 대신　　그 불안을 신호로 받아들이도록 노력해라
that you are probably nervous / about public speaking / —
당신이 긴장해 있을지도 모른다는　　사람들 앞에서 말하는 것에 대해
just like most other people.
대부분의 다른 사람들처럼

○ 명령문으로 쓰인 문장으로, try 다음에 to부정사가 오면 '~하기 위해 노력하다'라는 의미로 해석되며, that은 a signal과 동격을 이루는 접속사로 사용되었다.

1 ① poster → posters
   ② allowing → allowed

2 the poster they were unable to keep was suddenly ranked as the most beautiful

3 (a) own (b) attractive

4 (a) fail (b) overlapping (c) invisible

5 the paints were mixed together so that their effects on light interfered with each other

6 (m)ixture

7 (A) longitude(경도)라는 단어에서 'n'
   (C) 경도선은 북에서 남으로 간다고 기억하는 것

8 it will be easy to remember that longitude lines go from north to south

9 (m)emorize

10 (a) But for (b) If it were not for (c) Were it not for

11 what matters most is what you think of when you hear the word "friend"

12 (d)efinition

[1~3]

해석

핵심내용: Romeo and Juliet 효과

한 연구에서, 연구자들은 학생들에게 10개의 포스터를 아름다운 순서대로 배열하도록 요청했다. 그들은 나중에 학생들이 10개의 포스터 중 하나를 연구 참여에 대한 보상으로 가질 수 있다고 약속했다. 그러나 학생들이 이 과업을 마쳤을 때, 연구자들은 학생들이 3순위로 아름답다고 평가했던 포스터는 가질 수 없다고 말했다. 그러고 난 뒤, 그들은 학생들에게 10개의 포스터 전부를 처음부터 다시 평가하도록 요청했다. (그 결과) 일어난 일은 학생들이 가질 수 없도록 했던 포스터가 갑자기 가장 아름다운 것으로 순위 매겨진 것이었다. 이것은 '로미오와 줄리엣 효과'의 한 예시이다. 셰익스피어의 비극에 나오는 로미오와 줄리엣처럼, 그들의 사랑이 금지될 때 사람들은 서로에게 더 애착감이 생기게 된다.

1

① one of ~는 '~ 중 하나'라는 의미로 뒤에 항상 복수명사가 와야 한다.
② allow는 〈allow+O+to-v〉의 5형식 문장으로 쓰는데, 목적어 없이 to부정사가 바로 뒤에 위치했기 때문에 목적어가 주어 자리로 이동한 수동태 문장으로 써야 한다.

2

the poster는 they were unable to keep의 수식을 받는 주어로, they 앞에는 목적격 관계대명사가 생략되었다. the poster가 '순위 매겨졌다'는 의미이므로 수동태 was suddenly ranked as로 쓴다.

힌트 학생들이 가질 수 없도록 했던 포스터가 / 갑자기 순위 매겨졌다 / 가장 아름다운 것으로

정답 the poster they were unable to keep / was suddenly ranked / as the most beautiful

어휘 rank 순위를 매기다

3

→ 사람들은 무언가를 소유할(own) 수 없다는 것을 알게 될 때, 그들은 그것이 더 매력적(attractive)이라고 생각하기 시작한다.

구문 분석

[7행] This is an example of the "Romeo and Juliet effect":
이것은 한 예시이다   '로미오와 줄리엣 효과'의
Just like Romeo and Juliet in the Shakespearean tragedy, /
셰익스피어의 비극에 나오는 로미오와 줄리엣처럼
people **become** more **attached to** each other / when their love
사람들은 서로에게 더 애착감이 생기게 된다   그들의 사랑이 금지될 때
is prohibited.

○ 문장 부호 중 하나인 콜론(:)은 콜론 뒤에 나오는 것을 강조하거나, 구체적으로 설명하고자 할 때 쓰인다. 여기에서는 "Romeo and Juliet effect"에 대한 설명을 하기 위한 것으로 쓰였다.

○ be[become] attached to: ~에 애착이 가다

[4~6]

해석

핵심내용: 빛의 혼합과 색상의 혼합의 차이

우리가 빨간색과 녹색 물감을 섞어서 노란색을 만들려고 한다고 가정해 보자. 우리가 그 물감들을 함께 섞는다면, 의도된 결과를 얻는 데 있어서 실패할 것이고, 그 대신에 아마도 불그스름한 색을 얻게 될 것이다. 이것은 빛에 주는 그것들의 효과가 서로 간섭하도록 물감들이 함께 섞였기 때문이다. 그러나 빨간색이 물감의 많은 작은 점들로 칠해진다고 가정해 보자. 멀리서 보면, 그것은 완전한 빨간색처럼 보일 것이다. 이와 유사하게, 빨간색 점들과 절대 서로 겹치지 않게 하면서, 녹색도 같은 종이 위에 많은 작은 점들로 칠해질 수 있다. 가까이에서 보면, 많은 작은 빨간색과 녹색 점들이 보일 것이다. 각각의 점들이 보이지 않을 만큼 충분히 멀리 떨어져서 보면, 눈은 빨간색 빛과 녹색 빛의 혼합을 받게 될 것이다. 그 빛은 노란색으로 보일 것이다.

4

(a) 빈칸 바로 뒤에 나오는 '그 대신에 아마도 불그스름한 색을 얻게 될 것이다'라는 내용을 통해, 의도했던 결과(노란색을 얻는 것)와는 달랐다는 문맥이 되도록 fail이 적절하다. succeed: 성공하다

(b) 예상과는 달리 실패했던 원인으로 색이 함께 섞여서 빛에 주는 효과를 간섭했기 때문이라고 언급하고 있다. 대조나 역접을 나타내는 But 뒤 부분부터는 이와는 반대의 내용, 즉 간섭하지 않는다는 내용으로 이어져야 하므로 녹색 점이 빨간색 점과 절대 겹치지 않는다는 문맥이 되도록 overlapping이 적절하다. separate: 분리하다.

(c) 빈칸 앞 문장에서는 가까이에서 보면 작은 점들이 보일 것이라고 언급했으므로 반대로 보이지 않을 만큼 충분히 멀어지면 빨간색 빛과 녹색 빛의 혼합, 즉 노란색으로 보인다는 문맥이 되도록 invisible이 적절하다. visible: 보이는

5

paints가 '함께 섞인다'는 의미로 were mixed의 수동태가 사용되었다. 부사절 so that 뒤에 on light의 수식을 받는 their effects가 주어로 사용되었다.

힌트 (이것은 ~때문이다) 물감들이 함께 섞였다 / 빛에 주는 그것들의 효과가 / 서로 간섭하도록

정답 (This is because) the paints were mixed together / so that their effects on light / interfered with each other.

어휘 interfere 간섭하다

6

빨간색 빛과 녹색 빛의 혼합(mixture)으로 노란색을 만들 수 있다는 내용이다.

구문 분석

[1행] **If** we **mixed** the paints together, / we **would** fail / in
우리가 그 물감들을 함께 섞는다면   실패할 것이다
getting the intended result, / probably getting a reddish color
의도된 결과를 얻는 데 있어서   그 대신에 아마도 불그스름한 색을 얻게 될 것이다
instead.

➔ 가정법 과거의 문장은 〈If+S+과거동사 / were ~, S+조동사 과거형(would / should / could / might)+V〉의 형태로 쓰며, 현재 사실의 반대를 나타낸다.

[7~9]

해석

핵심내용: 헷갈리던 단어를 기억하기 위해 생각해 낸 방법

내가 8학년이었을 때, 우리는 지리 수업 시간에 경도와 위도를 공부하고 있었다. 일주일 동안 매일, 우리는 쪽지 시험을 보았는데, 나는 계속해서 경도와 위도를 혼동했다. 나는 집에 가서 거의 울 뻔 했는데, 왜냐하면 너무 좌절하고 창피해서 그 말들을 제대로 기억할 수 없었기 때문이었다. 나는 그 단어들을 바라보고 바라보다가, 마침내 무엇을 해야 할지를 갑자기 알게 되었다. longitude(경도)라는 단어에서 'n'을 보면, 그것은 'north(북쪽)'라는 단어를 떠올리게 할 것이라고 나는 중얼거렸다. 그래서, 경도선은 북에서 남으로 간다고 기억하는 것이 쉬워질 것이다. 그것은 효과가 있었고, 나는 다음 쪽지 시험에서, 그리고 그 다음번(쪽지 시험)에서, 그리고 시험에서 그것들을 전부 맞혔다.

7

(A) 여기서 it은 바로 앞에 있는 'n' in longitude, 즉, 'longitude(경도)라는 단어에서 'n'을 의미한다.

(C) '그것이 효과가 있었다'는 의미로, 여기서 it은 '경도선은 북에서 남으로 간다고 기억하는 것'을 의미한다.

8

가주어 it과 진주어 to remember가 사용된 문장이다. 접속사 that절이 진주어 to remember의 목적어 자리에 사용되었으며, 'A에서 B로'라는 의미의 〈from A to B〉를 사용하여 '북에서 남으로'라는 의미를 나타낼 수 있다.

힌트 기억하는 것이 쉬워질 것이다 / 경도선은 간다고 / 북에서 남으로

정답 it will be easy to remember / that longitude lines go / from north to south

9

연상 기억법으로 배운 부분을 쉽게 기억하는 방법에 관한 글이다.

➔ 위의 이야기는 여러분이 배우고 있는 것을 이미 알고 있는 것과 관련지어 생각하는 것이 여러분이 학습 내용을 외우는(memorize)데 도움이 된다는 것을 시사한다.

구문 분석

[3행] I went home / and almost cried / because I was **so**
나는 집에 가서   거의 울 뻔 했다   왜냐하면 너무 좌절하고 창피해서
frustrated and embarrassed / **that I couldn't keep** them **straight**
                              그 말들(위도와 경도)을 제대로 기억할 수 없었기 때문이었다
in my mind.

➔ 〈so ~ that+S+couldn't〉는 〈too ~ to ...〉 구문으로 바꿔 쓸 수 있으므로, so frustrated 이하는 too frustrated and embarrassed to keep ~으로 바꿔 쓸 수 있다. keep은 5형식 동사로 목적보어 자리에 straight라는 형용사가 왔으며, 목적보어로 현재분사(-ing)나 과거분사(p.p.)가 올 수도 있다.

[10~12]

해석

핵심내용: 우정에 관한 자신의 개인적인 정의는 본인이 어떤 종류의 친구인지를 알려준다.

친구들. 그들이 없으면 삶이 무엇과 같을지를 여러분은 상상할 수

있는가? 점심시간 동안 여러분은 누구와 시간을 보낼 것인가? 역사 시간에 있는 새로운 남자아이에 대하여 누구에게 이야기하겠는가? 그러한 상황을 직면해 보자. 친구들이 없다면, 세상은 상당히 외로운 장소일 것이다. 비록 친구와 우정이 서로 다른 사람들에게 서로 다른 것을 의미하지만, 대부분의 사람들은 친구가 무척 중요하다는 것을 인식한다. 다른 사람들이 우정에 관해 무엇이라고 말했는지를 읽어보는 것은 흥미롭지만, 가장 중요한 것은 '친구'라는 단어를 들을 때 여러분이 무엇을 떠올리는가이다. 우정에 관한 여러분 자신의 개인적인 정의가 여러분이 어떤 종류의 친구인지와 많은 관련이 있다. 예를 들어, 여러분이 충실함이 우정과 연관되어 있다고 생각한다면, 여러분은 여러분 자신이 아마도 충직한 친구일 것이다. 친구란 여러분이 아플 때 여러분이 깜빡했던 숙제를 가져오려고 특별히 노력하는 사람이라고 생각한다면, 여러분 또한 여러분의 친구들을 위해서 특별한 노력을 기울일 것이다.

10

제시된 (a)~(c) 문장은 without이 있는 가정법 과거와 같은 표현들이다.

~이 없다면(가정법 과거)	~이 없었다면(가정법 과거 완료)
Without ~	Without ~
=But for ~	=But for ~
=If it were not for ~	=If it had not been for ~
=Were it not for ~	=Had it not been for ~

11

관계대명사 what이 이끄는 명사절이 주어 역할을 하고 있고, 의문사 what으로 시작하는 의문사절이 간접의문문 형식으로 보어 역할을 하고 있으며, 뒤에 when의 시간 부사절이 이어진 구조이다.

힌트 가장 중요한 것은 / 여러분이 무엇을 떠올리는가이다 / '친구'라는 단어를 들을 때

정답 what matters most is / what you think of / when you hear the word "friend"

12

빈칸 앞부분의 '친구라는 단어를 들을 때 무엇을 떠올리는가'라고 언급된 내용과 빈칸 뒤에 나온 예시를 통해 우정에 관한 자신의 개인적인 '정의(definition)'가 여러분이 어떤 종류의 친구인지와 관련이 있다고 볼 수 있다.

구문 분석

[7행] Your own personal definition of friendship / has a lot to
우정에 관한 여러분 자신의 개인적인 정의   ~와 많은 관련이 있다
do with / **what kind of friend you are**.
여러분이 어떤 종류의 친구인지

○ what kind of friend are you의 문장이 with의 목적어 자리에 오면서 간접의문문(의문사+S+V)의 어순으로 바뀌었다.

Mini Test **04회**

1 some people who achieve fame talk about the loneliness that often goes with it
2 (a) success[성공] (b) fame[명성] (c) achievement[성취]
3 우리는 성공과 성취를 동일한 것으로 여긴다.
4 Not knowing
5 they are able to compare them and make purchases so that they get what they desire
6 (1) 소비자들에게 상품의 존재를 알려줌
  (2) 소비자들이 자신에게 최적의 상품을 찾을 수 있게 해 줌
7 (a) tied (b) disappear (c) bothering
8 (A) the emotion
  (C) 괴롭히고 있는 것들로부터 약간의 감정적 거리를 두기
9 Moving away from the situation prevents it from taking hold of you.
10 most kids would rather have parents that are a little too strict than not strict enough
11 (t)rouble
12 아이들에 대한 부모의 규칙이 없으면 아이들이 곤경에 처하게 된다.

[1~3]

해석
핵심내용: 성공과 성취의 차이점

몇몇 사람들에게는 성공에 대해 아이러니가 있다. 대단한 성공을 이루어 낸 많은 사람들이 그것을 항상 느끼는 것은 아니다. 예를 들면, 명성을 얻은 몇몇 사람들은 그것과 자주 함께 오는 고독에 대해 이야기한다. 그것은 성공과 성취가 같은 것이 아니기 때문인데, 그래도 우리는 너무 자주 한쪽을 다른 쪽으로 오인한다. 성취는 목표처럼 여러분이 도달하거나 달성하는 어떤 것이다. 그것은 실체가 있고, 분명히 정의되며 측정할 수 있는 어떤 것이다. 그것은 여러분이 원하는 것을 추구하고 얻을 때 온다. 그에 반해서, 성공은 느낌, 즉 어떠한 상태이다. 우리는 이런 '어떠한' 상태를 넌지시 나타내기 위하여 'be' 동사를 사용하여 "그녀는 성공적이라고 느낀다. 그녀는 성공적이다."라고 말한다.

1

의미상 achieve와 talk about을 행할 수 있는 주어는 사람이기 때문에 some people이 주어가 되고, some people 뒤에 주격 관계대명사인 who가 오며, 본동사로 talk about이 사용되었다. 목적어인 the loneliness는 추상명사로, 관계대명사 who를 사용할 수 없으므로 that이 사용되었다.

힌트 몇몇 사람들은 / 명성을 얻은 / 고독에 대해 이야기한다 / 그것

과 자주 함께 오는

정답 some people / who achieve fame / talk about the loneliness / that often goes with it

2

(a) 대단한 성공을 이루어 낸 많은 사람들이 '그것'을 항상 느끼는 것은 아니라고 했으므로, 여기서 it은 앞에 있는 success(성공)를 지칭한다.

(b) 명성을 얻은 몇몇 사람들은 종종 '그것'과 함께 오는 고독에 대해 이야기한다고 했으므로, 여기서 it은 fame(명성)을 지칭한다.

(c) 성취에 대한 설명이 이어진 후, '그것'은 여러분이 원하는 것을 추구하고 얻을 때 온다고 했으므로, 여기서 It은 achievement(성취)를 지칭한다.

3

성공과 성취는 같은 것이 아닌데, 우리는 종종 이것을 혼동하고 있다고 했으므로, 우리는 성공과 성취를 동일한 것으로 여긴다고 볼 수 있다.

구문 분석

[5행] It is **something tangible**, / clearly defined / and measurable.
그것은 실체가 있는 것이다 분명히 정의되며 측정할 수 있는

❍ -thing, -one, -body로 끝나는 명사들은 형용사가 후치 수식 한다.

[4~6]

해석

핵심내용: 광고의 필요성

많은 소비자들은 상품들이 시장에서 구입 가능하다는 것을 알게 된 후에야 상품을 구매한다. 어떤 상품이 시장에 출시된 이후에도 한동안 광고가 되지 않았다고 가정해 보자. 그렇다면 어떤 일이 일어날까? 소비자들은 상품이 존재한다는 것을 알지 못해서, 그 제품이 그들에게 유용하더라도 아마 사지 않을 것이다. 광고는 또한 사람들이 자신들에게 최적의 상품을 찾을 수 있게 해 준다. 사람들은 전체 범위의 상품들을 알게 되었을 때, 그들은 그것들(상품들)의 비교와 구매가 가능하여 그들이 힘들게 번 돈으로 원하는 것을 얻는다. 그래서, 광고는 모든 사람들의 일상생활에서 필수적인 것이 되었다.

4

*부사절 → 분사구문으로의 전환

1. 접속사 생략
2. 의미상 부사절의 주어가 주절의 주어와 같을 때는 생략하며, 같지 않을 경우 그대로 씀
3. 동사를 -ing로 바꿈
4. being, having been은 생략 가능
5. 분사구문의 부정은 not, never를 분사 앞에 위치시킴

5

compare와 make는 and에 의해 병렬구조로 연결되었고, 관계대명사 what이 이끄는 절이 get의 목적절로 사용되었다.

힌트 그들은 그것들(상품들)의 비교와 구매가 가능하여 / 그들은 얻는다 / 그들이 원하는 것을

정답 they are able to compare them and make purchases / so that they get / what they desire

어휘 make a purchase 구매를 하다

6

이 글은 광고의 필요성을 어떤 상품이 시장에 나왔음에도 불구하고 광고가 되지 않는다는 가정을 통해 설명하고 있다. 광고가 없으면 소비자들이 상품의 존재를 모르게 되므로 광고를 통해 상품의 존재를 알 수 있게 되며, 또한 광고를 통해 자신에게 맞는 최적의 상품을 찾을 수 있다는 것이 광고가 필요한 이유이다.

구문 분석

[1행] A lot of customers / buy products / only after they are made
많은 소비자들은 상품을 구매한다 그들이 알게 된 후에야
(to be) aware / that the products are available in the market.
상품들이 시장에서 구입 가능하다는 것을

❍ they are made aware 부분에서 made는 사역동사 make가 수동태로 전환된 후에 made와 aware 사이에 to be가 생략된 것이다.

[2행] Let's say / a product, / even if it has been out there for a while,
가정해 보자 어떤 상품이 시장에 출시된 이후에도 한동안
/ is not advertised.
광고가 되지 않았다고

❍ say 뒤에는 목적절을 이끄는 접속사 that이 생략되었고, even if의 부사절이 주어 a product와 동사 is 사이에 삽입되었다.

[7~9]

해석

핵심내용: 어떤 감정을 없애기 위해서는 그 상황에서 벗어나면 된다.

대부분의 사람에게 있어, 감정은 상황적이다. 현 시점의 무언가가 여러분을 화나게 한다. 그 감정 자체는 그것이 일어나는 상황과 연결되어 있다. 그 감정의 상황에 남아 있는 한, 여러분은 화가 난 상태에 머물기 쉽다. 여러분이 그 상황을 '떠나면', 정반대가 사실이 된다. 여러분이 그 상황에서 벗어나자마자 그 감정은 사라지기 시작한다. 그 상황에서 벗어나는 것은 그것(상황)이 여러분을 제어하는 것을 막아준다. 상담원은 (상담) 의뢰인에게 그들을 괴롭히고 있는 모든 것들로부터 약간의 감정적 거리를 두라고 자주 충고한다. 그것을 하는 한 가지 쉬운 방법은 여러분의 화의 근원으로부터 여러분 자신을 '지리적으로' 떼어놓는 것이다.

7

(a) 첫 문장에서 감정은 상황적이라고 언급했으므로 문맥상 tied가 적절하다. unrelated: 관련이 없는

(b) 앞 문장에는 상황을 떠나면 정반대가 된다고 했으므로 disappear가 적절하다. appear: 나타나다

(c) 상담원은 불편하고 괴로운 상황들로부터 약간의 감정적 거리를 두라고 충고할 것이므로 bothering이 적절하다. pleasing: 즐거운

8

(A) it은 앞 부분의 the emotion을 지칭하며, 그 감정 자체는 그 감정이 일어나는 상황과 연결되어 있다는 의미이다.

(C) 그들을 괴롭히고 있는 것들로부터 약간의 감정적 거리를 두라고 충고한다고 했으며 '그것'을 하는 한 가지 방법을 언급하고 있으므로, that은 '괴롭히는 것들로부터 약간의 감정적 거리를 두기'를 의미한다.

9

동명사 moving이 주어이기 때문에 단수동사인 prevents로 바꿔 써야한다. '(목적어)가 ~하는 것을 못하게 막다'는 〈prevent+목적어+from -ing〉로 나타내므로 take는 taking으로 바꿔 써야 한다.

힌트 그 상황에서 벗어나는 것은 / 그것(상황)이 여러분을 제어하는 것을 막아 준다.

정답 Moving away from the situation / prevents it from taking hold of you.

어휘 move away from ~에서 벗어나다 take hold of ~를 제어(조종)하다

구문 분석

[3행] **As long as** you remain in that emotional situation, / you're
그 감정의 상황에 남아 있는 한   여러분은
likely to **stay angry**.
화가 난 상태로 머물기 쉽다

⊙ as long as는 부사절을 이끌고 있으며 '~하는 한'의 의미를 가지고 있고, stay 뒤에 주격보어로 형용사가 왔다.

[10~12]

해석

핵심내용: 대부분의 아이들은 약간 엄한 부모를 더 선호한다.

여러분은 대부분의 아이들이 충분히 엄하지 않은 것보다 약간 더 엄한 부모를 갖기를 원한다는 것을 알고 놀랄지도 모른다. 여러분의 부모가 여러분의 행동에 대해 규칙을 만들 때, 그들은 여러분이 하는 일에 관해 진정으로 마음을 쓴다는 것을 보여주는 것이다. 삶에 관해 배우는 것은 비행기를 조종하는 것을 배우는 것과 다소 유사하다. 일단 여러분이 하늘로 오르고 나면 신나지만, 먼저 여러분은 어떤 버튼을 누르고 어떤 것은 내버려 두어야 할지 알 필요가 있다. 비행 교관이 여러분을 비행기에 앉혀 놓고 "스스로 규칙을 알아내 보세요. 행운을 빌어요!"라고 말한다면, 여러분은 자신이 곤경에 빠졌다는 것을 알게 된다. 그것은 부모에 대해서도 동일하다.

10

〈would rather A than B〉 구문이 쓰여, 'B보다는 차라리 A하기를 원한다'라는 의미를 나타낸다. 주격 관계대명사 that은 선행사 parents를 수식하며, are를 동사로 받고 있다. enough는 원급(형용사/부사)을 취할 때, 〈원급+enough〉로 쓰고, '충분히 ~한'으로 해석한다.

힌트 대부분의 아이들은 갖기를 원한다 / 약간 너무 엄격한 부모를 / 충분히 엄하지 않은 것보다

정답 most kids would rather have / parents that are a little too strict / than not strict enough

어휘 strict 엄한

11

빈칸 앞 부분은 비행 교관이 여러분을 비행기에 앉혀 놓고, 스스로 무슨 버튼을 눌러야 할지 규칙을 알아보라고 말하는 상황이다. 규칙에 대해 전혀 모르기 때문에 곤경(trouble)에 빠질 수 있음을 추론할 수 있다.

12

부모를 비행 교관에 빗대어 어떤 비행기 버튼에 대한 규칙 없이 비행기에 앉혀 놓으면 곤경에 처하는 상황과 같다고 말하고 있다. 따라서 (C)는 아이들에 대한 부모의 규칙이 없으면 아이들이 곤경에 처한다는 것을 의미한다.

구문 분석

[4행] Once you get in the air / it's exciting, / but first you need
일단 여러분이 하늘에 오르고 나면   신난다   하지만 먼저 여러분은
to know / **which buttons to press** / and **which ones to leave**
알 필요가 있다   어떤 버튼을 누르다   그리고 어떤 것은 내버려 두어야 할 지
alone.

⊙ 〈의문사+to부정사〉 구조는 다음과 같이 〈의문사+주어+should+동사원형〉으로 바꿔 쓸 수 있다.

- which buttons to press
  → which buttons you should press
- which ones to leave alone
  → which ones you should leave alone

1 there are a lot of benefits to perceiving time like 65-year-olds
2 (p)erception
3 It, time, passed
4 (s)cience (f)iction (s)cience (c)lassroom
5 does science fiction help students see scientific principles in action
6 (1) 학생들이 과학적 원리들이 실제로 쓰이는 것을 볼 수 있게 해 준다.
   (2) 학생들의 비판적 사고와 창의적 기술을 길러준다.
7 (R)educing, (C)onsumption, (W)ellbeing
8 (a) this object
   (b) the concept of 'degrowth'
   (c) reducing your consumption
9 as much, as
10 (a) aboard (b) acquire (c) loyal
11 Amazed at all the attention being paid to her
12 thank her for using their service for a long time

[1~3]

해석

핵심내용: 시간에 대한 인식 변화를 통해서 일할 수 있는 더 많은 에너지를 얻을 수 있다.

한 실험에서, 사람들이 머릿속으로 3분을 세도록 요구받았을 때 25세의 사람들은 꽤 정확했지만, 65세의 사람들은 평균적으로 40초가 더 걸렸다. 시간은 나이가 더 많은 사람들의 집단에서는 더 빨리 가는 것 같았다. 이것이 무의미해 보일 수도 있지만, 65세의 사람들처럼 시간을 인식하는 것에는 많은 이점이 있다. 예를 들어, 만약 당신이 8시간 동안 프로젝트 작업을 하고 있지만, 그것을 단지 6시간처럼 느낀다면 당신은 일을 계속 할 수 있는 더 많은 에너지를 얻게 될 것이다. 만약 당신이 20분 동안 달리기를 하고 있는데, 그것을 단지 13분이라고 인식한다면 당신은 7분 이상의 에너지를 더 얻게 될 것이다. 그래서 만약 당신이 더 오래 일하기 위해 자신의 에너지를 사용하고 싶다면, 얼마나 오래 일했는지에 대한 <u>인식</u>을 바꾸기만 하면 된다.

1

〈there are ~〉는 '~이 있다'라는 의미를 나타내며, 복수 주어 a lot of benefits가 사용되었다. to perceiving에서 to는 전치사이므로 동명사를 목적어로 취했다.

힌트 많은 이점이 있다 / 시간을 인식하는 것에는 / 65세의 사람들

처럼

정답 there are a lot of benefits / to perceiving time / like 65-year-olds

2

나이가 들면 시간이 빨리 간다고 인식한다는 실험 결과를 바탕으로, 시간에 대한 인식(perception) 변화만으로도 일을 계속 할 수 있는 에너지를 더 많이 얻을 수 있다는 내용이다.

3

동사 seem이 포함된 단문을 복문으로 바꾸는 문제이다. 단문인 〈S+seem+to부정사〉를 복문인 〈It+seem+that+S+V〉로 바꿀 수 있는데, 복문일 때 it은 의미가 없는 가주어이고, that은 절과 절을 이어주는 접속사이며, 단문의 주어가 hat절의 주어로 오면 된다. 따라서 빈칸에 가주어 It을 먼저 써주고, 진주어 부분에 time을 넣으면 된다. 그리고 단문에서 to pass가 쓰였던 것을 보아, 양쪽 절의 시제가 일치함을 알 수 있으므로 복문에서도 과거형인 seemed와 시제가 일치하도록 과거형 passed를 써야 한다.

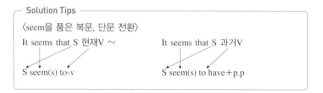

Solution Tips
〈seem을 품은 복문, 단문 전환〉
It seems that S 현재V ~   It seems that S 과거V
S seem(s) to-v   S seem(s) to have+p.p

구문 분석

[8행] So, if you want to use your energy / **to work** longer, /
그래서, 만약 당신이 자신의 에너지를 사용하고 싶다면   더 오래 일하기 위해
just change your perception of / **how long you have been**
인식을 바꾸기만 하면 된다   얼마나 오래 일했는지에 대한
working.

○ to work는 '~하기 위해서'라는 의미의 부사적 용법으로 쓰였다. 전치사 of의 목적어 자리에 온 how long you have been working은 간접의문문으로 〈의문사+S+V〉의 어순을 취한다.

[4~6]

해석

핵심내용: 과학 수업 시간에 공상 과학 소설을 사용하는 것의 장점

공상 과학 소설은 반짝이는 로봇과 환상적인 우주선 그 이상의 더 많은 것을 포함한다. 실제로, 대부분의 많은 기이한 공상 과학 소설 작품들은 과학적 사실에 기초를 둔다. 많은 공상 과학 소설이 과학에 기초를 두고 있기 때문에, 그것은 문학을 영어 교실에서 끌어내어 과학 교실로 가져오기 위해 사용될 수 있다. 공상 과학 소설은 학생들이 과학적 원리들이 실제로 쓰이는 것을 볼 수 있도록 도움을 줄 뿐만 아니라, 또한 학생들의 비판적 사고와 창의적 기술도 길러준다. 학생들은 공상 과학 소설의 글을 읽으면서, 그들이 배운 과학적 원리와 그 글을 연결시켜야만 한다. 학생들은 비슷한 개념을 다

루는 공상 과학 소설의 글과 논픽션의 글을 읽고, 그 둘을 비교하고 대조할 수 있다. 또한 학생들은 아마도 자기가 직접 과학 소설 이야기를 창조하거나 그들이 배운 지식과 기술을 적용하는 새로운 방법들을 상상하면서, 다양한 방식으로 사용된 과학적 원리를 봄으로써 창의적 기술을 기를 수 있다.

4

이 글은 '과학 교실(science classroom)에 공상 과학 소설(science fiction)을 사용하는 것의 장점들'을 설명하고 있다.

5

Not only라는 부정어구가 문두에 나왔을 때는 〈조동사＋주어＋동사〉의 구조를 갖는데 이를 도치라 한다. 따라서 조동사 does, 그리고 주어인 science fiction, 동사 help의 순서로 쓰였다. help는 준사역동사로 목적보어 자리에 동사원형 see가 사용되었다.

힌트 (~할 뿐만 아니라) 공상 과학 소설은 학생 도움을 준다 / 과학적 원리들이 실제로 쓰이는 것을 볼 수 있도록

정답 (Not only) does science fiction help students / see scientific principles in action

6

공상 과학 소설을 과학 교실에 사용하는 것에 대한 장점을 집약적으로 설명하고 있는 문장은 위에서 4번째 문장으로, 〈Not only A but also B〉로 이루어진 문장에서 장점 두 가지를 모두 찾을 수 있다.

구문 분석

[3행] Because a great deal of science fiction is rooted in science, /
많은 공상 과학 소설이 과학에 기초를 두고 있기 때문에
it can **be used to** bring literature / out of the English classroom /
그것은 문학을 가져오기 위해 사용될 수 있다   영어 교실에서 끌어내어
and into the science classroom.
과학 교실로

○ be used to+v: ~하기 위해 사용되다

cf. be used to+v-ing: ~에 익숙해지다

[7~9]

해석

핵심내용: 불필요한 소비를 줄이면 행복을 극대화시킬 수 있다.

'탈성장'이라는 개념은 "내가 정말 이 물건을 필요로 하는가, 아니면 내가 뭔가를 산다는 느낌이 좋아서 그것을 사려고 하는가?"라는 질문을 던진다. 이것은 생태경제학과 반소비지상주의의 개념에서 유래되었다. 그 개념의 핵심은 당신의 소비를 줄이는 것이 당신의 행복을 감소시키지는 않을 것이며, 오히려, 그것은 당신으로 하여금 더 많은 시간과 절약한 돈을 미술, 음악, 가족, 그리고 지역 사회와 같은 데 쓰게 하도록 함으로써 당신의 행복을 극대화시킬 것이라는 것이다. 오늘날 우리는 60년 전에 그랬던 것보다 26배 더 많은 물건

을 소비한다. 그러나 자신에게 "우리는 26배 더 행복한가?"라고 물어보라. Mahatma Gandhi가 말했던 것을 생각해 보라. "우리가 가진 모든 금과 보석이 우리의 허기를 충족시킬 수도 우리의 갈증을 해소시킬 수도 없다."

7

불필요한 소비를 줄이면 행복을 극대화시킬 수 있다는 내용으로, 문장의 주어 자리에는 동명사인 형태가 와야 한다.
→ 소비 줄이기(Reducing Consumption)가 행복(Wellbeing)을 증가시킨다.

8

(a) it은 바로 앞의 this object를 지칭한다.

(b) It은 바로 앞 문장에서 설명하고 있는 the concept of 'degrowth'(탈성장 개념)을 지칭한다.

(c) 소비를 줄이는 것이 행복을 감소시키는 것이 아니라 행복을 극대화 시킬 것이라는 의미이므로, 여기서 it은 reducing your consumption을 지칭하고 있다.

9

〈배수사＋비교급＋than〉구문은 〈배수사＋as＋원급＋as〉로 바꿔쓸 수 있으며, stuff는 '(막연한 어떤) 물건'이라는 의미의 불가산명사이므로 many가 아닌 much를 써야 하는 것에 주의한다.

구문 분석

[8행] Consider / what Mahatma Gandhi said: /
생각해 보라   Mahatma Gandhi가 말했던 것을
Not all our gold and jewelry could satisfy our hunger /
우리가 가진 모든 금과 보석이 우리의 허기를 충족시킬 수도
and quench our thirst."
우리의 갈증을 해소시킬 수도 없다

○ 전체를 부정하는 것이 아니고, 일부만 부정하고자 할 때는 부분부정을 사용한다. '모두, 항상, 꼭'이라는 뜻의 단어가 부정어와 쓰이면 부분부정이 된다. 여기서 쓰인 부분부정 Not all은 '모두 ~한 것은 아니다'로 해석한다.

	all / every	모두 ~한 것은 아니다
	both	둘 다 ~한 것은 아니다
not +	always	항상 ~한 것은 아니다
	necessarily	꼭 ~한 것은 아니다
	completely	완전히 ~한 것은 아니다

[10~12]

해석

핵심내용: 충실한 고객에 대한 항공사의 특별 대우

최근에 아시아로 가는 비행에서 나는 Debbie를 만났는데, 그녀는 승무원 모두로부터 따뜻한 인사를 받았으며 심지어 기장으로부

터 그 비행기에 탑승한 것에 대한 환영을 받았다. 그녀에게 쏟아지고 있는 그 모든 관심에 놀라서, 나는 그녀가 그 항공사에 근무하는지를 물어보았다. 그녀는 그렇지는 않았지만, 그 관심을 받을 자격이 있었는데, 이 비행이 그녀가 이 동일한 항공사로 400만 마일 넘게 비행하는 획기적인 기록을 세웠기 때문이다. 비행 동안에 나는 그 항공사의 최고경영자가 그녀에게 직접 전화를 걸어 그녀가 오랫동안 그들의 서비스를 이용한 것에 감사를 전했으며, 그녀가 선택할 수 있도록 멋진 고급 선물이 있는 카탈로그를 받았다는 것을 알게 되었다. Debbie는 한 가지 매우 중요한 이유 때문에 이러한 특별 대우를 받을 수 있었는데, 그녀는 그 한 항공사에 충실한 고객이었기 때문이었다.

10

(a) '그 비행기에 탑승했다'는 의미로 aboard(탑승한)가 적절하다. abroad: 해외로

(b) Debbie가 '특별한 선물을 받았다'는 의미로 acquire(얻다, 획득하다)가 적절하다. acquaint: 익히다

(c) 그녀가 그 항공사에 '충실한 고객이었다'는 의미로 loyal(충실한)이 적절하다. royal: 왕실의

11

의미와 단어들을 조합해 봤을 때, 이 문장은 분사구문으로 만들어야 한다. 분사구문의 주어는 주절의 주어 I와 같으므로 amaze는 (As I was) amazed로 썼고 뒤에 전치사 at을 사용하여 '~에 놀라서'라는 의미가 되었다. pay all the attention to her에서 목적어인 all the attention이 pay 앞으로 이동하면서 수동태 문장이 되었다.

힌트 그 모든 관심에 놀라서 / 그녀에게 쏟아지고 있는

정답 Amazed at all the attention / being paid to her

12

그 항공사의 최고경영자는 그녀가 오랫동안 그들의 서비스를 이용한 것에 대해 감사를 표현하기 위해 Debbie에게 전화를 했다.

구문 분석

[4행] She did not, / but she deserved the attention, / for this
　　 그녀는 그렇지는 않았지만 　 그녀는 그 관심을 받을 자격이 있었는데
flight marked the milestone of **her flying** / over 4 million miles /
이 비행이 그녀의 비행에 획기적인 기록을 세웠기 때문에　　　400만 마일 넘게
with this same airline.
이 동일한 항공사로

❍ She did not 뒤에는 work with the airline이 생략되었다. her flying에서 her는 동명사 flying의 의미상의 주어로 쓰였다.

Mini Test **06회**

1 The responses allowed researchers to identify the expressive facial features that participants associated with each emotion.
2 (u)niversal
3 (a) (p)erceive (b) (c)ultures
4 (e) what → that(which)
5 (A) allow (B) frustrated (C) ignoring
6 we give up the very thing that will enable us to live meaningful lives
7 (a) had taken (b) have ended
8 자신의 이익을 우선시하고 남을 돕는 데 관심이 없는 마음가짐
9 hoping the ice-cream vendor's misfortune would mean more customers for them
10 (d) to think → thinking
　 (e) what → that
11 did I dream
12 환자의 (기본적인) 질문에 대답하는 것

[1~3]

해석

핵심내용: 문화에 따라 얼굴 표정을 인식하는 방식이 다르다.

얼굴 표정에 관한 흥미로운 연구가 최근에 미국 심리학회에 의해 발표되었다. 15명의 중국인과 15명의 스코틀랜드인이 이 연구에 참여했다. 그들은 컴퓨터 화면에서 무작위로 바뀌는 감정 중립적인 얼굴을 보고 행복한, 슬픈, 놀란, 두려운, 또는 화난 것으로 얼굴 표정을 분류했다. 그 반응은 연구자들로 하여금 참가자가 각각의 감정과 연관시켜 생각하는, 감정을 드러내는 얼굴 특징을 확인하도록 해 주었다. 연구에 따르면 중국인 참가자들은 얼굴 표정을 구별하기 위해 눈에 좀 더 의지하는 반면, 스코틀랜드인 참가자들은 눈썹과 입에 의존했다. 다른 문화의 사람들은 행복한, 슬픈 또는 화난 얼굴 표정을 다른 방식으로 감지한다. 즉, 얼굴 표정은 '감정의 보편적인 언어'가 아니다.

1

allowed는 목적보어로 to부정사를 취한다. that은 목적격 관계대명사로 앞에 나온 the expressive facial features를 수식한다. 〈associate A with B〉는 'A와 B를 연관시켜 생각하다'라는 의미이다.

힌트 그 반응은 연구자들로 하여금 ~하게 해 주었다 / 감정을 드러내는 얼굴 특징을 확인하도록 / 참가자가 각각의 감정과 연관시켜 생각하는

정답 The responses allowed researchers / to identify the

expressive facial features / that participants associated with each emotion.

어휘 associate 연관시키다

2
문화마다 얼굴 인식이 다르다고 했으므로, 얼굴 표정은 누구나 알 수 있는 보편적인(universal) 언어가 아니라고 추론할 수 있다.

3
중국인들과 스코틀랜드인들이 얼굴 표정을 알기 위해 주목하는 얼굴 부위가 다르다는 연구 결과를 소개하면서, 문화에 따라 얼굴 표정을 인식하는 방식이 다름을 보여주는 글이다.
→ 사람들이 얼굴 표정을 인식하는(perceive) 방식은 그들의 문화(cultures)에 따라 다양하다.

구문 분석

[1행] An interesting study about facial expressions / was recently
얼굴 표정에 관한 흥미로운 연구가   최근에 발표되었다
published / by the American Psychological Association.
미국 심리학회에 의해

○ 능동태 문장인 The American Psychological Association recently published an interesting study about facial expressions. 를 수동태로 바꾼 문장이다.

[4~6]
해석
핵심내용: 자신의 욕구를 무시하면 의미 있는 삶을 놓친다.

우리 대부분은 죄책감을 느끼거나 다른 사람들을 실망시킬 가능성에 직면했을 때 우리의 욕구를 제쳐둠으로써 신중을 기한다. 직장에서 여러분은 마찰을 피하려고 불평하는 직장 동료가 계속 여러분의 에너지를 빼앗아가는 것을 허용하여, 결국 여러분 자신의 직장을 싫어하게 될지도 모른다. 집에서는 여러분을 힘들게 하는 가족 구성원들이 정서적으로 거절당한다는 느낌을 갖지 않도록 하기 위하여 그들에게 '그래'라고 말해, 결국 여러분 자신을 위한 양질의 시간의 부족으로 좌절하게 될지도 모른다. 우리는 자신의 욕구를 무시한 채로, 다른 사람들의 (우리에 대한) 인식을 관리하기 위해 열심히 노력하고, 결국 우리는 우리에게 의미 있는 삶을 살도록 해 줄 바로 그것을 포기한다.

4
(e) 앞에 선행사 quality time이 있고, 뒤에 목적어가 없는 불완전한 문장이므로 목적격 관계대명사 that 또는 which로 고쳐야 한다.

(a) 분사구문으로 when most of us are faced에서 most of us are 가 생략되었다.

(b) allow는 목적보어 자리에 to부정사를 취하는 5형식 동사이다.
(c) ⟨end up+-ing⟩는 '결국 ~하게 되다'라는 의미로 목적어 자리에 동명사를 취한다.
(d) 앞의 명사구 a hard time을 수식하는 형용사적 용법으로 쓰인 to 부정사이다.

5
(A) 직장에서 동료와의 마찰을 피하기 위해 불평하는 동료가 당신의 에너지를 빼앗아가는 것을 '허용한다(allow)'로 이어져야 문맥상 적절하다. forbid: 금지하다
(B) 집에서도 가족 구성원들이 거절당한다는 느낌을 갖지 않도록 하기 위해서 '그래'라고 말해 자신을 위한 양질의 시간이 부족하게 되므로 '좌절하게(frustrated)' 된다는 것이 문맥상 적절하다. satisfied: 만족스러운
(C) 다른 사람들의 인식을 관리 하기 위해 우리 자신의 욕구는 '무시한다(ignoring)'라고 이어져야 문맥상 적절하다. fulfill: 충족시키다

6
the very thing을 주격 관계대명사인 that이 수식하고 있으며, enable은 5형식 동사로 목적보어 자리에 to부정사를 취한다.
힌트 우리는 바로 그것을 포기한다 / 우리에게 의미 있는 삶을 살도록 해 줄
정답 we give up the very thing / that will enable us to live meaningful lives
어휘 enable ~할 수 있게 하다

구문 분석

[1행] Most of us play it safe / by putting our needs aside /
우리 대부분은 신중을 기한다   우리의 욕구를 제쳐둠으로써
when faced with the possibility / of **feeling** guilty or **disappointing**
가능성에 직면했을 때   죄책감을 느끼거나 다른 사람들을 실망시킬
others.

○ when faced는 주어가 most of us인 수동 분사구문으로, when being faced에서 being이 생략되었다. of에 이어지는 feeling은 disappointing과 병렬 구조로 연결되었다.

[7~9]
해석
핵심내용: 다른 사람을 돕는 것이 곧 자신을 돕는 것이다.

여러분이 자신의 파이 한 조각을 간절히 얻고 싶을 때, 다른 사람들이 그들의 파이 한 조각을 얻을 수 있도록 도움을 주는 데 여러분이 왜 관심을 기울이겠는가? Ernest Hamwi가 1904년 세계 박람회에서 페르시아의 아주 얇은 와플 zalabia를 팔고 있었을 때, 그런 마음가짐을 가지고 있었더라면, 그는 거리의 상인으로 생을 마감했을지도 모른다. Hamwi는 인근의 아이스크림 상인이 고객에게 줄 아이스크림을 담을 그릇이 동난 것을 보게 되었다. 대부분의 사람들은

아마도 심지어 그 아이스크림 상인의 불행이 자신들에게 더 많은 고객을 의미하기를 바라면서 "내 문제가 아니야"라고 콧방귀를 뀌었을 것이다. 대신에, Hamwi는 와플을 말아 올려, 꼭대기에 한 숟가락의 아이스크림을 얹어서, 세계 최초의 아이스크림 콘 중의 하나를 만들었다. 그는 자신의 이웃을 도왔으며, 그 과정에서 많은 돈을 벌었다.

7

과거 사실에 대한 가정을 나타내는 가정법 과거완료는 〈If+S+had +p.p.(~했다면), S+조동사 과거형(would / should / could / might) +have+p.p.(…했을 텐데)〉의 형태로 나타낸다.

8

다른 사람을 돕는 것이 곧 자신을 돕는 것이라는 내용으로, Ernest Hamwi가 그런 마음가짐을 실천하여 많은 돈을 벌었다고 설명하고 있다. 여기서 that attitude는 첫 문장의 내용으로, '자신의 이익을 우선시하고 남을 돕는 데 관심이 없는 마음가짐'을 의미한다.

9

앞 문장이 주절이기 때문에 제시된 문장은 접속사 없이 S+V로 쓰일 수 없다. 제시된 단어에서 접속사가 없기 때문에 '바라면서'라는 의미는 hope를 분사로 바꿔 hoping으로 쓰고, 뒤에 접속사 that이 생략된 S+V 형태로 쓴다.

> **힌트** 바라면서 / 그 아이스크림 상인의 불행이 / 더 많은 고객을 의미하기를 / 자신들에게

> **정답** hoping / the ice-cream vendor's misfortune / would mean more customers / for them

구문 분석

[7행] Instead, / Hamwi **rolled** up a waffle / and **put** a scoop of
대신에   Hamwi는 와플을 말아올렸다   그리고 한 숟가락의
ice cream on top, / **creating** one of the world's first ice-cream
아이스크림을 위에 얹었다   세계 최초의 아이스크림 콘 중의 하나를 만들었다
cones.

○ rolled와 put은 문장의 동사로 병렬 구조를 이루고 있고 creating은 의미상의 주어가 Hamwi인 분사구문으로 사용되었다.

[10~12]

해석

핵심내용: 내가 의학 분야에 종사하게 된 이유

내가 어릴 때, 나의 부모님은 의사들을 마치 신과 같은 재능을 지닌 뛰어난 존재인 것처럼 우러러보았다. 그러나 나는 희귀병으로 병원에 입원하고 나서야 비로소 의학에서의 직업을 추구할 것을 꿈꾸게 되었다. 나는 그 분야 최고의 몇몇 전문의들이 나를 방문하여 나의 사례를 관찰하도록 이끄는 의학적 호기심의 대상이 되었다. 환자로서, 그리고 대학으로 돌아가기를 간절히 바라는 십대로서, 나는 나

를 진찰하는 의사에게 물었다. "무엇이 제 병의 원인인가요?" "어떻게 저를 낫게 해 주실 건가요?" 전형적인 반응은 비언어적인 것이었다. 그들은 머리를 가로 저으며 내 방을 나갔다. 나는 "음, 내가 그쯤은 할 수 있을 거야."라고 속으로 생각했던 것이 기억난다. 어떤 의사도 나의 기본적인 질문에 대답할 수 없다는 것이 내게 분명해졌을 때, 나는 의학적 조언을 따르지 않고 병원을 나갔다. 대학에 돌아와서, 나는 매우 열정적으로 의학에 빠져들게 되었다.

10

(d) 동사 remember는 to부정사와 함께 쓰이면 '(미래에) ~할 것을 기억하다'라는 의미이고, -ing와 함께 쓰이면 '(과거에) ~한 것을 기억하다'라는 의미를 나타내므로, thinking으로 고쳐 써야 한다.
(e) it이 가주어이므로 진주어가 와야 하는데, 진주어로 that절, 의문사절, what절이 사용될 수 있으며, what 뒤에 완전한 문장이 이어지므로 접속사 that으로 고쳐 써야 한다.

(a) 앞의 명사구 exceptional beings를 수식하는 현재분사이다.
(b) 앞에 to가 생략된 형태로 앞 문장의 to look과 같이 병렬 구조를 이루고 있다.
(c) eager는 앞의 a teenager를 수식하는 형용사이다.

11

never until과 같은 부정 의미의 부사(구)가 문장의 앞으로 이동하게 되면, 〈부정 부사(구)+조동사+주어+동사원형〉의 어순으로 도치가 일어난다.

12

that의 앞뒤 문장을 살펴보면, 필자가 질문한 것에 대해 의사들은 대답하지 않고 자신의 머리를 가로 저으며 방을 나갈 뿐이었고 어떤 의사도 필자의 기본적인 질문에 대답할 수 없었다고 했으므로, 여기서 that은 '환자의 (기본적인) 질문에 대답하는 것'이라고 볼 수 있다.

구문 분석

[1행] When I was young, / my parents worshipped medical
내가 어렸을 때   나의 부모님들은 의사들을 우러러보았다
doctors / **as if** they were exceptional beings / **possessing** godlike
마치 뛰어난 존재인 것처럼   신과 같은 재능을 지닌
qualities.

○ as if는 '마치 ~인 것처럼'의 의미로 가정법을 이끌며, were를 통해 가정법 과거임을 알 수 있다. possessing은 앞의 명사구 exceptional beings를 수식하는 현재분사로 사용되었다.

1 (a) believe → believing
   (c) wearing → to wear
   (e) to believe → believed

2 (A) a sandwich board with the slogan 'Eat at Joe's'
   (B) 샌드위치 광고판을 걸치고 30분 동안 캠퍼스 주변에서 돌아다니는 것

3 so, that, not, do it

4 the best way to understand the concept of an argument is to contrast it with an opinion

5 (c) different something → something different

6 (a) (f)eelings (b) (s)upportive

7 (I)nfluences, (T)aste

8 (c) which → what
   (e) belonging → belonged
   (f) did → had

9 so, that, could start

10 (C)uriosity

11 we thirst for knowledge that reaches far beyond our personal needs

12 does this sense of wonder and desire for understanding make us human

[1~3]

해석

핵심내용: 우리는 우리 자신의 생각이 다른 사람들과 같을 거라고 오해한다.

우리는 빈번히 다른 사람들과의 합의를 과대평가하여, 다른 모든 사람들이 우리와 완전히 똑같이 생각하고 느낀다고 믿는다. 이런 오해는 '허위 합의 효과'라고 불린다. 심리학자 Lee Ross가 1977년에 이것을 연구하기 시작했다. 그는 'Joe의 가게에서 드세요'라는 구호가 쓰인 앞뒤로 메고 다니는 광고판을 만들어서, 무작위로 선발된 학생들에게 30분 동안 캠퍼스 주변에서 그것을 걸치고 돌아다니도록 부탁했다. 그들은 또한 얼마나 많은 다른 학생들이 그 일을 할 것인가를 예상해야 했다. 기꺼이 그 광고판을 걸치고 다니겠다는 사람들은 다수도 또한 그것에 동의할 거라고 짐작했다. 반면에, 거절한 사람들은 대부분의 사람들이 그 행동을 하는 것이 너무 어리석은 일이어서 하지 않을 거라고 믿었다. 두 경우 모두에서, 학생들은 자신들이 다수에 속한다고 여겼다.

1

(a) 두 개의 문장이 접속사 없이 연결될 수 없으므로 분사구문인 believing으로 고쳐야 한다.
(c) 문맥상 '무작위로 선발된 학생들에게 그것을 걸치도록 부탁하다'

라는 의미가 되어야 한다. 〈ask+목적어+목적보어〉 구문에서 ask는 목적보어 자리에 to부정사를 취하기 때문에 to wear로 고쳐야 한다.
(e) 〈refuse+to-v〉는 '~을 거절하다'라는 의미이지만, 여기서는 refuse to believe로 연결된 것이 아니다. '거절한 사람들'이라는 의미로 문장의 전체 주어인 those를 who refused가 수식하고 있고, 뒤에 that절을 보면 완전한 문장이므로, believe의 목적절임을 알 수 있다. 따라서 believe는 이 문장의 본동사이고, 글의 전후 문맥을 통해 시제가 과거인 것을 알 수 있으므로, 과거형 believed로 고쳐야 한다.

(b) This misconception과 call의 관계는 수동이므로 수동태 is called가 적절하다.
(d) 간접의문문의 어순은 〈의문사 + S + V〉이므로 how many other students would는 적절하다.
(f) 학생들 '자신들'이 다수에 속한다고 생각한다는 의미이므로, 재귀대명사 themselves는 적절하다.

2

(A) it은 앞에 나온 'Eat at Joe's'라고 적힌 샌드위치 광고판'을 의미한다.
(B) it은 앞 문장의 the task, 즉 '샌드위치 광고판을 걸치고 30분 동안 캠퍼스 주변에서 돌아다니는 것'을 의미한다.

3

'너무나 ~ 해서 …할 수 없다'는 의미의 〈too ~ to...〉구문은 〈so ~ that+S+can't(couln't)〉로 바꿔 쓸 수 있다. 문맥상 could가 아닌 '의지'를 나타내는 would가 쓰였으며, 접속사 that으로 연결되면 앞뒤 문장은 모두 완전한 문장이어야 하므로, do의 목적어 it을 써서 완전한 문장을 만들도록 한다.

구문 분석

[6행] Those **who were willing to** wear the sign / **assumed** that
기꺼이 그 광고판을 걸치고 다니겠다는 사람들은   다수도 또한 그것에
the majority would also agree to it.
동의할 거라고 짐작했다.

○ 주격 관계대명사 who가 이끄는 절인 who ~ the sign은 주어인 Those를 수식하고 있다. 〈be willing+to-v〉는 '기꺼이 ~하다'로 해석한다. 이 문장의 본동사는 assumed이고, that 이하 절은 assumed의 목적절이다.

[4~6]

해석

핵심내용: 감정에 기초하는 의견과 달리, 논증은 이를 뒷받침하는 논거를 제시한다.

철학에서, 논증의 개념을 이해하는 가장 좋은 방법은 그것을 의견과 대조하는 것이다. 의견은 단순히 어떤 사람 혹은 사물에 대한 믿음이

나 태도이다. 우리는 항상 우리의 의견을 표현한다. 우리는 특정 영화나 다른 종류의 음식을 매우 좋아하기도 하고 싫어하기도 한다. 대부분에 있어서, 사람들의 의견은 거의 언제나 자신의 감정에 기초한다. 그들은 자신의 의견을 어떤 종류의 증거로도 뒷받침할 필요는 없다고 느낀다. 논증은 이것과는 좀 다른 것이다. 그것은 자신의 주장이 사실이라는 것을 다른 사람에게 확신시키기 위하여 만들어진 것이다. 따라서, 그것은 누군가의 주장을 뒷받침하는 논거를 제시하려는 시도이다. 논증은 철학을 구성하는 요소이고, 훌륭한 철학자는 확고한 토대에 기반을 둔 최고의 논증을 만들어 낼 수 있는 사람이다.

4

the best way(가장 좋은 방법)가 주어이므로, to understand는 형용사적 용법으로 주어인 the best way를 수식하며, understand의 목적어로 the concept of an argument가 쓰였다. 동사 is 뒤에 to contrast가 보어로 쓰였는데, to부정사의 명사적 용법으로 is 뒤에 위치하여 보어로 사용되고 있다.

힌트 이해하는 가장 좋은 방법은 / 논증의 개념을 / 의견과 대조하는 것이다

정답 the best way to understand / the concept of an argument / is to contrast it with an opinion

어휘 contrast 대조하다

5

(c) -thing, -one, -body로 끝나는 명사들은 형용사가 뒤에서 수식한다. 따라서 something different로 고쳐야 한다.

6

→ 감정(feelings)에 기초하는 의견과 달리, 논증은 뒷받침하는 (supportive) 논거를 제시한다.

구문 분석

[8행] Arguments are the building blocks of philosophy, /
논증은 철학을 구성하는 요소이고
and the good philosopher is **one** / **who** is able to create /
훌륭한 철학자는 사람이다   만들어 낼 수 있는
the best arguments / **based** on a solid foundation.
최고의 논증을   확고한 토대에 기반을 둔

○ one은 is의 보어로 뒤에 주격 관계대명사 who가 이끄는 절이 one을 수식하고 있다. based 이하는 the best arguments를 수식하는 과거분사구이다.

[7~9]

해석

핵심내용: 임신 중에 엄마가 먹는 음식이 아기들의 음식에 대한 선호도에 영향을 준다.

우리는 아기들이 심지어 태어나기도 전에 훌륭한 음식들을 좋아하게 되도록 돕기 시작할 수 있다. 최신의 과학이 엄마들이 임신 중에 먹는 것과 아기들이 출생 후 무슨 음식을 즐기는지 사이의 대단히 흥미로운 관련성을 밝히고 있다. 놀랍지만, 사실이다. 자궁 속에 있는 아기들은 엄마가 먹어왔던 것을 맛보고, 기억하고, 그에 대한 선호를 형성한다. 당근 주스와 관련된 흥미로운 연구를 생각해 보라. 연구의 일부로서, 한 그룹의 임산부들은 10온스의 당근 주스를 연이어 3주 동안 주 4회씩 마셨다. 그 연구에서 또 다른 그룹의 여성들은 물을 마셨다. 그들의 아기들이 시리얼을 먹기 시작할 수 있을 정도의 나이가 되었을 때, 그룹들 사이의 차이점을 기대해 볼 만한 때가 되었다. 각각의 아기가 어떤 그룹에 속하는지를 알지 못했던 한 관찰자가 당근 주스에 섞은 시리얼을 먹고 있는 아기들을 살펴보았다. 자궁 속에서 당근 주스를 맛보는 이러한 이전의 경험이 없었던 아기들이 처음 그 주스를 맛보았을 때 저항을 하고 얼굴을 찌푸렸던 반면, 다른 아기들은 시리얼에 있는 당근 주스를 선뜻 받아들이고 즐겼다. 자궁에서 당근 주스를 맛본 아기들과 그렇지 않은 아기들 사이에 현격한 차이가 있었다.

7

임신 중에 엄마가 먹는 음식이 아기들의 음식에 대한 선호에 영향을 미칠 수 있다는 내용의 글이므로, 제목으로는 What Mom Eats Influences the Baby's Taste(엄마가 먹는 것이 아기의 입맛에 영향을 미친다)가 적절하다.

8

(c) 앞에 선행사가 없고 eating 뒤에 목적어 자리가 비어 있는 불완전한 문장이 이어지므로 관계대명사 what으로 고쳐야 한다. 만약 〈전치사+관계대명사〉 구조로 본다면 which의 선행사는 문맥상 preferences가 되는데, 그럴 경우 '엄마가 먹어온 선호도'라는 말이 되어 논리에 맞지 않는다.

(e) 이 문장의 본동사는 studied이다. '어떤'이란 의미를 가진 의문형용사 which 뒤에 절의 형태가 나와야 하므로, belonging은 each baby의 동사로 사용되어야 한다. 따라서 시제에 맞게 belonged로 고쳐야 한다.

(f) 앞에 나온 had sampled의 반복이 일어나는 것을 피하기 위해 대동사를 사용해야 하므로, 조동사 had는 고쳐야 한다.

(a) help는 목적보어로 to부정사와 동사원형 둘 다 올 수 있으므로 learn은 적절하다.

(b) while they are pregnant가 while being pregnant로 변화하였고, being은 생략 가능하므로 while pregnant는 적절하다.

(d) which는 '어떤'이란 뜻의 의문사로, 간접의문문의 형태인 〈의문사+S+V〉로 구성되었다. which group이 의문사에 해당하고, 주어는 each baby, 그리고 동사는 belonged이다.

9

'~할 만큼 충분히 …한'이라는 의미의 ⟨enough+to-v⟩ 구문은 ⟨so ~ that+S+can(could)⟩로 바꿔 쓸 수 있다. 주어는 주절의 주어에 따라 사용하고 시제에 맞게 can/could를 사용하고 동사원형을 쓴다.

구문 분석

[10행] An observer / **who** didn't know to **which** group each baby
한 관찰자가   각각의 아기가 어떤 그룹에 속하는지를 알지 못했던
belonged / **studied** the babies / as they ate cereal / **mixed** with
아기들을 살펴보았다   시리얼을 먹고 있는   당근 주스에 섞은
carrot juice.

○ 관계대명사 who는 주어인 An observer를 수식하고 which는 의문형용사로 사용되었으며 문장의 동사는 studied이다. mixed 이하는 과거분사구로 앞의 명사 cereal을 수식한다.

[10~12]

해석

핵심내용: 호기심과 앎에 대한 욕구가 인간다움과 문명의 바탕이 된다.

<u>호기심</u>은 생명체의 핵심적 특성이다. 인간을 포함한 동물들은 어디에서 먹을 것을 찾아야 하는지, 어떻게 포식자를 피해야 하는지, 어디에서 짝을 찾아야 하는지 등 그들에게 유용한 것과 그들의 생존을 위해서 필요한 것을 모르고서는 살아갈 수 없다. 그러나, 우리는 개인적인 욕구를 훨씬 넘어서 지식을 갈망하기 때문에 인류는 다른 동물들과는 다르다. 우리는 주변을 둘러보고 궁금해한다. 우리는 우리 주변에 대해서 그리고 가까운 곳과 먼 곳에서 관찰한 것에 대해서 궁금해하고 그것을 모두 이해하고 싶어 한다. 사실, 우리는 미지의 것을 두려워한다. 이러한 궁금증과 이해하고 싶은 욕망은 우리를 인간답게 할 뿐만 아니라, 문명의 초석을 이루는 것 중 하나이다.

10

인류는 개인적인 욕구를 넘어서 지식을 갈망하는 것이 동물과는 다른 것이라고 설명하고 있으므로 생명체의 핵심적 특징은 '호기심 (curiosity)'이라고 볼 수 있다.

11

먼저 주어와 동사에 해당하는 부분을 찾는다. '우리는 지식을 갈망한다'에 해당하는 부분인 We thirst for knowledge를 배열한 후, knowledge를 수식하는 역할을 하는 주격관계대명사 that 절을 연결한다.

힌트 우리는 지식을 갈망한다 / 이르는 / 개인적인 욕구를 훨씬 넘어서

정답 we thirst for knowledge / that reaches / far beyond our personal needs

어휘 thirst for ~을 갈망하다

12

not only 부정어구가 문두에 나오면 ⟨조동사+S+V⟩로 도치가 일어난다. 따라서 makes를 대신하여 조동사 does가 쓰이고, ⟨S+V⟩가 온다. 이때 does에 시제가 드러나 있으므로 동사는 원형인 make로 써야 하는 것에 주의한다.

구문 분석

[1행] Animals including humans / cannot live **without** knowing /
인간을 포함한 동물들은   모르고서는 살아갈 수 없다
what is useful to them / and what is needed for their survival:
그들에게 유용한 것과   그리고 그들의 생존을 위해서 필요한 것을
where to find food, / **how to** avoid predators, / **where to** find
어디에서 먹을 것을 찾아야 하는지, 어떻게 포식자를 피해야 하는지,   어디에서 짝을 찾아야
mates, etc.
하는지 등등

○ 전치사 without의 목적어로 knowing이라는 동명사가 왔다. 그 뒤 간접의문문인 what is ~ survival이 knowing의 목적어로 왔다. 뒤에서 '어디서(어떻게) ~할지'라는 의미의 ⟨의문사+to부정사⟩가 병렬구조를 이루고 있는데, ⟨의문사+to부정사⟩는 ⟨의문사+S+should+v⟩으로 바꿔 쓸 수 있다.

1 (R)eading, (S)creen
2 (a) comparing → compared
3 it may not help you understand and digest what you're reading at your own appropriate pace
4 When human beings take in excess energy in the form of food at a given meal or snack
5 this mechanism doesn't seem to be
6 (g)aining (w)eight
7 (a) complexity (b) unlikely (c) common
8 the greater, the less critically important
9 (d)iversity
10 (d) bought → buying
11 to find a temporary solution to begin with
12 (B) parents (C) temporary solutions

[1~3]
해석
핵심내용: 컴퓨터 화면으로 읽는 것은 그다지 효과적이지 않다.

Oslo 대학교의 Anne Mangen은 종이로 읽는 독자들과 비교해서 컴퓨터 화면으로 읽는 독자들의 수행 능력에 관해 연구했다. 그녀의 연구는 컴퓨터 화면으로 읽는 것이 훑어보기부터 간단한 단어 찾기까지 다양한 전략들을 포함한다는 것을 보여주었다. 똑같은 텍스트를 종이로 읽는 것과는 대조적으로 그러한 여러 다른 전략들은 함께 독해력을 더 떨어지게 한다. 게다가, 하이퍼텍스트라는 화면의 부가적인 특징이 있다. 무엇보다, 하이퍼텍스트 연결은 여러분 스스로가 만든 것이 아니라서, 여러분 자신의 고유한 개념적 틀 속에 반드시 자리잡고 있는 것은 아닐 것이다. 그러므로, 그것은 자신에게 맞는 속도로 여러분이 읽고 있는 것을 이해하고 소화하는 데 도움이 되지 않을 수도 있고, 심지어 여러분을 산만하게 만들 수도 있다.

1
종이로 읽는 독자와 화면으로 읽는 독자에 대해 연구하였고, 그 결과 화면으로 읽게 되면 그다지 효과적이지 않다는 내용의 글이다. 따라서 The Inefficiency of Reading on the Screen(화면으로 읽는 것의 비효율성)이 제목으로 적절하다.

2
(a) 〈compare A to B〉 구문에서 A가 readers of a computer screen(컴퓨터 화면으로 읽는 독자들)로 목적어 자리에서 compare 앞으로 이동했으므로 과거분사 compared가 적절하다.

(b) that절의 주어가 동명사 reading이므로 단수 동사인 involves는 적절하다.

(c) in contrast to는 '~와 대조적으로'라는 의미로, to가 전치사로 사용되었으므로 동명사인 reading은 적절하다.

(d) 앞에 선행사 one이 있고 made 뒤의 목적어 자리가 비어 있기 때문에 목적격 관계대명사인 that은 적절하다.

(e) 주어와 목적어가 you로 일치하므로 재귀대명사 yourself는 적절하며, 이때 yourself는 생략이 가능하다.

3
준사역동사 help는 목적보어 자리에 to부정사나 동사원형이 올 수 있으므로, understand and digest가 왔으며, 관계대명사 what이 understand와 digest의 목적절을 이끌고 있다.

힌트 그것은 여러분에게 도움이 되지 않을 수도 있다 / 이해하고 소화하는 데 / 여러분이 읽고 있는 것을 / 여러분 자신에게 맞는 속도로

정답 it may not help you / understand and digest / what you're reading / at your own appropriate pace

구문 분석

[6행] Above all, / a hypertext connection / is not one that you
무엇보다도   하이퍼텍스트 연결은   여러분 스스로가 만든 것이 아니다
have made **yourself**, / and it will **not necessarily** have a place /
                            그리고 반드시 자리잡고 있는 것은 아닐 것이다
in your own unique conceptual framework.
여러분 자신의 고유한 개념적 틀 속에

○ yourself는 재귀대명사의 강조 용법으로 사용되어 생략할 수 있고, not necessarily는 '반드시 ~인 것은 아니다'라는 의미의 부분부정으로 쓰였다.

[4~6]
해석
핵심내용: 음료 섭취를 통한 체중 증가

인간이 정해진 식사나 간식에서 음식의 형태로 초과된 에너지를 섭취할 때, 추가된 열량은 다음 식사나 간식 시간에 배고픔을 줄여 주는 경향이 있다. 그러나 이러한 작동 방식은 칼로리가 액체의 형태로 초과 섭취되면 제기능을 충분히 발휘하지 않는 것처럼 보인다. 예를 들어, 만약 여러분이 샌드위치를 먹어서 하루에 200칼로리를 추가로 섭취하기 시작하면, 다음 식사 시간이나 일과 중에 그와 똑같은 양만큼 칼로리 섭취를 줄이는 경향이 있다. 반면에, 여러분이 청량음료를 마셔서 200칼로리를 추가로 섭취하면, 여러분의 신체가 그와 똑같은 방식으로 작동하지 않게 될 것이며, 아마 일일 칼로리 섭취를 전혀 줄이지 못하게 될 것이다. 결국, 여러분은 체중이 늘게 될 것이다.

4
take in은 '섭취하다', in the form of는 '~의 형태로'라는 뜻을 가지

고 있다.

힌트 인간이 초과된 에너지를 섭취할 때 / 음식의 형태로 / 정해진 식사나 간식에서

정답 When human beings take in excess energy / in the form of food / at a given meal or snack

5

〈It seems[seemed] that+S+V〉에서 that절 뒤의 S가 가주어 It의 자리로 이동하면 문장의 접속사가 없어지고 뒤의 V는 to부정사의 형태로 바뀌어 〈S+seem(s)[seemed]+to-v〉의 단문으로 전환할 수 있다.

6

음료를 통해 초과 섭취된 칼로리는 체중을 늘릴 수 있다(gaining weight)는 내용의 글이다. '결국 ~하게 되다'라는 의미의 end up 다음에는 동명사가 와야 한다.

구문 분석

[6행] On the other hand, / if you take in an extra 200 calories / **by drinking** a soft drink, / your body won't activate the same mechanism, / and you probably won't **end up reducing** / your daily caloric intake / at all.
반면에 / 여러분이 200칼로리를 추가로 섭취하면 / 청량음료를 마셔서 / 여러분의 신체가 그와 똑같은 방식으로 작동하지 않게 될 것이며 / 그리고 아마 여러분은 줄이지 못하게 될 것이다 / 일일 칼로리 섭취를 / 전혀

○ on the other hand: 반면에

○ by+-ing: ~함으로써

○ end up+-ing: 결국 ~하게 되다

[7~9]

해석

핵심내용: 종의 풍부도에 따라 군집의 안정성에 영향을 준다.

전통적으로, 대부분의 생태학자는 한 군집이 환경 교란에 견디는 능력인 군집의 안정성이 군집 복잡성의 결과라고 추정했다. 즉, 종의 풍부도가 높은 군집이 종의 풍부도가 덜한 군집보다 더 잘 기능하고 더 안정적일 수 있다. 이 관점에 의하면, 종의 풍부도가 높을수록, 어떤 하나의 종은 덜 결정적으로 중요하게 될 것이다. 군집 내 있을 수 있는 많은 상호작용으로, 어떤 단 하나의 교란이 체계의 많은 구성 요소에 영향을 미쳐 그 체계의 기능에서 중대한 차이를 가져올 수 있을 것 같지는 않다. 이 가설의 증거는 파괴적인 해충의 발생이 종의 풍부도가 높은 자연 군집에서보다 다양성이 낮은 군집인 경작지에서 더 흔하다는 사실을 포함한다.

7

(a) 바로 뒤 문장에서 '종의 풍부도가 높은 군집이 더 잘 기능하고 안정적'이라고 언급하고 있으므로 '복잡함'을 뜻하는 complexity가 적

절하다. simplicity: 단순성

(b) 군집이 복잡할수록 안정성이 높아진다고 했으므로 '단 하나의 교란이 중대한 차이를 가져올 수 있을 것 같지는 않다'는 문맥으로 '~일 것 같지 않은'이라는 의미의 unlikely가 적절하다. likely: ~일 것 같은

(c) '파괴적인 해충의 발생이 다양성이 낮은 군집인 경작지에서 더 흔하다'는 문맥으로 이어져야 하므로, '흔한'이라는 의미의 common 이 적절하다. uncommon: 흔하지 않은

8

〈the+비교급 ~, the+비교급 …〉 구문은 '~하면 할수록, 더욱 더 …하다'라는 의미를 나타낸다. 각각 great와 little의 비교급인 greater 와 less를 이용한다. '결정적으로 중요한'이라는 뜻을 나타내려면 important를 수식할 수 있도록 critical을 부사인 critically로 고쳐야 한다.

9

군집이 복잡할수록 안정성이 높아진다는 내용이다. greater species richness와 비교되고 있으므로 species richness의 의미를 대신할 수 있는 d로 시작되는 단어여야 한다. 영영 뜻 풀이를 보면, '다른 요소들로 이루어져 있는 상태'를 뜻하므로 diversity가 적절하다.

구문 분석

[6행] With many possible interactions within the community, / **it** is unlikely / **that** any single disturbance / could affect **enough** components of the system / to make a significant difference / in its functioning.
군집 내 있을 수 있는 많은 상호작용으로 / ~할 것 같지는 않다 / 어떤 단 하나의 교란이 / 체계의 많은 구성 요소에 영향을 미쳐 / 중대한 차이를 가져올 / 그 체계의 기능에서

○ it은 가주어이고, that이하는 진주어이다. enough는 형용사로 명사인 components를 수식하며, 형용사나 부사를 수식할 때는 뒤에서 수식한다.

[10~12]

해석

핵심내용: 임시방편을 통해 현명한 결정을 할 시간을 확보하라.

만약 시간 제한이 없을 경우 자신이 반응할 것과는 다르게 반응하고 있는 자신을 발견할 때마다, 여러분은 절박한 마음으로 행동을 하고 있는 것이며 사람들을 분명하게 이해하지 못할 것이다. 앞으로 나아가기 전에 멈춰서 대안적인 행동 방침을 고려해 봐라. 우선적으로 임시방편을 찾고, 영구적인 방편은 나중에 결정하는 것이 종종 최선이 된다. 아이를 돌볼 사람을 급하게 찾고 있는 부모는 그들이 영구적인 도움을 찾을 수 있는 시간을 벌면서 한두 주 동안 도와달라고 친구나 가족을 설득하는 데 즉각적인 노력을 기울일 수 있다. 그들이 그럴 여유가 된다면, 그들은 한동안 전문 보모를 고용할 수 있다. 임시방편은 단기적으로는 더 비싸고 불편할지도 모르지만, 그것들

을 당신의 장기적인 선택에 관한 현명한 결정을 하는 데 필요한 시간을 가져다줄 것이다.

10

(d) 문장의 동사는 could put으로, 접속사 없이 두 개의 문장이 연결될 수 없으므로 분사구문으로 고쳐야 한다. 이때 buy는 뒤에 them이라는 목적어가 있으므로 현재분사 buying으로 고쳐야 한다.

(a) 5형식 동사인 find는 목적보어 자리에 형용사와 분사를 취할 수 있고, yourself와 능동 관계이므로 현재분사인 reacting은 적절하다.
(b) 가정법 과거 구문이므로 과거동사 had는 적절하며, 가정법 과거는 현재 사실의 반대를 가정한다.
(c) urgently ~ care가 주어인 The parents를 수식하는 구조이므로 능동 의미의 현재분사 seeking은 적절하다.
(e) to make는 형용사적 용법으로 사용되었으며 the time을 수식하고 있다. you need는 목적격 관계대명사가 생략된 형태로 the time을 수식한다.

11

〈가주어(It)-진주어(to find)〉 구문으로 to begin with는 '우선적으로'라는 의미의 독립부정사로 문두나 문미에 온다.
힌트 임시방편을 찾는다 / 우선적으로
정답 to find a temporary solution / to begin with

12

(B) 부모(parents)가 영구적인 도움을 찾을 수 있는 시간을 벌 수 있다.
(C) 임시방편들이 단기적으로 불편할지도 모르지만, 그것들(temporary solutions)이 장기적인 선택에 관한 현명한 결정을 하는 데 필요한 시간을 가져다줄 것이다.

구문 분석

[5행] **The parents** urgently seeking child care / could **put** their
아이를 돌볼 사람을 급하게 찾고 있는 부모는   즉각적인 노력을 기울일 수 있다.
immediate efforts / **into convincing** a friend or family member /
친구나 가족을 설득하는 데
to help out for a week or two, / **buying** them time / to look for
한두 주 동안 도와달라고   시간을 벌면서   영구적인 도움을 찾을 수 있는
permanent help.
○ 주어인 The parents는 seeking child care의 수식을 받고 있다. 〈put A into B〉는 'A를 B에 넣다, A를 B에 쏟다'의 의미이다. 〈convince+O+to-v〉는 '~가 …하도록 설득하다'라고 해석 할 수 있다. 분사구문으로 사용된 buying의 행위 주체는 a friend or family member이다.

Mini Test **09회**

1 (p)ast
2 It is surprising how often people depend on this kind of nonsense.
3 (1) 과거의 원인 (2) 목적
4 dental, not
5 Their meals would have required far more chewing than is ever demanded of a modern child.
6 a jaw structure of a certain size and shape
7 The process of job advancement in the field of sports is often said to be shaped like a pyramid.
8 are many jobs with high school athletic teams
9 (c) paid → are paid
10 Controlling Our Urges
11 working memory where we 'store' the seven or two numbers and self-control are both located in the same part of our brain
12 (④) were → did
   (⑤) took → were taken

[1~3]

해석
핵심내용: 이유에 관한 두 가지 의미

사람들은 종종 '모든 일은 이유가 있어서 일어난다.'라고 말한다. 어떤 면에서 이 말은 사실이다. 모든 일은 '분명히' 이유가 있어 일어난다. 이 말은, 사건에는 원인이 있고, 그 원인은 항상 그 사건이 일어나기 전에 온다는 것을 의미한다. 쓰나미는 해저 지진 때문에 발생하고, 지진은 지각 변동 때문에 발생한다. 그것이 '모든 일은 이유가 있어서 일어난다'의 진정한 의미이고, 여기서 '이유'란 '과거의 원인'을 의미한다. 그러나 사람들은 때때로 '목적'과 같은 것을 의미하기 위해 이유를 다른 의미로 사용한다. 그들은 '쓰나미가 일어난 이유는 우리의 과오를 벌하려는 것이었다.'라는 식의 말을 할 것이다. 사람들이 이런 형태의 터무니없는 말에 얼마나 자주 의존하는지 알면 놀라운 일이다.

1

사건에는 원인(cause)이 있고, 그 원인은 항상 그 사건이 일어나기 전에(before the event) 온다고 했으므로, before the event를 의미하는 past(과거의)가 적절하다.

2

가주어 It과 how로 시작하는 의문사절을 진주어로 사용한다. 보어

정답과 해설 · **037**

자리의 surprise는 주어와의 관계가 능동이므로 surprising으로 써야 한다. how는 의문부사로 often과 함께 쓰이고 간접의문문의 어순인 〈의문사구(의문부사+부사)+S+V〉로 쓴다.

힌트 놀라운 일이다 / 사람들이 얼마나 자주 의존하는지 / 이런 형태의 터무니없는 말에

정답 It is surprising / how often people depend on / this kind of nonsense.

어휘 depend on ~에 의존(의지)하다 nonsense 터무니없는 말

3

(1) 과거의 원인(past cause): 쓰나미는 해저 지진 때문에, 지진은 지각 변동 때문에 발생한다는 예시를 통해, 과거의 원인(past cause)은 어떤 일이 일어난 이유를 나타낸다고 설명하고 있다.

(2) 목적(purpose): 쓰나미가 일어난 이유는 우리의 과오를 벌하려는 것이었다고 말하며, 목적을 의미하기 위해 이유를 다른 의미로 사용한다고 설명하고 있다.

구문 분석

[2행] Everything *does* happen / for a reason — / **which** is to
모든 일은 '분명히' 일어난다   이유가 있어서   이 말은 의미한다
say that / events have causes, / and the cause always comes /
        사건에는 원인이 있다   그리고 그 원인은 항상 온다
before the event.
사건이 일어나기 전에

○ does는 happen을 강조하는 강조 용법으로 사용되었으며, which는 앞 문장 전체를 선행사로 하여 계속적 용법으로 사용되었다.

[6행] But people sometimes use reason / in a different sense /
      그러나 사람들은 때때로 이유를 사용한다   다른 의미로
to mean something like 'purpose.'
'목적'과 같은 것을 의미하기 위해

○ to mean은 부사적 용법 중 '목적'으로 사용되어 '~하기 위해서'라고 해석한다.

[4~6]

해석

핵심내용: 충분히 씹지 않아서 생긴 현대의 치아 문제

석기 시대의 열 살 된 그 어떤 아이도 현대의 감자 칩, 햄버거, 그리고 파스타와 같이 부드러운 음식을 먹고 살지는 않았을 것이다. 그들의 식사는 현대의 아이에게 요구되는 것보다 훨씬 더 많은 씹기가 필요했을 것이다. 현대 생활에서 어린 시절의 불충분한 턱 근육의 사용이 발육 불량과 더 약하고 더 작은 뼈 구조를 생기게 할지도 모른다. 인간의 치아의 성장은 일정한 크기와 모양의 턱 구조를 필요로 하는데, 그것은 발육 기간 동안 사용이 부적절하면 생성되지 않을지도 모른다. 몰려서 나고 잘못된 자리에 난 앞니와 불완전한 사랑니는 문명의 질병일지도 모른다. 만약 아이들을 위해 더 많은 씹기가 권장된다면 아마도 많은 치아 문제들이 예방될 것이다.

4

석기 시대와 현대를 비교해서 충분히 씹지 않아서(not chewing enough) 생긴 현대의 치아(dental)의 문제점을 설명하고 있는 글이다.

→ 충분히 씹지 <u>않아(not)</u> 생긴 현대의 <u>치아(dental)</u>의 문제점

5

비교급 〈more ~ than〉 구문이고, far는 비교급을 강조하는 부사로 쓰였다.

힌트 그들의 식사는 필요했을 것이다 / 훨씬 더 많은 씹기가 / 요구되는 것보다 / 현대의 아이에게

정답 Their meals would have required / far more chewing / than is ever demanded / of a modern child.

어휘 chew 씹다

6

인간의 치아 성장은 일정한 크기와 모양의 턱 구조(a jaw structure of a certain size and shape)를 필요로 하는데, 그것(one)은 발육 기간 동안 사용이 부적절하면 생성되지 않을지도 모른다는 내용이므로, one은 앞의 a jaw structure of a size and shape를 지칭한다.

구문 분석

[8행] Perhaps many dental problems **would be** prevented / **if**
아마도 많은 치아 문제들이 예방될 것이다
more biting **were** encouraged for children.
만약 아이들을 위해 더 많은 씹기가 권장된다면

○ 가정법 과거: S+조동사 과거형+동사원형~, if+S+동사의 과거형 / were

[7~9]

해석

핵심내용: 스포츠 분야에서 직업 상승의 과정은 피라미드 모형을 취한다.

스포츠 분야에서 직업 상승의 과정은 피라미드 모양이라고 종종 말해진다. 즉, 넓은 하단부에는 고등학교 체육팀과 관련된 많은 직업들이 있는 반면에, 좁은 꼭대기에는 전문적인 조직과 관련된, 사람들이 몹시 갈망하는 매우 적은 수의 직업들이 있다. 그래서 전적으로 많은 스포츠 관련 직업들이 있지만, 사람들은 올라갈수록 경쟁이 점점 더 치열해진다. 다양한 직종의 임금이 이러한 피라미드 모형을 반영하고 있다. 예를 들어, 고등학교 축구 코치들은 전형적으로 그들의 방과 후 일에 대해 약간의 추가 수당을 지급받는 교사들이다. 하지만 큰 대학의 동일한 스포츠 코치들은 일 년에 백만 달러 이상의 돈을 벌 수 있는데, 이는 대학 총장의 임금을 비교적 작아 보이게 한다. 한 단계 위로 올라간 것이 전미 미식축구 연맹인데, 그곳에서 감독들은 돈을 가장 잘 버는 대학의 감독들보다 몇 배를 더 벌 수 있다.

7

절의 수동태 문장인 〈It is〔was〕+p.p.+that+S+V〉에서 that절 뒤의 S가 가주어 It의 자리로 이동하면 문장의 접속사(that)가 없어지고 뒤의 V는 to부정사의 형태로 바뀌어 〈S+be+p.p.+to-v〉의 단문으로 전환된다.

8

〈전치사+장소 명사〉 구문이 문두에 나와 뒤 문장이 〈V+S〉의 어순으로 도치가 이루어졌다.

힌트 (넓은 하단부에는) 많은 직업들이 있다 / 고등학교 체육팀과 관련된

정답 (at the wide base) are many jobs / with high school athletic teams

9

(c) 수당을 '지급받는' 교사들이라는 의미이므로 수동태인 are paid로 고쳐야 한다.

(a) a few, few는 가산명사의 복수형과 함께 쓰이며, 뒤에 jobs가 나왔으므로 적절하다.

(b) increasingly는 뒤에 나온 주격보어 형용사인 tough를 수식하기 위한 부사로 적절하다.

(d) cause는 목적보어 자리에 to부정사를 취하는 동사이므로 적절하다.

(e) 뒤에 〈S+V+O〉의 완전한 문장이 왔기 때문에 관계부사 where의 쓰임은 적절하다.

구문 분석

[10행] One degree higher up is / the National Football League, /
한 단계 위로 올라간 것이 ~이다   전미 미식축구 연맹
where head coaches can earn / **many times more** / **than** their
그곳에서 감독들은 더 벌 수 있다   몇 배는 더
best-paid campus counterparts.
돈을 가장 잘 버는 대학의 감독들보다

○ where은 계속적 용법의 관계부사로 '그런데 그곳에서는'의 의미이다. 배수사(many times)는 비교급이나 〈as 원급 as〉 앞에 사용한다.

[10~12]

해석

핵심내용: 인지 부하가 높으면 충동을 통제하는 것이 어려워진다.

신경경제학 분야에서 전문가로서, Baba Shiv는 (머릿속에 기억해야 할 많은 것이 있는) '인지 부하'가 아마도 자제력에 영향을 줄 수 있을 것이라고 생각했다. 그는 절반의 지원자들에게 (낮은 인지 부하를 나타내는) 기억해야 할 두 자리 숫자를 제시했고, 나머지 절반에게는 (높은 부하의) 일곱 자리 숫자를 제시했다. 그러고 나서 지원자들은 건물의 다른 방으로 건너갈 것과 도중에 초콜릿 케이크(고지방의 달콤한 음식) 또는 과일 샐러드(저지방의 영양가 있는 음식) 중에서 선택을 해야만 하는 테이블을 지나가도록 지시받았다. 낮은 부하 상태의 사람들은 단지 37%가 케이크를 선택한 반면, 높은 부하 상태의 사람들 중에는 59%가 케이크를 선택했다. Shiv는 일곱 자리 숫자를 기억하는 것은 어딘가에서 나와야 하는 인지적 자원을 필요로 했고, 이 경우에는 우리의 충동을 통제하는 능력으로부터 가져왔다고 생각한다! 해부학적으로 이러한 생각은 우리가 일곱 자리 또는 두 자리 숫자를 '저장하는' 작업 기억과 자제력이 모두 우리 뇌의 같은 부분에 위치해 있기 때문에 이치에 맞는다. 그러한 경우 우리는 '음 맛있겠군! 초콜릿 케이크 주세요.'와 같은 좀 더 충동적인 감정들에 의지해야만 하는 것이다.

10

인지 부하가 높으면 충동을 억제하는 것이 어렵다는 내용의 글이므로 What Keeps Us from Controlling Our Urges(무엇이 우리의 충동을 통제하는 것을 막는가?)가 제목으로 적절하다. 〈keep+O+from -ing〉는 'O가 ~하는 것을 막다'의 의미이다.

11

두 문장에서 공통되는 어구인 working memory를 선행사로 하고 관계부사 where를 사용하여 한 문장으로 바꾼다.

→ working memory [**which** we 'store' the seven or two numbers **in**] and self-control are both located in the same part of our brain (*which〔that〕은 생략 가능)

→ working memory [**in which** we 'store' the seven or two numbers] and self-control are both located in the same part of our brain

→ working memory [**where** we 'store' the seven or two numbers] and self-control are both located in the same part of our brain (*where〔that〕은 생략 가능)

이때 working memory ~ and self-control이 주어이므로 복수동사 are가 사용되었고 located와 함께 수동태 문장으로 쓰는 것에 유의한다.

12

④ 문맥상 앞에 있는 opted가 반복되므로, 이를 대신하는 대동사인 did가 적절하다. 대동사는 앞에 동사의 반복을 피하기 위해 사용하는데, 조동사나 be동사는 그대로 사용하고, 일반동사는 do동사로 바꿔 사용한다.

⑤ 주격 관계대명사인 that이 이끄는 절이 선행사 cognitive resources를 수식하고 있는 구조이다. cognitive resources(인지적 자원)과 took의 관계는 능동이 아닌, '~로부터 가져왔다'라는 의미

의 수동으로 쓰여야 하고, had와 병렬구조를 이뤄야 하므로 were taken으로 고쳐야 한다.

① half는 '~의 절반'이라는 의미로, '~의 절반'을 표현할 때는 〈half+명사〉나 〈half of+the 명사〉로 표현한다. 따라서 half his volunteers는 적절하다.
② 낮은 부하 상태의 사람들과 높은 부하 상태의 사람들로 나눴기 때문에 두 집단 중 나머지 하나를 나타내는 the other는 적절하다.
③ were told에 이어지는 to walk와 병렬구조를 이루고 있으므로 (to) pass는 적절하다.

구문 분석

[15행] The brain cells / **that** would normally be helping / us make healthy food choices / were otherwise engaged in remembering seven numbers.
뇌 세포들이 / 보통은 선택하도록 도와주었을 / 우리가 건강에 좋은 음식을 / 여느 때와 다르게 일곱 자리 숫자를 기억하는 데 관여했던 것이다

○ 주격 관계대명사 that이 이끄는 절이 주어인 The brain cells를 수식하고 있으며, 본동사는 수동태인 were (otherwise) engaged이다.

1 There has been a huge rise in popularity of male grooming products.
2 (a)ppearance
3 blond hair, to provide
4 the boy asked his father to let him carry a heavy backpack the way the "big people" do
5 heavy that he could not carry it
6 (a) limitations (b) experience
7 it is not only within the goods market that a lack of competition is able to push prices up
8 (M)onopoly
9 (전문직으로 진입하기 위한) 오랜 시간의 교육과 훈련
10 The more times you're exposed to something, the more you like it
11 (f)amiliarity
12 사람들이 광고 대상을 좋아하게 만드는 것

[1~3]

해석

핵심내용: 남성들이 몸단장하는 이유는 외모가 사회적 성공의 중요한 요소이기 때문이다.

남성 몸단장 제품의 인기가 크게 상승해 오고 있다. 전 세계의 남성들은 화장품에서 성형 수술에 이르는 모든 것에 수십억 달러의 돈을 쓰고 있다. 남성들이 몸단장하는 이유에 관해, 전문가들은 남성들이 그들의 외모를 사회적 성공의 중요한 요소로 간주해서라고 말한다. 나아가 전문가들은 다양한 나라에서의 그러한 사례들을 남성들의 몸단장 역사에서 찾아보았다. 예를 들면, 금발로 머리카락을 염색하는 것은 고대 로마 남성들 사이에서는 흔한 관행이었는데, 이는 (그들이) 금발이 더 젊어 보이게 한다고 믿었기 때문이었다. 마찬가지로, 고대 이집트 남성들은 정기적으로 몸의 털을 깎았고 피부에 다양한 화장품을 발랐다. 우리는 과거에 남성들에게 외모가 중요했으며 현재의 남성들에게도 확실히 그렇다고 말할 수 있다.

1

There has been은 '~해 오고 있다'라는 의미로, 뒤에 문장의 주어가 오며, 단수 주어인 a huge rise가 와서 단수형 has를 썼다.
[힌트] 큰 상승이 있어 왔다 / ~의 인기에 있어서 / 남성 몸단장 제품
[정답] There has been a huge rise / in popularity of / male grooming products.

2

남성들이 화장품에서 성형 수술까지 돈을 쓰고 있다는 내용으로 보아 외모(appearance)를 사회적 성공의 중요한 요소로 간주한다는 것을 알 수 있다.

3

절의 수동태 문장인 〈it is(was) p.p. +that+S+V〉에서 that절 뒤의 S가 가주어 it 자리로 이동하면 문장의 접속사 that이 없어지고 뒤의 V는 to부정사의 형태로 바뀌어 〈S+be+p.p. +to-v〉의 단문으로 전환할 수 있다.

구문 분석

[9행] We could say / appearance was important to men in the
우리는 말할 수 있다   과거에 남성들에게 외모가 중요했다
past / and it certainly is to men in the present.
그리고 현재의 남성들에게도 확실히 그렇다

○ We could say와 appearance 사이에는 명사절을 이끄는 접속사 that이 생략되었고, it certainly is 뒤에는 앞에 나와 있는 important가 생략되었다.

[4~6]

해석

핵심내용: 자녀에게 경험을 통해 한계를 알려주기

때로 아이들은 그들이 할 수 있는 것보다 더 하고 싶어 할 수도 있다. 예를 들어, 5살 난 우리 친구 아들이 아버지와 함께 산행을 갔다. 어느 시점에 그 아이가 아버지에게 '어른들'이 하는 것처럼 무거운 배낭을 메게 해 달라고 요청했다. 말없이, 아버지는 그의 배낭을 벗어 아들에게 건네주었고, 아들은 곧 그 가방이 자기가 메기에는 너무 무겁다는 것을 알았다. 아들은 천진난만하게 "아빠, 가방이 제겐 너무 무거워요."라고 외쳤다. 그런 후에 그는 산길을 행복하게 올라갔다. 안전한 방법으로 그 아버지는 아들이 정말로 너무 작다는 것을 (아들이) 스스로 경험을 통해 알 수 있도록 해 주었다. 그는 또한 아들과 있을 수 있는 논쟁도 피했다.

4

〈ask+O+to-v〉 구문은 '~가 …하도록 요청하다', 〈let+O+v〉은 '~가 …하게 해 주다'라는 의미를 나타낸다. the way 뒤에 관계부사 how가 생략된 형태로 the way와 how는 함께 쓸 수 없으며, 뒤에 완전한 문장이 와야 한다.

힌트 그 아이가 아버지에게 요청했다 / 무거운 배낭을 메게 해 달라고 / '어른들'이 하는 것처럼

정답 the boy asked his father / to let him carry a heavy backpack / the way the "big people" do

5

〈too+형용사/부사의 원급+(for+O: 의미상 S)+to-v〉 구문은 '너무나 ~해서 …할 수 없다'는 의미로 〈so+형용사/부사의 원급+that+의미상 S+can't(couldn't)+동사원형〉으로 바꿔 쓸 수 있다. 이때, 의미상 주어가 주절의 주어가 될 때 동사 뒤에 목적어를 써 주어야 한다.

6

→ 갈등 없이 아이들이 자신들의 한계(limitations)를 알게 하는 한 가지 방법은 경험(experience)을 통해서이다.

구문 분석

[7행] In a safe way / the father had **allowed** his son **to discover**
안전한 방법으로   그 아버지는 아들이 경험을 통해 발견할 수 있도록 했다
experientially / **that** he was, indeed, too small.
                그가 정말로 너무 작다는 것을

○ allow는 목적보어 자리에 to부정사를 취하고, that은 discover의 목적절을 이끄는 접속사이다.

[7~9]

해석

핵심내용: 노동 시장에서의 독점 효과

영국의 정치 과학자 John Stuart Mill은 경쟁 부족이 가격 상승을 유발하는 유일한 곳이 재화 시장만은 아니라는 것을 깨달았다. 독점 효과는 노동 시장에서도 나타날 수 있다. 그는 금 세공업자의 사례를 지적했는데, 그들은 유사한 기술을 갖고 있는 노동자들보다 훨씬 더 많은 임금을 받았다. 왜냐하면 그들은 신뢰할 만한 사람으로 여겨졌기 때문인데, (이것은) 드물고 쉽게 증명될 수 없는 특성이다. 이것은 상당한 진입 장벽을 만들어서 금을 다루는 장인들은 그들의 수고에 대한 독점적인 가격을 요구할 수 있었다. Mill은 금 세공업자의 사례만이 유일한 것이 아님을 깨달았다. 그는 상당 부분의 노동자 계층이 전문직으로 진입하는 것이 제한되어 있다는 것에 주목했는데, 왜냐하면 그것들은 오랜 시간의 교육과 훈련을 수반하기 때문이었다. 이러한 과정을 통해 누군가를 뒷바라지 하는 비용은 대부분의 가정에는 감당하기 힘들어서, 그럴 여력이 있는 사람들만이 예상되는 것보다 훨씬 더 많은 임금을 누릴 수 있었다.

7

〈it is(was) ~ that …〉 강조구문은 be동사와 that 사이에 강조할 어휘나 어구를 넣으면 된다. 이 문장에서는 부사구 not only within the goods market이 강조되고 있다.

힌트 재화 시장만은 유일한 곳은 아니다 / 경쟁 부족이 / 가격 상승을 유발하는

정답 it is not only within the goods market / that a lack of competition / is able to push prices up

8

노동 시장에서 일어날 수 있는 빈칸의 효과를 금 세공업자의 사례를 통해, 독점적인 가격 요구와 전문직으로 진입하는 것에 대한 제한 그리고 이 과정을 뒷바라지 하는 비용이 대부분의 가정에서는 부담하기 힘들다는 것으로 보아, 독점(monopoly) 효과가 노동 시장에서도 나타날 수 있다는 것을 알 수 있다.

9

this process는 앞 문장의 many years of education and training, 즉 전문직으로 진입하기 위한 '오랜 시간의 교육과 훈련'을 의미한다.

구문 분석

[6행] This created a significant barrier to entry / **so that those**
이것은 상당한 진입 장벽을 만들어서　　　　　　　　　　　금을 다루는 장인들은
working with gold / could demand / a monopoly price / for
　　　　　　　　　요구할 수 있었다　　　독점적인 가격을
their services.
그들의 수고[서비스]에 대한

○ working with gold는 앞의 those를 수식하고 있는 현재분사구이고, those는 여기서 goldsmiths(금 세공업자들)를 지칭한다.

[10~12]

해석

핵심내용: 광고의 단순 노출 효과

사람들은 주로 설득을 깊은 사고 과정이라고 생각하지만, 그것은 실제로 얕은 사고 과정으로 행동에 영향을 주는 보다 흔한 방법이다. 예를 들어, Facebook은 사용자들의 웹 페이지 중간에 광고를 넣기 시작했다. 많은 사용자들이 이 변화를 싫어했고, 기본적으로 광고를 클릭하기를 거부했다. 그러나, 이러한 접근은 광고 이면에 있는 심리에 대한 기본적인 오해를 보여준다. 사실 Facebook은 아무도 그 광고를 클릭할 거라고 결코 기대하지 않았다. 회사가 원하는 것은 단지 당신을 그 상품의 브랜드와 이미지에 노출시키는 것뿐이다. 일반적으로, 당신이 무언가에 더 많이 노출될수록, 당신은 그것을 더 많이 좋아한다. 모든 사람들은 이미지의 친숙함에 영향을 받는다. 그래서, 당신이 그 광고를 무시하더라도, 단순히 당신의 눈앞에 있음으로 해서 그 광고는 제 역할을 하고 있는 것이다.

10

〈the+비교급 ~, the+비교급 …〉 구문은 '~하면 할수록, 더욱 더 …하다'라는 의미를 나타내는 표현이다.

힌트 더 많이(더 자주) / 당신이 무언가에 노출될수록 / (일반적으로) / 더 많이 / 당신은 그것을 좋아한다

정답 The more times / you're exposed to something, / (in general,) / the more / you like it.

11

모든 사람들은 광고에 단순 노출 됨으로써 이미지의 친숙함(familiarity)에 영향을 받게 된다는 내용이다.

12

their는 Facebook의 the ads(광고들)를 지칭한다. their work(광고의 역할)는 결국 사람들을 광고에 자주 노출시켜 '사람들이 광고 대상을 좋아하게 만드는 것'을 의미한다.

구문 분석

[10행] So, / **even though** you can ignore the ads, / **by** simply
　　　　그래서　　당신이 그 광고를 무시하더라도
being in front of your eyes, / they're doing their work.
단순히 당신의 눈앞에 있음으로 해서　　그 광고는 제 역할을 하고 있는 것이다

○ even though: 비록 ~일지라도(=even if, though, although)

○ by+-ing: ~함으로써

1 (t)ouch

2 신생아를 만지는 것(touching newborns)

3 suggested that the babies be held

4 (e) knowing → knows

5 this ability to think about why things happen is one of the key abilities that separates human abilities

6 (e)xplanation(s)

7 All we can do in science is to use evidence to reject a hypothesis.

8 (b) provided → (to) provide

   (d) proves → proving

9 (B) indirect (C) rejecting

10 (A) 한 가지 일을 하는 것에만 책임을 지도록 만드는 것

   (B) 동료들이 같은 임무를 두고 경쟁할 때 다툼이 발생하는 것

11 (a) reduced (b) fluid (c) vulnerable

12 Eliminating competition makes it easier for everyone to build the kinds of long-term relationships that transcend mere professionalism.

[1~3]

해석

핵심내용: 아기들을 안아주는 것과 같은 접촉은 중요하다.

접촉의 필요성은 상식적인 것 같다. 그러나 1900년대 초기에, 유럽 사람들은 신생아를 만지는 것은 그들에게 좋지 않다고 믿었는데, 그것이 세균을 퍼트려서 아기들을 약하고 짜증나게 만든다고 생각했다. 그 당시에 고아원에서는, 신생아를 안는 것이 허용되지 않았다. 아기들은 잘 먹고 보살핌을 받았지만, 많은 아기들이 아프게 되었다. 그때 한 의사가 아기들은 매일 여러 번 안아주어야 한다고 제안했다. 아픈 아기들은 점차 나아지기 시작했다. 아기들에 대한 접촉의 중요성을 보여주었던 최근의 연구는 부모들과 간호사들로 하여금 가능한 한 많이 미숙아들을 만지고 쓰다듬는 것을 장려한다.

1

아기들을 위한 접촉(touch)의 중요성을 보여주는 글이다.

2

밑줄 친 it은 touching newborns, 즉 신생아를 만지는 것을 의미한다.

3

주절에 주장, 요구, 명령, 제안('주요명제'로 외우기)을 나타내는 동사가 쓰였을 때, that절에는 〈should+동사원형〉이 오며 이때 should를 생략하고 동사원형을 쓸 수 있다. 여기서 suggest는 시제를 일치시켜 과거형으로 써야 하고, that절에서 주어가 the babies 이므로 (should) be held의 수동태로 써야 한다.

구문 분석

[7행] **Recent research** / that has confirmed the importance /
최근의 연구는 · 중요성을 보여주었던
of touch for babies / **encourages** parents and nurses / **to touch**
아이들에 대한 접촉의 · 부모들과 간호사들로 하여금 장려한다
and stroke premature babies / as much as possible.
미숙아들을 만지고 쓰다듬는 것을 · 가능한 한 많이

○ that절의 수식을 받고 있는 Recent research가 주어로 단수명사이므로 단수동사 encourages가 왔고, 목적보어로 to부정사를 취하므로 to touch and stroke가 쓰였다.

○ as + 원급 + as possible: 가능한 한 ~한[하게](= as + 원급 +as+S+can[could])

[4~6]

해석

핵심내용: 동물과 인간을 구별하는 능력은 왜 어떤 일이 일어나는지를 생각하는 능력이다.

왜 일이 제대로 돌아가는지 그리고 일이 예상대로 진행되지 않을 때 무엇이 문제를 야기하는지에 대해 생각하는 능력은 우리가 생각하는 방식의 명확한 측면처럼 보인다. 왜 일이 발생하는지에 대해 생각하는 이러한 능력이 인간의 능력을 지구상에 있는 거의 모든 다른 동물들의 능력과 구별해 주는 중요한 능력들 중 하나라는 점은 흥미롭다. '왜'라는 질문을 하는 것은 사람들로 하여금 설명을 만들어 내도록 해 준다. Issac Newton은 단지 사과가 나무에서 떨어지는 것을 본 것이 아니었다. 그는 그러한 관찰을 그것이(사과가) 왜 떨어졌는지 그가 이해하는 것을 돕는 데 사용했다. 여러분의 자동차 정비공은 단지 여러분의 차가 작동하고 있지 않은 것을 관찰하는 것이 아니다. 왜 그것이 평상시에 제대로 작동하는지에 대한 지식을 사용하여 왜 그것이 작동하고 있지 않은지를 이해하는 것이다. 그리고 다섯 살짜리 아이와 시간을 보내본 사람이라면 누구나 이 나이의 아이들이 왜 모든 것이 지금처럼 돌아가는지에 대한 설명을 얻으려 애씀으로써 여러분의 인내심의 한계를 시험할 수 있다는 것을 안다.

4

(e) 문장의 주어인 anyone은 관계대명사절인 who ~ a five-year-old의 수식을 받고, that절이 목적절로 쓰였으므로, knowing은 본동사인 knows로 고쳐야 한다.

(a) as they(= events) are expected의 문장이 분사구문으로 적절하게 전환되었다.

(b) Asking은 주어 자리에 쓰인 동명사로, 동명사는 단수 취급하기 때문에 단수동사인 allows가 적절하게 쓰였다.

(c) 지각동사 see는 목적보어 자리에 동사원형이나 분사(-ing 또는 p.p.)가 올 수 있으므로 동사원형으로 쓴 것은 적절하다.

(d) observe 뒤에 목적절로 완전한 문장이 왔기 때문에 접속사 that이 쓰였다.

5

this ability는 to think about why things happen의 수식을 받고 있고, one of 뒤에 복수명사 the key abilities가 왔으며, 주격 관계대명사 that이 이끄는 절의 수식을 받고 있다.

힌트 이러한 능력이 / 왜 일이 발생하는지에 대해 생각하는 / 중요한 능력들 중 하나이다 / 인간의 능력을 구별해 주는

정답 this ability / to think about why things happen / is one of the key abilities / that separates human abilities

6

'왜'라는 질문을 하는 것이 사람들로 하여금 설명(explanations)을 만들어 내도록 하고, 다섯 살짜리 아이들은 왜 모든 것이 지금처럼 돌아가는지에 대한 설명(explanations)을 얻으려 애쓴다는 내용이다.

구문 분석

[6행] He used that observation / **to help** / him **figure** out why it fell.
그는 그러한 관찰을 사용했다   돕는 데
그것이(사과가) 왜 떨어졌는지 그가 이해하는 것을

⊙ to help는 to부정사의 부사적 용법 중 목적의 의미로 사용되었다. help는 준사역동사로 목적보어 자리에 동사원형 figure가 왔으며, to figure로 바꿔 쓸 수 있다.

[7~9]
해석
핵심내용: 과학 이론의 간접적 증명 방법

과학에서 우리는 어떤 이론이 진리라는 것을 결코 실제로는 증명할 수 없다. 우리가 과학에서 할 수 있는 것은 가설을 거부하기 위해 증거를 사용하는 것뿐이다. 실험은 어떤 이론이 옳다는 것을 결코 직접적으로 증명하지 않는다. 그것이 할 수 있는 것은 오직 하나의 그럴 듯한 이론이 남을 때까지 모든 다른 이론을 거부함으로써 간접적인 지지를 제공하는 것 뿐이다. 예를 들어, 가끔 여러분은 사람들이 '진화론은 이론일 뿐이다. 즉, 과학은 결코 그것(진화론)을 증명한 적이 없다.'라고 말하는 것을 듣는다. 음, 그 말이 사실이지만, 오직 과학이 결코 어떤 이론도 확실히 맞다고 증명할 수 없다는 점에서만 그렇다. 하지만 진화론은 다른 경쟁적인 이론들이 틀렸다는 것을 증명하는 막대한 양의 설득력 있는 자료를 수집해 왔다. 그래서 비록 그것(진화론)이 증명되지 못했더라도, 압도적으로, 진화론은 우리가 가지고 있는 자료를 설명하기 위해서 우리가 보유하고 있는 최선의 이론이다.

7

All이 주어로 we can do in science가 수식하고 있으며, 동사는 is 이다. 이때, be동사 뒤 보어 자리에 명사적 용법의 to부정사인 to use가 쓰였으며, '~하기 위해'라는 의미로 to부정사의 부사적 용법을 이용하여 to reject가 쓰였다.

힌트 우리가 과학에서 할 수 있는 것은 / 증거를 사용하는 것뿐이다 / 가설을 거부하기 위해

정답 All we can do in science / is to use evidence / to reject a hypothesis.

8

(b) '~하는 것'이라는 의미로 주격 보어 자리에 to부정사 또는 to를 생략하고 동사원형을 쓸 수 있다. 따라서 provide 또는 to provide 둘 다 가능하다.

(d) 문장의 주어는 the theory of evolution, 동사는 has assembled, 목적어는 an enormous amount of convincing data로 proves ~ false가 목적어를 수식하는 구조이다. 따라서 proves는 현재분사인 proving으로 고쳐야 한다.

(a) 동사 prove를 수식하는 부사로 적절하게 사용되었다.

(c) 형용사 true를 수식하는 부사로 적절하게 사용되었다.

(e) the best theory를 수식하는 목적격 관계대명사 that이 적절하게 사용되었다.

9

그것(실험)이 할 수 있는 것은 오직 하나의 그럴듯한 이론이 남을 때까지 모든 다른 이론을 거부함(rejecting)으로써 간접적인(indirect) 지지를 제공하는 것 뿐이라는 내용이다.

구문 분석

[9행] So though it hasn't been proved, / overwhelmingly, /
그래서 비록 그것(진화론)이 증명되지 못했더라도   압도적으로
evolution is **the best theory** / **that** we have / to explain the
진화론은 최선의 이론이다   우리가 보유하고 있는
data we have.
우리가 가지고 있는 자료를 설명하기 위해서

⊙ that we have (the best theory) to explain the data (that) we have의 문장 구성으로 목적격 관계대명사 that은 선행사 the best theory를 수식한다. to explain은 '설명하기 위해서'라는 목적의 의미로 사용된 to부정사이다. 앞의 have와 연결시켜 have to로 보고 '~해야 한다'라고 해석하지 않도록 주의한다.

[10~12]
해석
핵심내용: 역할을 정하는 것이 회사 내부의 갈등을 줄여준다.

내가 관리자로서 가장 잘한 일은 회사의 모든 사람들이 한 가지 일을 하는 것에만 책임을 지도록 만든 것이었다. 나는 단지 사람들을

관리하는 업무를 단순화하기 위해 이렇게 하기 시작했다. 하지만 그 이후 나는 더 의미 있는 결과를 알게 되었다. 즉, 역할을 정해 주는 것이 갈등을 줄여준다는 것이었다. 대부분의 회사 내부의 다툼은 동료들이 같은 임무를 두고 경쟁할 때 발생한다. 신생 기업들은 초기 단계에 업무의 역할들이 유동적이기 때문에 이것의 위험이 특히 높다. 경쟁을 없애는 것은 모든 사람들이 단순한 전문성을 초월하는 장기적인 관계와 같은 종류의 것들을 구축하는 것을 더 수월하게 만든다. 그 이상으로, 내부적인 평화는 신생 기업이 어쨌든 살아남는 것을 가능하게 해 주는 것이다. 신생 기업이 실패할 때, 우리는 종종 그 기업이 경쟁적인 생태계에서 경쟁 관계에 있는 포식자에게 굴복했다고 생각한다. 그러나 모든 회사는 또한 그 자체가 생태계이며, 내부의 갈등은 그 회사가 외부의 위협에 취약하도록 만든다.

10

(A) to make every person in the company responsible for doing just one thing, 즉 '한 가지 일을 하는 것에만 책임을 지도록 만드는 것'을 의미한다.

(B) this는 앞 문장의 fights inside a company ~ the same responsibilities, 즉 동료들이 같은 임무를 두고 경쟁할 때 다툼이 발생하는 것을 의미한다.

11

(a) 역할을 정해 주는 것이 회사 내부의 갈등을 '줄여주는(reduced)' 효과를 가져왔다. increase: 증가시키다

(b) 신생 기업들의 초기 단계에 업무의 역할이 '유동적(fluid)'이어서 다툼이 발생한다. solid: 고정된

(c) 경쟁을 없애는 것에 실패하면 내부의 갈등이 생기고 그러면 외부의 위협에 '취약하게(vulnerable)' 된다. immune: 면역력이 있는

12

〈S + V + it(가목적어) + 목적보어 + for + O(의미상 S) + to부정사(진목적어)〉 구문으로, 주격 관계대명사 that은 선행사 long-term relationships를 수식한다.

힌트 경쟁을 없애는 것은 / 더 수월하게 만든다 / 모든 사람들이 / 구축하는 것을 / 장기적인 관계와 같은 종류의 것들을 / 단순한 전문성을 초월하는

정답 Eliminating competition / makes it easier / for everyone / to build / the kinds of long-term relationships / that transcend mere professionalism.

구문 분석

[8행] More than that, / internal peace / is what **enables** / a
그 이상으로   내부적인 평화는   가능하게 해 주는 것이다
startup **to survive** at all.
신생 기업이 어쨌든 살아남는 것을

○ what 이하 절은 주격보어로 쓰였고, 〈enable + O + to-v〉 구문은 '~가 ...할 수 있게 하다'라는 의미이다.

1 (pr)obability
2 have ideas about what that chance is based on how much they love or hate Ohio State
3 주관적 접근(감정)의 경우와 과학적 접근(통계)의 경우
4 the more likely they are to keep using it
5 (i)nfluence
6 (a) influential (b) direct
7 (A) commons (C) management
8 Nor did it much matter how a lonely American frontiersman disposed of his waste.
9 (d) pleased → outraged
10 (i)ndependent
11 Whatever bias people may have as individuals gets multiplied when they discuss things as a group.
12 (a) dependently (b) stupidity

[1~3]

해석

핵심내용: 확률에 대한 주관적 접근법

확률에 대한 주관적 접근법은 대체로 사람들의 의견, 감정, 또는 희망을 기초로 한다. 따라서, 우리는 일반적으로 실제 과학적인 시도에서는 이러한 접근법을 사용하지 않는다. Ohio주 미식축구팀이 전국 선수권대회에서 우승하리라는 실제 확률이 어딘가에 있겠지만, 어느 누구도 그것을 알지 못한다. 몇몇 팬들은 그들이 Ohio주 팀을 얼마나 좋아하고 싫어하느냐에 기초해서 그 확률이 얼마인지에 대해 생각할 것이다. 다른 사람들은 선수들의 개인 기록을 측정하거나, 지난 100년간의 Ohio주 팀의 모든 통계치를 분석하거나, 경쟁력을 보는 것 등과 같은 약간 더 과학적인 접근법을 사용할 것이다. 하지만 두 가지 경우 모두, 사건에 대한 확률은 거의 주관적이고, 이러한 접근법은 과학적이지 않을지라도 팬들 사이에서 확실히 재미있는 스포츠 이야깃거리가 된다.

1

확률(probability)에 대한 주관적 접근법에 관한 글이다.

2

전치사 about의 목적어로 what that chance is가 왔고 분사구문 based on의 목적어로 의문사 절이 간접의문문 형식으로 쓰였다.

힌트 (몇몇 팬들은) 생각할 것이다 / 그 확률이 얼마인지에 대해 / 기초해서 / 그들이 얼마나 좋아하고 싫어하느냐에 / Ohio주 팀을

정답 (Some fans will) have ideas about / what that chance is / based on / how much they love or hate / Ohio State.

3

여기서 either case는 주관적 접근(감정)의 경우와 과학적 접근(통계)의 경우 둘 다를 지칭하고 있다.

구문 분석

[6행] Other people / will take a slightly more scientific
　　　다른 사람들은　　　　　　약간 더 과학적인 접근법을 사용할 것이다
approach / — **evaluating** players' stats, / **analyzing** all the
　　　　　　　　선수들의 개인 기록을 측정하거나,　　　　　Ohio주 팀의 통계치를 분석하거나
statistics of the Ohio State team / over the last 100 years, /
　　　　　　　　　　　　　　　　　　　　　지난 100년간의
looking at the strength of the competition, and so on.
경쟁력을 보는 것 등과 같은

◖ evaluating ~, analyzing ~, looking ~은 병렬구조를 이루고 있으며 이 세 가지 행위를 하는 인물은 주어인 Other people이다.

[4~6]

해석

핵심내용: 아이들이 부모의 구매에 미치는 영향력

오늘날 마케팅과 광고 투성이의 세상에서, 사람들은 상표로부터 벗어날 수 없다. 사람들이 상표나 상품을 사용하기 시작하는 시기가 어릴수록, 그들이 미래에 그것을 계속 사용할 가능성은 더 높아진다. 그러나 그러한 점이 회사들이 그들의 마케팅과 광고를 어린 소비자들에게 향하게 하는 유일한 이유는 아니다. Texas A&M 대학의 James U. McNeal 교수가 다음과 같이 말했다. "즉흥적인 음식 구매의 75퍼센트는 부모에게 조르는 아이 때문일 수 있다. 그리고 엄마들 중 두 명 당 한 명이 단순히 아이가 원하기 때문에 먹을 것을 살 것이다. 아이의 욕구를 촉발시키는 것이 가족 전체의 욕구를 촉발시키는 것이다." 다시 말해서, 아이들은 그들의 가정 내 소비에 대한 영향력을 지니고, 조부모에 대해 영향력을 지니며, 아이를 돌봐주는 사람에 대해서도 영향력을 지닌다. 바로 이것이 회사들이 아이들의 마음에 영향을 주기 위하여 책략을 이용하는 이유이다.

4

'~하기 쉽다, ~할 것 같다'의 의미를 가진 〈be likely to부정사〉 구문을 사용하여, they are likely to keep using it으로 만든 후, 〈the+비교급 ~, the+비교급 …〉 구문을 사용하여 the more likely를 쓴다. 〈keep+-ing〉는 '계속해서 ~하다'라는 의미이다.

[힌트] 가능성은 더 높아진다 / 그들이 그것을 계속 사용할

[정답] the more likely they are / to keep using it

5

아이들이 부모의 구매에 영향력을 미치기 때문에 회사들은 이 책략을 이용해서 아이들의 마음에 영향을 준다(influence).

6

어린이들은 그들의 부모의 구매를 통제하는(direct) 능력 때문에 원

래 그리고 자발적으로 마케팅에 있어서 영향력이 있을(influential) 수 있다.

구문 분석

[8행] **To trigger** desire in a child / is **to trigger** desire / in the
　　　아이에게 있는 욕구를 촉발시키는 것이　　　　욕구를 촉발시키는 것이다
whole family.
가족 전체의

◖ To trigger와 to trigger는 주어와 주격보어 관계로 사용되었다. 주어와 주격보어에서 준동사는 동일한 것을 사용하는데, 즉 To trigger ~ is triggering … 혹은 Triggering ~ is to trigger …의 형태로는 쓰지 않는다.

[7~9]

해석

핵심내용: 인구 성장에 따른 자원 분배 방식의 변화

혼잡한 세상에서, 관리되지 않은 공동 자원은 아마도 제대로 기능하지 못할 것이다. 그것은 중요한 조건이다. 만약 세상이 혼잡하지 않다면, 공동 자원은 아마도 사실상 최선의 분배 방식일지도 모른다. 예를 들어, 개척자들이 미국 전역에 뻗어 나갈 때, 가장 효율적인 방법은 모든 야생의 사냥감을 관리되지 않은 공동 자원으로 다루는 것이었는데, 왜냐하면 오랫동안 인간이 어떤 실질적인 피해를 입힐 수 없었기 때문이었다. 평원의 주민은 아메리카 들소를 죽여서, 저녁식사로 오로지 혀만을 잘라내고, 그 동물의 나머지 부분은 버릴 수 있었다. 그는 그 어떤 중요한 의미에서도 낭비하고 있던 것이 아니었다. 외로운 미국인 개척자가 어떻게 자신의 쓰레기를 처리하는가도 그다지 중요하지 않았다. 오늘날, 오직 몇 천 마리의 들소만이 남은 상태에서, 우리는 그러한 행동에 기뻐할(→ 격분할) 것이다. 미국의 인구 밀도가 더 높아지면서, 땅의 자연적인 화학적·생물학적 재활용 과정에 과부하가 걸렸다. 들소에서부터 석유와 물에 이르는, 이런 자원들에 대한 주의 깊은 관리가 필요해졌다.

7

(A) 빈칸을 포함한 문장에서 이것이 최선의 분배 방식이라고 이야기하며, 그 예로 관리되지 않은 공동 자원을 제시하고 있다. 따라서 '공동 자원'이라는 의미의 commons가 적절하다.

(C) 빈칸 앞 부분에서 관리되지 않은 공동 자원과 쓰레기 처리에 대한 부주의를 언급하고 있고 오늘날에는 주의 깊은 관리가 필요하다고 말하고 있다. 따라서 '관리'라는 의미의 management가 적절하다.

8

nor은 '그리고 또한 …않다(and not)'라는 뜻의 접속사이다. nor이 단독으로 쓰일 때는 앞 문장에도 부정의 의미가 있어야 하는데, (B)의 앞 문장이 He was not being ~ 으로 부정의 의미를 갖고 있으므로 nor로 시작되는 문장을 만들도록 한다.

Nor 또는 Neither의 부정어구가 문두에 나왔을 때는 동사와 주어의

위치가 도치된 형태로 사용되는데, 문장의 본동사가 much matter 이기 때문에 시제에 맞춰 did it much matter로 쓴다. how 이하 절은 가주어 it에 대한 진주어로, 간접의문문(의문사+S+V)의 어순이 적절하다.

힌트 그다지 중요하지 않았다 / 어떻게 / 외로운 미국인 개척자가 / 자신의 쓰레기를 처리하는가도

정답 Nor did it much matter / how / a lonely American frontiersman / disposed of his waste.

어휘 dispose of ~을 처리하다

9

(d) 과거에는 관리되지 않은 공동 자원에서 들소를 혀만 잘라내고 버리는 것이 낭비가 아니었고 쓰레기 처리도 중요하지 않았지만, 현재는 몇 천 마리의 들소만이 남아 있는 상황이라고 했으므로 과거의 그런 행동이 부정적인 결과를 가져올 것임을 알 수 있다. 따라서 글의 흐름상 '격분하는(outraged)'이 적절하다.

구문 분석

[9행] Today, / **with** only a few thousand bison **left**, / we would
오늘날　　　오직 몇 천 마리의 들소만 남은 상태에서,　　우리는 격분할 것이다
be outraged / by such behavior.
　　　　　그러한 (부주의한) 행동에

◌ 〈with+O+O.C.(-ing/p.p./형용사/전치사+명사)〉는 '~한 상태에서, ~한 채'라는 의미인 부대상황의 분사구문을 나타내고, 목적어(a few thousand bison)와 목적보어(left)의 관계가 수동이므로 과거분사가 쓰였다.

[10~12]

해석

핵심내용: 집단 양극화의 효과

당신은 다수가 결정을 내릴 때마다 집단적인 지혜를 이끈다고 생각할지 모른다. 분명히, 다수가 개인보다는 더 잘 할 수 있다. 불행하게도, 항상 그런 것은 아니다. 집단의 지혜는 모든 판단이 <u>독립적</u>이라는 사실에 부분적으로 의존한다. 만약 사람들이 소의 무게를 추측해서 종이에 쓴다거나, 파키스탄에서 혁명이 일어날 가능성을 추정하여 이것을 웹사이트에 입력한다면, 그들의 견해의 평균은 매우 정확하다. 그러나 놀랍게도, 그 사람들이 단체로 함께 이 문제에 관해 이야기한다면 그들이 이끌어 내는 답은 점점 더 부정확해진다. 더 구체적으로, 연구원들은 집단 양극화의 효과를 발견했다. 사람들이 개인으로서 가지는 그 어떤 편견도, 집단으로 토론하면 몇 배가 된다. 만약 개인들이 위험을 감수하는 방향으로 약간 기운다면, 그 집단은 그것을 향해 돌진해 버린다.

10

어떤 문제의 가능성에 대한 예측에 있어 독립적(independent)으로 접근할 때와 집단으로 그 문제에 대해 이야기할 때를 비교해 보면 집단일 때 답이 더 부정확했다는 내용이다.

11

명사와 함께 사용된 whatever는 복합 관계형용사로 whatever절은 주어로 쓰인 명사절이며 동사는 gets이다.

힌트 사람들이 개인으로서 가지는 그 어떤 편견도, / 몇 배가 된다 (증가한다) / 집단으로 토론하면

정답 Whatever bias people may have as individuals / gets multiplied / when they discuss things as a group.

12

사람들이 집단으로 어떤 일들을 토론하면 그들이 이끌어 내는 답은 오히려 더 부정확해진다는 내용의 글이다.
→ 사람들이 의존적으로 다른 사람들과 함께 일할 때, 집단의 지혜는 종종 집단의 우매함으로 바뀐다.

구문 분석

[3행] The wisdom of a crowd / partly relies on / **the fact** / **that**
　　　대중의 지혜　　　　부분적으로 의존한다　　사실에
all judgments are independent.
모든 판단이 독립적이라는

◌ the fact 뒤의 that은 동격의 접속사로, 뒤에 완전한 문장이 온다.

1 (a) less (b) widen (c) unchanged
2 (A) (l)abor (p)roductivity (B) (g)ender(s)
3 It is the men that(who) learn to operate new types of equipment while women continue to work with old hand tools.
4 (n)omadic, (t)ribes, (d)rink, (t)ea
5 much fat and protein but few vitamins for(to) people
6 the tea culture system in which they drink tea with milk
7 people who took vitamin C every day reported having fewer colds than people who didn't
8 could be related(could relate)
9 (C) (c)ause-and-effect (D) (r)elationship
10 (1) 유급 청소도우미가 한 집안일 (housework performed by paid house cleaners)
   (2) ① 자발적인 노동 (voluntary labor)
      ② 가족이 한 집안일 (housework performed by members of the household)
11 (A) Gross Domestic Product(GDP) (B) voluntary labor
12 (c)over

[1~3]

해석

핵심내용: 양성간의 노동 생산성의 차이

원시 농업 체제에서, 남성과 여성간의 농업 노동력의 생산성의 차이는 물리적인 힘의 차이에 대략 비례한다. 농업이 인간의 근력에 의존을 덜하게 됨에 따라, 양성간의 노동 생산성의 차이는 좁혀질 것이라 예상될 지도 모른다. 하지만, 이것은 전혀 그렇지 않다. 남성이 새로운 유형의 장비를 작동하는 법을 배우는 반면, 여성은 구식의 수공구로 계속 일한다. 향상된 농업 장비가 도입됨에 따라, 남성의 근력에 대한 필요가 줄어들었다. 그럼에도 불구하고, 남성이 새로운 장비와 현대적인 농업 방식의 사용을 지배하기 때문에, 생산성의 차이가 오히려 커지는 경향이 있다. 따라서, 농업 발전의 과정에서 여성의 노동 생산성은 남성에 비해 불변하고 있다.

1

(a) less: 덜, 더 적은
양성간의 노동 생산성의 차이가 좁혀질 것이라고 했으므로 근력에 의존을 덜하게 되므로 less가 적절하다.
(b) widen: 넓어지다(커지다)
향상된 농업 장비로 인해 남성의 근력에 대한 필요가 줄어들었다는 말은, 곧 남성의 근력이 필요하지 않게 되므로 결국 여성과 남성

의 생산성에 차이가 크지 않게 될 것임을 추측할 수 있다. 그러나 Nevertheless(그럼에도 불구하고)라는 역접의 접속부사로 인해, 이후의 내용은 반대의 흐름으로 이어지게 된다. 추측과는 달리 오히려 남성과 여성의 노동 생산성의 차이가 커졌다는 내용으로 연결되고 있으므로 widen이 적절하다.
(c) unchanged: 바뀌지 않은
결과적으로, 남성이 새로운 장비와 현대적인 농업 방식을 사용하여 양성간의 생산성의 차이가 커졌다고 했으므로 농업 발전의 과정에서 여성의 노동 생산성은 남성에 비해 변하지 않고 있다는 의미로 unchanged가 적절하다.

2

뒤의 However를 통해 이전 내용과 이후 내용이 반대가 됨을 알 수 있다. 향상된 농업 장비가 양성간의 차이를 줄일 것이라 생각되었지만 그렇지 않았다는 내용이므로 양성간의(two genders) 노동 생산성(labor productivity)의 차이는 좁혀질 것이라 예상된다고 이어지는 것이 적절하다.

3

⟨It is(was) ~ that ...⟩ 강조 구문을 사용할 때, 강조하고자 하는 말을 that 앞에 위치시키면 된다. 따라서 It is the men that으로 쓰고, 나머지 문장은 that 뒤에 그대로 연결하면 된다. 여기에서 that은 주격 관계대명사이고, 선행사가 사람인 경우 who로 써도 무방하다.

구문 분석

[10행] Thus, in the course of agricultural development, /
따라서, 농업 발전의 과정에서
women's labor productivity remains unchanged / **compared to**
여성의 노동 생산성은 불변하고 있다   남성(의 노동 생산성)에 비해
men's.
⊙ ⟨compared to ~⟩는 '~와 비교하여'라는 의미로 수동 분사구문으로 쓰이고 있다. men's 뒤에는 labor productivity가 생략된 것으로 보면 된다.

[4~6]

해석

핵심내용: 중국 유목민들이 차를 마시는 이유

어떤 점에서, 차는 중국의 초원이나 목초지에 전파된 후에, 유목민들과 사냥꾼들의 삶을 바꿀 정도로 중요한 역할을 했다. 인간은 주어진 환경에 따라 생계를 유지하게 된다고들 말한다. 중국 북서 지역의 높은 산과 초원에서는, 많은 소, 양, 낙타, 그리고 말이 길러진다. (가축들이 제공하는) 젖과 고기는 사람들에게 많은 지방과 단백질을 제공하지만, 비타민에 대해서는 그렇지 못하다. 그래서 차는 채소가 부족한 유목민들의 식단에 기본적인 필수 요소들을 보충한다. 그러므로 Qinghai-Tibet 고원, Xinjiang, 그리고 내(內)몽고 자치구의 유목민들은 차를 우유와 함께 마시는 차 문화 체계를 따른

다. 그리고 그들은 우유가 함유된 차를 중국 북서 지역의 사람들에게 가장 소중한 것이 되게 했다.

4

중국의 유목민들은 채소가 부족하므로 차를 통해서 비타민을 보충한다고 말하고 있으므로, '중국의 유목민들(nomadic tribes)이 차를 마시는(drink tea) 이유'가 이 글의 주제라고 할 수 있다. nomadic tribes가 복수 형태로 왔기 때문에 동사를 drink로 써야 한다.

5

〈provide A with B〉는 'A(사람)에게 B(사물)를 제공하다'라는 뜻이다. 이와 같은 표현으로는 〈provide B for(to) A〉가 있다. B에 해당하는 것이 much fat and protein but few vitamins이고, A에 해당하는 것이 people이므로, The milk and meat provide much fat and protein but few vitamins for(to) people.로 바꿔 쓸 수 있다.

6

밑줄 친 (B) 앞 부분의 동사 follow는 목적어로 the tea culture system을 받고, 전치사 in은 목적격 관계대명사 which와 함께 선행사 the tea culture system을 수식하는 문장으로 구성하면 된다.
힌트 차 문화 체계를 / 차를 우유와 함께 마시는
정답 the tea culture system / in which they drink tea with milk

구문 분석

[6행] Tea, therefore, supplements the basic needs of **the**
　　　차는,　　　그러므로,　유목민들의 기본적인 필수 요소들을 보충한다
nomadic tribes, / **whose** diet lacks vegetables.
　　　　　　　　　　　　식단에 채소가 부족한

○ 소유격 관계대명사 whose는 앞에 있는 the nomadic tribes를 가리킨다.

[7~9]

해석

핵심내용: 관련성을 인과관계라고 속단하지 말라.

연구원들은 두 변인이 관련성이 있다는 것을 발견할 때, 그들은 종종 자동적으로 그러한 두 변인이 인과관계를 갖고 있다는 결론에 성급히 도달한다. 예를 들어, 한 연구원은 비타민 C를 매일 복용했던 사람들이 그렇지 않았던 사람들보다 감기에 더 적게 걸렸다고 보고한 것을 알게 되었다고 가정하자. 이러한 결과를 발견하자마자 그녀는 이러한 데이터를 증거로 사용하면서 비타민 C가 감기를 예방한다는 논문을 썼다. 자, 비타민 C가 감기를 예방하는 것이 사실이긴 해도, 이 연구원의 연구는 그것을 주장할 수 없다. 왜냐하면 그녀는 비타민 C나 감기와 관련될 수 있는 다른 요인들을 통제하지 않았기 때문이다. 예를 들어, 비타민 C를 매일 복용하는 사람들은 전반적으로 건강을 좀 더 의식하여 그들의 손을 더 자주 씻고 더 많이 운동

할 수도 있다. 통제된 실험을 할 때까지, 당신은 당신이 찾은 <u>관련성</u>에 근거해 <u>인과관계</u>에 관한 결론을 내릴 수 없다.

7

비교 대상이 비타민 C를 매일 복용한 사람과 그렇지 않았던 사람들이랑 비교하는 문장으로 쓴다. having은 동명사로 reported의 목적어로 사용되었고, people who didn't 다음에는 take vitamin C every day가 생략되었다.
힌트 비타민 C를 매일 복용했던 사람들이 / 감기에 더 적게 걸렸다고 보고했다 / 그렇지 않았던 사람들보다
정답 people who took vitamin C every day / reported having fewer colds / than people who didn't

8

can과 relate를 시제와 문법에 맞게 넣어야 한다. 문맥상 시제는 과거이므로 조동사 can은 과거시제인 could로 써야 한다. 그리고 relate는 '연관시키다'라는 타동사로, 주격 관계대명사 that의 선행사인 factors와의 관계는 능동이 아닌 수동이어야 하므로 be related가 되어, could be related가 정답이다. relate를 자동사로 보고 could relate를 써도 무방하다.

9

주어진 글의 요지는 '관련성을 인과관계라고 속단하지 말라'이다. 마지막 문장에서 이 글의 요지를 찾을 수 있다. 따라서 (B)에는 '인과관계'라는 뜻의 cause-and-effect가, (C)에는 '관련성'이라는 뜻의 relationship이 들어가야 한다.

구문 분석

[11행] **Until** you do a controlled experiment, / you can't make
　　　　통제된 실험을 할 때까지,　　　　　　당신은 인과관계에 관한 결론을 내릴 수 없다
a cause-and-effect conclusion / based on relationships you find.
　　　　　　　　　　　　　　　　　당신이 찾은 관련성에 근거해

○ not A until B: B하고 나서야 비로소 A하다
서술형 문장 전환으로 자주 출제되는 표현이다. 도치구문과 강조구문으로 문장 전환 시에 not과 until 이하 문장이 함께 옮겨지는 부분에 대해 숙지해야 한다.

┌─ Solution Tips ─────────────────────
<not A until B>의 문장 전환

not A until B

→ **Not until** B A(대동사+S+V) [도치 구문]

e.g. He did **not** show up **until** I cried.

(내가 울고 나서야 비로소 그는 나타났다.)

→ **Not until** I cried did he show up.
└────────────────────────────────────

해석

핵심내용: 돈이 지불되지 않는 행위는 GDP에 포함되지 않는다.

서로 다른 재화와 용역은 서로 다른 가치를 가진다. 국가 수입 회계는 생산의 가치를 측정하는 것을 요한다. 가장 흔한 측정법은 국내총생산(GDP)이다. 그것은(국내총생산) 국경 내에서 일 년 동안에 생산된 모든 최종적 재화와 용역의 시장 가치이다. 이 정의는 시장에서 거래되지 않는 어떠한 생산도 제외한다. 예를 들어, 친구의 자전거를 수리하거나 잔디 깎는 기계를 가지고 이웃을 돕는 것과 같은 자발적인 노동은 돈을 지불받지 않는 서비스 제공에 해당된다. 그것(자발적인 노동)은 급여를 받는 노동자나 서비스를 구매하는 소비자와는 다른 경우이다. 마찬가지로, 비록 같은 일이 유급 청소 도우미에 의해서 행해질 때는 GDP에 포함되지만, 가족에 의해 행해진 집안일은 GDP에 포함되지 않는다. 이러한 경우들은 공식적인 GDP 계산이 모든 실제 생산을 포함하지는 않는다는 것을 의미한다.

10

GDP라는 것은 한 나라에서 일 년 동안에 생산된 모든 최종적 재화와 용역의 시장 가치이고, 시장에서 거래되지 않는 어떠한 생산도 제외한다고 정의하고 있다. 따라서 국내총생산 계산에 포함되는 것을 본문에서 찾으면 '유급 청소 도우미가 한 집안일(housework performed by paid house cleaners)'이다. 그리고 계산에 포함되지 않는 것은 친구의 자전거를 수리하거나 잔디 깎는 기계로 이웃을 돕는 것과 같은 '자발적인 노동(voluntary labor)'과 '가족이 한 집안일(housework performed by members of the household)'이라 할 수 있다.

11

(A) It은 바로 앞에 GDP에 대해 언급하고 있으며, 밑줄 친 (A)의 바로 다음에 GDP 정의에 대해 설명하고 있다.
(B) '자발적인 노동'은 앞에서 돈을 지불받지 않는 제공에 해당한다고 언급했고, 급여를 받는 노동자나 서비스를 구매하는 소비자와는 다르다고 했으므로 앞 문장에 언급한 voluntary labor를 지칭한다.

12

빈칸이 들어 있는 문장은 '공식적인 GDP 계산이 모든 실제 생산을 포함하지는 않는다는 것을 의미한다.'라는 의미로, cover는 '포함시키다'라는 뜻을 가지고 있다.

구문 분석

[8행] In a similar fashion, / **housework performed** by members of the household / is not included in the GDP, / even though the same work, / **when performed** by paid house cleaners, is.

○ performed는 과거분사로 주어인 housework를 수식하고 있다. when (it is) performed by ~에서 performed 앞에 it is가 생략되었으며 when ~ cleaners는 주어와 동사인 the same work와 is 사이에 삽입된 분사구문이다. 그리고 is 뒤에는 included in the GDP가 생략되었다.

1 It is these differences from place to place that generate the demand for transportation.
2 (d)emand
3 necessitating
4 is often believed to be able to make
5 (a) had underestimated (b) knowing (c) overwhelming
6 situational
7 (③) different → same
  (⑤) decreases → increases
8 휴대전화의 이동 속도
9 depends crucially on there being a large number of users
10 (①) had kept → kept
   (⑤) which → through which
11 (s)hortcuts
12 우리는 어떤 예술작품을 감상할지 선택할 때, 주변 사람들에게 문의한다.

[1~3]

해석

핵심내용: 지역간의 차이에 의해 수송의 수요가 발생한다.

지표면은 지역마다 다르다. 지역은 인구 규모, 언어, 자원, 환경 요소, 산업의 전문화, 지역의 역사, 그리고 인간의 활동이라는 면에서 서로 다르다. 수송에 대한 수요를 발생시키는 것은 이곳저곳에 있는 바로 이런 차이점들이다. 사람들은 현지에서 생산되지 않는 물품, 예를 들어, 과일, 채소, 텔레비전, 신발, 종이, 그리고 수천 가지의 다른 제품을 원하고 이런 바람이 수송에 대한 <u>수요</u>를 발생시킨다. 사업은 흔히 지역에서 구할 수 없는 자원을 필요로 하고, 이러한 필요성이 수송에 대한 <u>수요</u>를 발생시킨다. 우리는 대부분 우리 자신의 지역을 벗어나서 일하고, 쇼핑하고, 오락거리를 구하는데, 이것은 일하고, 쇼핑하고, 복합 영화관에 가는 여정을 <u>필요하게</u> 만든다. 수송은 우리가 이 모든 활동을 수행할 수 있게 한다.

1

이 문장에서 강조 대상은 '이곳저곳에 있는 이런 차이점들'이다. 이는 〈It is(was) ~ that …〉 강조구문을 사용하여 문장을 구성하면 된다. 이때 주의할 점은 보기에 주어진 differ라는 동사를 '차이점들'이란 말에 맞춰 복수명사인 differences로 바꿀 수 있어야 하고, from place to place는 '이곳저곳, 이리저리'를 뜻한다는 것도 알고 있어야 문장을 완성할 수 있다.

힌트 바로 이런 차이점들이다 / 이곳저곳에 있는 / 수송에 대한 수요를 발생시키는 것은

정답 It is these differences / from place to place / that generate the demand for transportation.

2

지역간의 차이에 의해서 수송의 수요가 발생한다는 본문 내용으로 보아, demand(수요)가 적절하다.

3

(B) 뒤에는 a journey라는 명사가 나왔으므로 (B)는 목적어를 갖는 '타동사'이고, we ~ neighborhoods까지 완전한 문장이므로, (B)는 동사가 아닌 분사구문의 형태로 써야 한다. 따라서 necessary의 동사형인 necessitate(~을 필요하게 만들다)를 현재분사로 바꾸어 necessitating을 쓰는 것이 적절하다.

구문 분석

[11행] Transportation **enables** us / **to** carry out all these activities.
　　　　　　　　수송은 우리가 ~할 수 있게 한다　이 모든 활동을 수행하도록
❍ enable+O+ to-v: ~가 …할 수 있게 하다(가능하게 하다)

[4~6]

해석

핵심내용: 상황적 영향이 인간행동에 미치는 영향

활동적인 사람은 부끄럼이 많은 사람보다 친구를 더 쉽게 사귈 수 있고, 성실한 사람은 성실하지 않은 사람보다 마감 기한을 더 맞출 것이라고 흔히들 믿는다. 하지만 Walter Mischel은 성격 특성과 행동 사이의 전형적인 상관관계가 그리 크지 않다는 것을 발견했다. 이 소식은 정말 충격적이었는데, 성격 심리학자들이 측정하고 있던 특성이라는 것이 행동을 예측하는 데 있어서 점성술의 별자리보다 단지 약간만 더 낫다고 그것(그 뉴스)이 본질적으로 말했기 때문이었다. Mischel은 그 문제점을 지적하기만 한 것이 아니다. 그는 그 이유를 진단했다. 그는 성격 심리학자들이 사람들의 성격과는 관계없이 사회적 상황이 사람들의 행동을 결정하는 정도를 과소평가했다고 주장했다. 예를 들어, 어떤 사람이 마감 기한을 맞출 것인지 예측하기 위해서는, 성실성 측정에서 그 사람이 받은 점수를 아는 것보다 (그 사람이 처한) 상황에 대해 무언가를 아는 것이 더 유용할 수 있다. <u>상황적 영향이라는 것은 매우 강력해서 때로 개인의 성격 차이를 압도할 수 있다.</u>

4

두 개의 절로 이루어진 복문을 단문으로 고치는 문제이다. 복문 (A)의 that절에 있는 주어가 단문의 주어로, that절의 동사인 can make를 to부정사의 형태로 써야 하는데, 조동사 can은 의미가 동일한 be able to로 바꾸어 사용한다.

[복문] It is often believed that an active person can make…

[단문] An active person is often believed to be able to make…

5

(a) 성격 심리학자들이 과소평가한 것이 주절의 동사(argued)보다 먼저 발생한 동작이므로 과거완료 had underestimated로 쓰는 것이 적절하다.

(b) 본동사 may be가 있으므로 know는 주어 역할을 해야 하고, than 이하의 knowing과 병렬관계이므로 동명사 knowing으로 쓰는 것이 적절하다.

(c) 앞에 can be라는 동사가 있으므로 overwhelm은 동사가 아닌 분사구문이어야 하는데, 주어(influences)와 능동관계이므로 overwhelming이 적절하다.

6

사람들의 행동을 결정하는 요소는 성격보다 상황이라는 내용으로 보아, situational(상황적)이 적절하다.

구문 분석

[8행] He argued / that personality psychologists had
그는 주장했다   성격 심리학자들이 정도를 과소평가했다고
underestimated the extent / **to which** the social situation shapes
사회적 상황이 사람들의 행동을 결정하는 (그 정도를)
people's behavior, / independently of their personality.
사람들의 성격과는 관계없이

○ 〈전치사+관계대명사〉로 이루어진 to which가 이끄는 절이 선행사 the extent를 수식한다.

┌─ Solution Tips ──────────────────────────────
〈전치사+관계대명사〉의 원리

Personality psychologists had underestimated *the extent*.

+ The social situation shapes people's behavior **to** *the extent*.

→ 두 문장에서 보면 the extent가 중복되는 단어이다. 두 번째 절의 the extent는 전치사 to의 목적어인데, 이 목적어를 관계대명사 which로 받아 문장을 연결해 보자.

= Personality psychologists had underestimated *the extent* **which** the social situation shapes people's behavior **to**.

→ 맨 뒤에 남은 전치사 to를 관계대명사 앞으로 보내도 되므로 아래처럼 to which가 등장하게 되었다.

= Personality psychologists had underestimated *the extent* **to which** the social situation shapes people's behavior.
└──

[7~9]

해석

핵심내용: 스마트폰 내비게이션 앱의 작동 원리

여러분의 스마트폰에 있는 내비게이션 앱이 현재의 교통 상황에 근

거하여 공항으로 가는 최적의 경로를 여러분에게 알려주고 있다면, 그것은 차량들이 어느 지점에 있는지 어떻게 아는 것일까? 내비게이션 시스템은 여러분의 휴대전화와 그 애플리케이션을 사용하는 수천 명의 다른 사람들의 휴대전화를 탐지하여 그 휴대전화들이 얼마나 빨리 교통 사이를 이동하는지 본다. 여러분이 교통 체증에 걸려 옴짝달싹 못하고 있다면, 여러분의 휴대전화는 몇 분 동안 똑같은 GPS 좌표를 알릴 것이다. 교통이 빠르게 움직이고 있다면 여러분의 휴대전화는 여러분의 차만큼 빠르게 움직이고 그것에 근거하여 이 앱들은 경로를 추천할 수 있다. (내비게이션) 전체 시스템의 질은 결정적으로 다수의 사용자가 있음에 달려 있다. 이러한 점에서 그것은 전화기, 팩스, 그리고 이메일과 유사하다. 한 사람 혹은 두 사람만이 그것을 가지고 있다면, 그것은 쓸모가 많지 않다. 그것의 유용성은 사용자의 수와 더불어 증가한다.

7

교통 체증에 걸려 있다면, 휴대전화는 '동일한(same)' 좌표를 알릴 것이므로, ③ different는 same으로 고쳐야 한다. 그리고 사용자의 수가 적으면 쓸모가 없다는 앞부분의 내용으로 보아, 유용성은 사용자의 수와 더불어 '증가한다(increases)'라는 의미가 되어야 하므로 ⑤ decreases를 increases로 고쳐야 한다.

8

내비게이션 앱은 교통의 흐름(차량의 이동 속도)과 동일한 '휴대전화의 이동 속도'에 근거하여 경로를 추천한다.

9

이전 내용을 보면, 애플리케이션을 사용하는 수천 명의 휴대전화를 통해 교통 상황을 알 수 있게 된다고 말하고 있다. 많은 사람들이 사용해야만 그만큼 더 많은 데이터를 축적하여 더 정확한 정보를 얻는 것이므로, (내비게이션) 전체 시스템의 질은 '결정적으로 다수의 사용자가 있음에 달려 있다'라고 써야 한다.

힌트 결정적으로 달려 있다 / 다수의 사용자가 있음에

정답 depends crucially on there / being a large number of users

구문 분석

[1행] When the navigation app on your smartphone is telling
여러분의 스마트폰에 있는 내비게이션 앱이 여러분에게 알려주고 있다면
you / the best route to the airport / **based on** current traffic
공항으로 가는 최적의 경로를   현재의 교통 상황에 근거하여
patterns, / how does it know **where the traffic is**?
그것은 차량들이 어느 지점에 있는지 어떻게 아는 것일까?

○ based on은 형용사처럼 쓰여 앞에 있는 the best route to the airport를 수식하고 있다. where the traffic is는 간접의문문인데, 문장 속에서 의문문이 등장할 때는 간접의문문으로 쓰여, 〈의문사+S+V〉의 순서로 배열된다.

[10~12]

핵심내용: 인간 두뇌의 한계를 극복하여 예술작품을 감상하는 방법

인간의 두뇌는 그 일생 동안 그것이 만나게 되는 모든 것을 완전히 이해하거나 인식할 수는 없다. 음악 애호가가 일 년 내내, 매일, 매 순간 헤드폰을 쓰고 있다고 해도, 미국에서만 한 해 동안 발매되는 모든 앨범의 8분의 1을 넘게 듣는 것은 불가능할 것이다. 우리는 우리의 수중에 들어올 수 있는 예술작품 전부에게 동일한 시간을 할애해 줄 능력을 가지고 있지 않기 때문에, 손쉬운 방법에 의존해야만 한다. 어떤 영화를 보고 싶은지 결정하기 전에 우리는 최신 영화의 비평과 평점을 찾아볼 지도 모른다. 우리는 흔히 어떤 예술작품을 우리 삶 속에 받아들일지에 대해 결정하는 것을 인간관계가 안내하게 한다. 또한, 우리는 우리에게 가능한 것의 범위를 줄이기 위해 박물관, 미술관, 라디오 방송국, 텔레비전 방송국 등과 같이 우리가 예술을 경험하는 통로가 되어 주는 배급 체계에 계속 의존하여 그 결과 그 다음(번에 감상할) 훌륭한 것을 찾는 데 우리의 온 힘을 써 버릴 필요가 없다.

10

① 주절의 가정법 시제가 과거이므로, if절도 동일하게 가정법 과거로 써주어야 하므로, kept가 적절하다.

⑤ 선행사인 the distribution systems를 관계사절에 대입하면, '배급체계를 통해서'라는 의미가 적절하므로, through which라고 써야 한다.

② 선행사인 albums가 '출시되다'라는 수동태로 써야 하므로 are released는 적절하다.

③ 명사인 capacity를 수식하는 to부정사의 형용사적 용법으로 쓰어 to give는 적절하다.

④ decide의 목적어 자리(명사절)이고, which는 ones를 수식하는 의문형용사이므로 적절하다.

⑥ 〈spend+시간(돈)+-ing〉는 '~하는 데 시간(돈)을 쓰다'의 관용 표현으로, searching은 적절하다.

11

모든 예술작품에 동일한 시간을 할애할 수 없기에 우리는 'shortcuts (손쉬운 방법)'에 의존해야 한다고 이어져야 적절하다.

12

인간관계가 어떤 예술작품을 우리의 삶 속에 들어오게 할지에 대한 결정을 안내해 준다는 의미는, 우리가 어떤 예술작품을 감상할지를 선택할 때 주변 사람들이 가이드로서 안내 역할을 한다는 것이다. 즉, 주변 사람들에게 의견을 물어보며 어떤 예술작품을 감상할지 고른다는 의미가 된다.

구문 분석

[9행] Also, we continually rely on the distribution systems /
또한, 우리는 배급 체계에 계속 의존한다
through which we experience art / — museums, galleries,
우리가 예술을 경험하는 통로가 되어 주는   박물관, 미술관, 라디오 방송국,
radio stations, television networks, etc. — / to narrow the field
텔레비전 방송국 등과 같이   우리에게 가능한 것의 범위를 줄이기 위해
of possibilities for us / **so that** we don't have to **spend** all of
                                          그 결과 우리의 온 힘을 써버릴 필요가 없다
our energy / **searching** for the next great thing.
                      그 다음(번에 감상할) 훌륭한 것을 찾는 데

○ 〈전치사+관계대명사〉로 이루어진 through which는 앞에 있는 the distribution systems을 수식한다.

○ so that ~: 그 결과 ~하다

○ spend (on(in)) -ing: ~하는 데 시간을 쓰다

┌─ **Solution Tips** ─────────────────────────────┐

〈전치사+관계대명사〉의 원리

We continually rely on **the distribution systems**.

+ We experience art **through** **the distribution systems**.

→ 중복되는 단어이자 through의 목적어인 the distribution systems를 목적격 관계대명사 which로 받아 문장을 연결해보자.

= We continually rely on **the distribution systems** **which** we experience art **through**.

→ 맨 뒤에 남은 전치사 through는 관계대명사 앞으로 이동해도 되므로 다음 문장처럼 through which가 등장하게 되었다.

= We continually rely on **the distribution systems** **through which** we experience art.

└──────────────────────────────────────┘

1 present
2 what one does now to possible outcomes that lie years away
3 (U)nlike, (c)onnecting
4 (③) restrict → restricts
   (④) which → that
5 are not made to limit creativity, but rather to cultivate it
6 예술가들이 (재료와 표현 형식을 선택하는 데) 스스로를 제한하는 것
7 speeding up can actually slow us down
8 it is not just our efficiency that is reduced
9 (H)aste (m)akes (w)aste.
10 (a) continue (b) counterproductive (c) Delaying
11 may also be the only way you feel able to achieve your goal
12 자녀가 원치 않는 음식을 억지로 먹게 할 수 있지만, 그 음식을 좋아하게 만들 수는 없다.

[1~3]

해석
핵심내용: 인간이 현재를 이해하는 방법

동물은 현재 일어나고 있는 상황에 대해 이해하는 것이 제한적일 수 있지만, 인간만이 먼 과거와 미래의 사건에 심사숙고하여 관련을 맺음으로써 현재에 대한 자신의 이해를 풍부하게 하는 것처럼 보인다. 정말로, 인간의 목표는 지금 하고 있는 일을 여러 해 후에 있을 수 있는 결과에 흔히 연결시킨다. 그러므로, 인간의 행동은 지금 당장의 반응일 뿐 아니라, 졸업, 결혼, 또는 은퇴와 같은 멀리 떨어진 어떤 일이 일어나게 하는 것을 돕도록 흔히 계획된다. 그것은 사람들이 독립 기념일 또는 종교 휴일을 기념할 때와 같이, 다른 곳에서 또는 오래 전에 일어났던 일들에 연결될 수도 있다. 게다가, 사람들은 멀리 떨어진 장소에서 자신들이 결코 만나지 못할 사람들에 의해서 만들어진 규칙을 흔히 따른다. 예를 들면, 대부분의 미국인들은 세법을 만드는 사람들과 직접적인 접촉을 하는 사람들이 거의 없지만 소득세를 낸다.

1

동물은 현재 일어나고 있는 상황에 대해 이해하는 것이 제한적이지만, 인간은 과거와 미래를 연결시키기도 한다. 이러한 행동을 하는 것은 이것을 통해 '현재'를 이해하려는 것이다. what is happening now와 a here and now response와 같은 말을 통해 빈칸 (A)에 들어갈 말은 '현재'의 의미를 지닌 'present'임을 알 수 있다.

2

〈link A to B〉는 'A를 B에 연결시키다'라는 의미이다. A에 해당하는 것은 '어떤 사람이 지금 하고 있는 일(것)'이므로, '~것'에 해당하는 단어인 관계대명사 what과 '(일반적인)사람'에 해당하는 one을 배열한다. B에 해당하는 것은 '있을 수도 있는 결과(가능한 결과)'이므로, possible outcomes를 배열한 후, 이 두 단어를 후치 수식하도록 주격관계대명사 that이 이끄는 절을 완성한다.

힌트 (어떤 사람이) 지금 하고 있는 일(것)을 / 있을 수도 있는 결과에 / 여러 해 후에 놓여 있는

정답 what one does now / to possible outcomes / that lie years away

3

동물과 달리(unlike), 인간은 과거와 미래의 일들을 연관시킴으로써 (connecting) 현재를 이해하려고 한다.

구문 분석

[5행] Thus, human action is **not just** a here-and-now response /
그러므로 인간의 행동은 지금 당장의 반응일 뿐 아니라
but is often designed / to help bring about something far off, /
흔히 계획된다   멀리 떨어진 어떤 일이 일어나게 하는 것을 돕도록
such as graduation marriage, or retirement.
졸업, 결혼, 또는 은퇴와 같은

○ not just A but (also) B: A뿐만 아니라 B도

○ such as: ~와 같은

[4~6]

해석
핵심내용: 창의성을 위한 예술가의 자기 제약

독립 예술가는 아마도 무한한 창조적인 상황과 가장 가까이서 살아가는 사람일 것이다. 많은 예술가들이 무엇을 하고, 어떻게 하며, 언제하고, 왜 해야 하는지에 관한 외적인 요구로부터 상당한 자유를 가진다. 그러나 그와 동시에, 우리는 예술가들이 일반적으로 재료와 표현 형식에 대한 선택에 의해 자신들을 상당히 강력하게 제한한다는 사실을 알고 있다. 고도의 기술이나 색깔을 사용하지 않고 암석에서 특정한 형상을 깎아냄으로써 감정을 표현하는 선택을 하는 것은 예술가를 상당히 제약한다. 그러한 선택은 창의성을 제한하기 위해서가 아니라 오히려 창의성을 기르기 위해서 이루어진다. 모든 것이 가능할 때, 창의성은 어떤 긴장도 갖지 않는다. 창의성이 이상한 것은 아무리 제약을 받을지라도 어떤 종류의 상황에서든 자기의 갈 길을 찾아내기 때문인데, 이는 똑같은 양의 물이 탁 트인 바다를 가로지를 때보다 좁은 해협을 통과할 때 더 빠르고 더 세게 흐르는 것과 같다.

4

③ 부정사구 주어(To make ~ from a rock)에 이어지는 본동사의 자리이다. 부정사구 주어는 단수 취급하므로 restricts가 적절하다.

④ in which나 in that은 뒤에 모두 완전한 문장이 이어지므로 둘의 구별은 구조가 아닌 문맥을 통해서 확인해야만 한다. in which는 선행사를 수식하는 형용사절이고, '~라는 점에서'라는 의미의 in that 은 부사절이다. '창의성은 이상하다'는 앞 문장에 대한 이유가 뒷 문장에 나오고 있으므로, in that이 적절하다.

① 선행사 the one(사람)을 수식하는 주격 관계대명사로 who는 적절하다.
② that절의 주어(artists)와 동일 대상이므로 재귀대명사인 themselves가 적절하다.
⑤ 비교급(faster, stronger) 뒤에 than이 왔으므로 적절하다.

5

〈not A but rather B〉는 'A가 아니라 오히려 B'의 의미이다. 이 표현은 A와 B가 병렬구조를 이뤄야 한다. 따라서 A에 해당하는 부분으로 to부정사가 사용되었으므로, B도 역시 to부정사 형태로 써준다.

힌트 만들어지는 것이 아니라 / 창의성을 제한하기 위해서 / 오히려 그것을 기르기 위해서

정답 are not made / to limit creativity / but rather to cultivate it

6

'좁은 해협(narrow strait)'은 예술가들이 창의성을 위해 재료와 표현 형식을 선택하는 데 스스로를 제한시키는 것을 가리킨다.

구문 분석

[9행] Creativity is strange / **in that** it finds its way in any kind of
창의성은 이상하다   어떤 종류의 상황에서든 자기의 갈 길을 찾아낸다는 점에서
situation, / **no matter how** restricted, / just as the same amount
아무리 제약을 받을지라도   이는 똑같은 양의 물이
of water / flows faster and stronger through a narrow strait / than
좁은 해협을 통과할 때 더 빠르고 더 세게 흐르는 것과 같다
across the open sea.
탁 트인 바다를 가로지를 때보다

○ in that: ~라는 점에서, ~이기 때문에

○ no matter + 의문사: ~할지라도

[7~9]

해석

핵심내용: 바람직한 삶의 속도

우리는 더 많은 시간을 얻는 방법은 속도를 내는 것이라고 추정하는 경향이 있다. 하지만 속도를 내는 것은 실제로 우리의 속도를 늦출 수 있다. 급하게 집을 나가다가 결국 열쇠와 지갑을 식탁에 두고 온 것을 깨닫게 된 적이 있는 사람이라면 누구나 이러한 것을 너무나도 잘 알고 있다. 그리고 줄어드는 것은 단지 우리의 효율성만이 아니다. 우리가 의식을 덜하거나 덜 '유념'하게 되어 경험의 질도 또한 악화된다. 아무 것도 맛을 느끼지 못한 채 식사 전체를 끝내 본 적이 있는가? 서두르는 것은 우리에게 더 적은 시간을 제공할 뿐만 아니라, 우리가 진짜로 가지고 있는 그 시간으로부터 즐거움과 혜택도

빼앗아 갈 수 있다. 우리 중 많은 사람에게, 서두름은 삶의 한 방식이다. 우리 중 몇몇은 그것(서두름)이 우리에게 제공하는 긴장감(스릴)을 즐기는 반면, 다른 사람들은 끊임없는 압박으로 미칠 지경이 되고 받아들일 수 없는 정도까지 자신의 삶의 속도가 올라가고 있다고 느낀다. 어느 쪽이든, 약간 천천히 가는 행동에 의해 향상될 수 있는 삶의 영역이 거의 틀림없이 있다.

7

서두르다가 물건을 두고 나온 사람이 깨달은 것은 '속도를 내는 것이 실제로 속도를 늦춘다'이다.

8

〈it is〔was〕 ~ that ...〉 강조구문을 사용하여, not just our efficiency를 강조하도록 구성한다.

힌트 단지 우리의 효율성만이 아니다 / 줄어드는 것은

정답 it is not just our efficiency / that is reduced

9

속도를 내는 것보다 천천히 가는 행동에 의해 삶이 향상된다는 글의 요지로 보아, '서두르면 일을 망친다(Haste makes waste).'는 영어 속담이 적절하다.

구문 분석

[2행] Anyone **who** has ever rushed out of the house / **only to**
급하게 집을 나가려고 했던 적이 있는 누구나   결국 깨닫게 된
realize / that their keys and wallet are sitting on the kitchen
열쇠와 지갑을 식탁에 두고 온 것을
table / knows this only too well.
이러한 것을 너무나도 잘 알고 있다

○ 주격 관계대명사 who가 이끄는 절이 선행사 Anyone을 수식하고 있다. 관계절의 수식으로 문장이 길어져 knows 앞까지가 주어의 역할을 하고 있다.

○ only + to-v: (결국) ~하게 되다

[10~12]

해석

핵심내용: 아이들에게 싫어하는 음식을 강요하는 예전 방식은 지금은 효과가 없다.

아이들이 먹는 음식에 변화를 주기는 쉽지 않을 것이고, 가장 정성을 들이고 인내심이 많은 부모라 하더라도 아마도 어린아이들이 어느 시점에서 그리고 어느 정도로 저항한다는 것을 알게 될 것이다. 문제는 우리 중 많은 이들이 어렸을 때 건강에 이로운 방식으로 먹도록 강요를 받았다는 것인데, 우리는 (그러한 강요 때문에) 힘들게 배웠다. 그리고 자신의 아이들에게 이러한 부모의 습관을 계속하게 하려는 유혹은 강하다. 여러분이 접시를 깨끗이 비울 때까지 식탁에 앉아 있어야만 했다면, 여러분은 혼자가 아니다. 성인들 대부분이

어떤 시점에서, 집에서가 아니라면 학교에서, 이것을 경험했다. 특히 아이들이 접시에 올려진 것을 좋아하지 않을 때 그들에게 먹도록 강요하는 것은 완전히 역효과를 낳는다. "다 먹을 때까지 거기에 앉아 있어라."가 우리가 배웠던 방식이고, 또한 여러분이 자신의 목표를 달성할 수 있다고 여기는 유일한 방법일 수도 있지만, 그 점을 생각해 보라. 아이들이 메스꺼움을 느낄 때까지 원치 않는 양배추 더미를 먹는 경험이 다음에 그것이 제공될 때 그들을 기뻐 날뛰게 하지는 않으리라는 것을 말이다. 이 엄격한 접근법은 아주 구식이라서, 여러분이 (이 방법을 사용하면) 전투에서 이길지는 모르겠지만 분명히 전쟁에서 이기지는 못할 것이다. 푸딩 제공을 뒤로 미루는 것 또한 좋은 생각으로 간주되곤 했었지만, 알고 있는가? 그것 역시 효과가 없다. "주요리를 다 먹을 때까지 푸딩을 주지 않을 것이다."라는 것은 오늘날 대부분의 부모들이 어렸을 때 일반적인 말이었고 여전히 흔하게 사용되고 있지만, 그것은 단것을 더 탐나 보이게 만들 뿐이다.

10

(a) 부모들이 자신의 어린 시절 배운 음식 습관을 자녀들에게 '계속하려는(continue)' 유혹이 강하다.

(b) 좋아하지 않는 음식을 자녀들에게 강요하는 것은 '역효과(counterproductive)'를 낳는다.

(c) 간식 제공을 '뒤로 미루는 것(delaying)'은 예전에는 좋은 생각으로 간주되었다.

11

you feel이 문장 중간에 삽입되었고, 형용사구인 able to achieve your goal이 명사인 way를 뒤에서 수식하는 구조이다.

힌트 또한 유일한 방법일 수도 있다 / 여러분이 생각하기에 / 목표를 달성하는 것이 가능한

정답 may also be the only way / you feel / able to achieve your goal

12

과거의 엄격한 방식을 통해서 자녀가 원치 않는 양배추를 먹게 한다면 전투에서 승리한 것이겠지만, 자녀가 다음 번에 양배추를 보고 좋아하게 만들 수 없으므로 전쟁에서 패배한 것이라며 상황을 비유적으로 표현하고 있다. 이 말은 곧, 단기적으로는 성공한 것처럼 보이지만, 전체적으로는 실패한 것이라는 의미이다.

구문 분석

[16행] "No pudding until you have finished your main course" /
　　　"주요리를 다 먹을 때까지 어떤 푸딩도 제공되지 않을 것이다."라는 것은
was the standard line / when most parents of today were young
일반적인 말이었다　　　　　오늘날 대부분의 부모들이 어렸을 때
/ and is still commonly used, / but it only **makes** sweet things
　여전히 흔하게 사용되고 있지만,　　　그것은 단것을 더 호감이 가는 것처럼 보이게 만들 뿐이다.
seem more desirable.

○ 사역동사 make+O+O.C.: ~가 …하도록 만들다

○ seem 뒤에는 형용사 또는 to부정사가 올 수 있는데, 여기에서는 more desirable이라는 형용사구가 왔다.

Extra Study
서술형 필수 구문

---

1 가주어 / to 부정사(구) 진주어

1 It is necessary for the farmer to sow more seed than is necessary.
2 It is difficult and almost impossible to motivate kids or adults who are centered on their own narrow selfish desires.
3 It is necessary for us to consider the local situation and respond with flexibility.
4 It is natural for a child to feel nervous when moving to a new school.
5 It is not acceptable to create a bridge that is spectacular in itself but spoils its local environment.

1

문장의 핵심 요소를 먼저 찾는다. 가주어 it, 의미상의 주어 for the farmer와 진주어 to sow를 배열하고, 나머지 요소를 채운다. 또는 아래 힌트와 같이 직독직해식으로 한글을 영어 어순에 맞게 놓은 후에 배열한다.

힌트 필요하다 / 농부가 / 더 많은 씨앗을 뿌리는 것이 / 필요한 것보다

정답 It is necessary / for the farmer / to sow more seed / than is necessary.

어휘 necessary 필요한 sow (씨를) 뿌리다 seed 씨앗

2

가주어 it과 진주어 to motivate를 먼저 찾아 배열한다. 그리고 who 이하의 관계대명사절이 선행사인 kids or adults를 수식하는 역할을 하므로, kids or adults 뒤에서 수식하도록 배열한다.

힌트 어렵고 거의 불가능하다 / 아이들이나 어른들에게 동기부여 하는 것은 / 집중하는 / 그들만의 편협한 이기적인 욕망에

정답 It is difficult and almost impossible / to motivate kids or adults / who are centered / on their own narrow selfish desires.

어휘 impossible 불가능한 motivate 동기를 부여하다 selfish 이기적인 desire 욕망, 욕구

3

가주어 it을 쓰고, 의미상의 주어 for us와 진주어 to consider를 배열한다. 고려하고 반응하는 것이 필요하다고 했으므로 consider와 respond를 and를 중심으로 하여 병렬구조를 이루고 있도록 배열한다.

힌트 필요하다 / 우리가 / 현지 상황을 고려하고 / 융통성 있게 반응하는 것이

정답 It is necessary / for us / to consider the local situation / and respond with flexibility.

어휘 consider 고려하다 local 지역의 respond 반응하다 flexibility 융통성, 유연성

4

가주어 it, 의미상의 주어 for a child, 그리고 진주어 to feel을 배열한다. for a child는 〈for＋목적격〉으로 표현되는 의미상의 주어로, to부정사를 행하는 행동 주체를 말한다. feel은 감각동사로 뒤에 형용사 nervous가 오고, '갈 때'라는 의미에 맞도록 when moving을 연결한다.

힌트 당연하다 / 아이가 / 긴장하는 것은 / 갈 때 / 새로운 학교에

정답 It is natural / for a child / to feel nervous / when moving / to a new school.

어휘 natural 자연스러운 nervous 긴장하는

5

가주어 it과 진주어 to create a bridge를 먼저 배열한다. 그리고 a bridge를 수식하기 위해 주격 관계대명사 that이 이끄는 절이 이어져야 한다. in itself는 '그 자체로'의 의미로 쓰였으며, is와 spoils는 병렬구조를 이루어야 한다.

힌트 받아들여질 수 없다 / 다리를 만드는 것은 / 그 자체로 멋있는 / 그러나 그 지역의 환경을 망치는

정답 It is not acceptable / to create a bridge / that is spectacular in itself / but spoils its local environment.

어휘 acceptable 받아들일 수 있는 spectacular 화려한, 극적인 spoil 망치다 environment 환경

1 It is unlikely that members can coordinate their actions without making a special effort.

2 It is inevitable that more and more animals will be brought onto the pasture until overgrazing totally destroys the pasture.

3 It is not important who will do the work but when the work will be done.

4 It should not be surprising that students learn better when they cooperate.

5 It is likely that age changes begin in different parts of the body at different times.

1

가주어 it을 쓰고, 명사절 that절을 진주어로 쓴다. 전치사 without은 뒤에 목적어로 명사가 와야 하므로 동명사인 making이 왔다.

힌트 ~할 것 같지 않다 / 구성원들이 그들의 행동을 조정할 수 있다 / 특별한 노력 없이

정답 It is unlikely / that members can coordinate their actions / without making a special effort.

어휘 unlikely ~할 것 같지 않은 coordinate 조정하다 action 행동 effort 노력

2

가주어 it, 보어 inevitable, 진주어 that절이 온다. '동물들이 목초지로 나오게 될 것이다'라는 의미를 맞추기 위해 수동태로 구성한다. 참고로 시간이나 조건의 부사절은 미래형을 쓸 수 없고 현재형을 써야하므로, 부사절을 이끄는 until 뒤에 will을 사용할 수 없다.

힌트 피할 수 없다 / 점점 더 많은 동물들이 목초지로 나오게 되는 일은 / 방목이 목초지를 완전히 망칠 때까지

정답 It is inevitable / that more and more animals will be brought onto the pasture / until overgrazing totally destroys the pasture.

어휘 inevitable 불가피한, 필연적인 pasture 목초지, 초원 overgraze 지나치게 많이 방목하다 destroy 파괴하다

3

〈not A but B〉는 'A가 아니라 B'라는 의미로, 이 문장을 구성하는 뼈대의 역할을 한다. 의문사절이 주어로 사용되었다.

힌트 중요하지 않다 / 누가 그 일을 할 것인가는 / 그러나 언제 그 일이 끝날 것인지가 (중요하다)

정답 It is not important / who will do the work / but when the work will be done.

어휘 important 중요한

4

동사 surprise를 형용사 surprising으로 바꿔야 한다. should는 '~일 것이다'라는 예상 또는 추측을 나타내기도 한다. 주절인 that절 뒤에 when절을 배열한다.

힌트 놀라운 일이 아닐 것이다 / 학생들이 더 잘 배운다는 것은 / 그들이 협력할 때

정답 It should not be surprising / that students learn better / when they cooperate.

어휘 surprising 놀라운 cooperate 협력하다

5

'~할 가능성이 있다'라는 의미에 맞게 It is likely를 앞에 놓고, 진주어인 that절을 연결시킨다. age changes는 age와 change(s)라는 두 명사가 함께 쓰인 복합 명사로 이해하면 된다. 부사(구)의 일반적 배열은 〈장소→방법→시간→원인〉의 순으로 이어지므로, 장소에 해당하는 in different parts of the body를 먼저 쓰고, 시간에 해당하는 at different times를 뒤이어 연결한다.

힌트 가능성이 있다(~일 것 같다) / 나이 변화는 시작될 / 몸의 다른 부위에서 / 각기 다른 시기에

정답 It is likely / that age changes begin / in different parts of the body / at different times.

어휘 age 나이 different 다른

1 The modern Icelander does not find it very difficult to read the Icelandic sagas from the Middle Ages.

2 He made it clear that he had nothing to do with the matter.

3 Eliminating competition makes it easier for everyone to build the kinds of long-term relationships that transcend mere professionalism.

4 They make it difficult to abandon entrenched behaviors that are no longer useful.

5 Technology makes it much easier to worsen a situation with a quick response.

1

가목적어 it, 목적보어 very difficult, 진목적어로 to read를 배열하고 문장을 완성한다.

힌트 현대 아이슬란드인은 매우 어렵다고 생각하지 않는다 / 아이슬란드 영웅 전설을 읽는 것을 / 중세 시대의

정답 The modern Icelander does not find it very difficult / to read the Icelandic sagas / from the Middle Ages.

어휘 modern 현대의 saga (중세 북유럽의) 영웅 전설 Middle Ages 중세

2

가목적어 it, 목적보어 clear, 진목적어로 that절을 배열하고 문장을 완성한다.

힌트 그는 분명히 했다 / 그는 아무 관련이 없었다는 것을 / 그 문제와

정답 He made it clear / that he had nothing to do / with the matter.

어휘 have nothing to do with ~와 관련이 없다 matter 문제

3

주어 자리에 동명사 eliminating을 쓰고, 가목적어 it, 목적보어 easier, 의미상 주어로 for everyone, 진목적어로 to build를 배열한다. 주격 관계대명사 that이 이끄는 절은 선행사 long-term relationships를 수식하며, 복수동사로 transcend를 쓴다.

힌트 경쟁을 없애는 것은 더 쉽게 만든다 / 모든 사람들이 / 장기적인 관계의 종류를 구축하는 것을 / 단순한 전문성을 초월하는

정답 Eliminating competition makes it easier / for everyone / to build the kinds of long-term relationships / that transcend mere professionalism.

어휘 eliminate 없애다 competition 경쟁 long-term 장기적인 relationship 관계 transcend 초월하다 professionalism 전문성

4

가목적어 it, 목적보어 difficult, 진목적어 to abandon을 배열한다. 주격 관계대명사 that이 이끄는 절은 선행사인 entrenched behaviors를 수식하며 복수동사로 are를 쓴다.

힌트 그것들은 어렵게 만든다 / 굳어버린 행동을 버리는 것을 / 더 이상 유용하지 않은

정답 They make it difficult / to abandon entrenched behaviors / that are no longer useful.

어휘 abandon 포기하다 entrenched 견고한, 확립된 behavior 행동 useful 유용한

5

가목적어 it, 목적보어 much easier, 진목적어 to worsen을 배열한다. easier라는 비교급을 강조하기 위해 much를 사용하는데, 이 외에도 비교급을 강조하는 표현으로는 even, still, far, a lot이 있다.

힌트 기술은 더 쉽게 만든다 / 상황을 악화시키는 것을 / 성급한 반응으로

정답 Technology makes it much easier / to worsen a situation / with a quick response.

어휘 technology 기술 worsen 악화시키다 response 반응

/ 그리고 각각의 개에게 번갈아 시켰다 / 발을 내밀게

정답 The researchers had two dogs / sit next to each other / and asked each dog in turn / to give a paw.

어휘 in turn 번갈아, 차례로 paw (동물의) 발

1. I told them that they were participating in an experiment to examine the best way to make people take care of their local parks.
2. He persuaded the head of his company to let him redesign some of the product labels.
3. The researchers had two dogs sit next to each other and asked each dog in turn to give a paw.
4. Microscopes help us see further into the tiny building blocks of living creatures.
5. Having a full stomach makes people feel satisfied and happier.

4

준사역동사 help, 목적어 us를 추가하여 목적보어 see를 받을 수 있도록 구성한다. to see도 가능하지만, 13 단어를 맞추기 위해 see만 쓴다.

힌트 현미경은 우리가 더 깊이 들여다볼 수 있게 도와준다 / 살아 있는 생명체의 아주 작은 구성체까지

정답 Microscopes help us see further / into the tiny building blocks of living creatures.

어휘 microscope 현미경 further 더 나아가서, 그 이상의 tiny 아주 작은 creature 생명체, 생물

1

문장이 길수록 핵심요소인 주어, 동사, 목적어를 먼저 배열하는 것이 좋다. I told them을 먼저 쓰고, told의 목적보어로 that절을 쓴다. to make는 the best way를 후치 수식하도록 그 뒤에 배열한다. 사역동사 make는 목적어로 people을, 목적보어로 take care of를 취했다.

힌트 나는 그들에게 말했다 / 그들은 실험에 참가하는 중이었다고 / 가장 좋은 방법을 조사하기 위한 / 사람들이 그들의 지역 공원들을 돌보게 하는

정답 I told them / that they were participating in an experiment / to examine the best way / to make people take care of their local parks.

어휘 participate in ~에 참가하다 experiment 실험 examine 조사(검사)하다 take care of ~을 돌보다

5

주어 자리에 동명사로 having이 쓰였고, 이를 받는 본동사이자 사역동사인 make는 주어가 동명사로 단수 취급하므로 makes로 써야 한다. 또한 makes는 목적보어로 동사원형 feel을 취하며, 목적어가 사람이기 때문에 satisfy를 satisfied로 바꿨고, happier와 병렬 연결시켜야 한다.

힌트 배를 부른 것은 사람들을 만든다 / 만족스럽고 더 행복하게 느끼도록

정답 Having a full stomach makes people / feel satisfied and happier.

어휘 stomach 배, 위 satisfied 만족스러운

2

본동사 persuaded는 〈persuade+목적어+목적보어〉의 구조를 갖는데, 목적보어로 to부정사를 받으므로, to let을 쓴다. 사역동사 let은 목적보어에 동사원형으로 redesign을 취했다.

힌트 그는 그의 회사의 대표를 설득했다 / 그가 다시 디자인하게 해 달라고 / 몇 개의 상품 라벨을

정답 He persuaded the head of his company / to let him redesign / some of the product labels.

어휘 persuade 설득하다 head 대표, 우두머리

3

본동사이자 사역동사 had 뒤에 목적어로는 two dogs, 목적보어에 동사원형 sit을 배열한다. and 뒤에 asked는 had와 병렬로 연결되었으며, 목적보어로 to부정사를 취했다.

힌트 그 연구자들은 두 마리의 개들에게 시켰다 / 서로 나란히 앉게

1 I have noticed coaches and parents choose the wrong time to explain concepts to children.
2 You might have seen a father watching his son playing a game in a field.
3 She looked out her window and saw the rain beginning to fade.
4 I saw a poor gypsy woman sit(=sitting) on the sidewalk outside the subway station.
5 He has seen the leaves fallen on the ground and watched butterflies fly(=flying) from one place to another.

1

본동사는 현재완료 형태인 have noticed로 쓰고, 지각동사 notice는 목적보어로 동사원형을 취하므로 choose가 왔다. to explain은 앞에 the wrong time을 수식하는 to부정사의 형용사적 용법으로 사용되었다. 〈explain A to B〉는 'A를 B에게 설명하다'라는 뜻이다.

힌트 나는 코치와 부모들을 인지해오고 있었다 / 잘못된 시간을 선택하는 / 아이들에게 개념을 설명하는

정답 I have noticed coaches and parents / choose the wrong time / to explain concepts to children.

어휘 notice 인지하다, 알아차리다 explain 설명하다 concept 개념

2

might have seen은 과거의 추측을 나타내는데, 뒤의 목적보어 자리에 watching이 왔다. 그리고 지각동사 watch 뒤의 목적보어 자리에 playing이 왔다.

힌트 당신은 아버지가 ~하는 것을 봤을지 모른다 / 경기장에서 경기를 하고 있는 그의 아들을 지켜보는 것을

정답 You might have seen a father / watching his son playing a game in a field.

3

지각동사 saw의 목적보어 자리에 현재분사 beginning이 왔고, saw는 looked와 병렬구조를 이룬다.

힌트 그녀는 그녀의 창문 밖을 내다보았다 / 그리고 빗줄기가 가늘어지기 시작하는 것을 보았다

정답 She looked out her window / and saw the rain beginning to fade.

어휘 fade 서서히 사라지다, 약해지다

4

지각동사 saw는 목적보어 자리에 동사원형과 -ing 둘 다 사용가능하므로 sit과 sitting이 모두 사용 가능하다.

힌트 나는 한 불쌍한 집시 여자를 보았다 / 보도에 앉아 있는 / 그지하철 역 밖에 있는

정답 I saw a poor gypsy woman / sit(=sitting) on the sidewalk / outside the subway station.

어휘 sidewalk 보도, 인도

5

지각동사 seen은 watched와 병렬구조로 이루었고, seen의 목적어인 the leaves와 fall의 관계는 수동이므로 목적보어에 fallen을 썼다. watched의 목적어는 butterflies이고, 목적보어인 fly는 flying으로도 쓸 수 있다. from one place to another는 '이곳에서 저곳으로'의 의미이다.

힌트 그는 낙엽들을 보았다 / 땅 위에 떨어져있는 / 그리고 나비들을 보았다 / 이곳에서 저곳으로 날아다니는

정답 He has seen the leaves / fallen on the ground / and watched butterflies / fly(=flying) from one place to another.

어휘 butterfly 나비

6 조동사 중요 구문

1. Here are two things you may have heard about bad breath that are not true.
2. They may not have thought about how hard that tiny phone will be to use.
3. Most kids would rather have parents that are a little too strict than not strict enough.
4. These nymphs should have taken a further two years to emerge as adults.
5. They tended to call around the time when the trains used to run past their apartments.

1

'여기에 ～가 있다'라는 의미의 here is/are ～를 맨 앞에 두고 문장을 구성한다.
Here are two things (that) you may have heard (two things) about bad breath that are not true.
문장에서 two things는 앞에 생략된 목적격 관계대명사 that과 뒤에 주격 관계대명사 that을 공동으로 받는 선행사이다. may have heard는 '들어봤을지 모른다'는 의미로 과거의 추측을 나타낸다.

힌트 두 가지가 여기 있다 / 입 냄새에 대해서 당신이 들어봤을지도 모르는 / 사실이 아닌

정답 Here are two things / you may have heard about bad breath / that are not true.

어휘 breath 입김, 숨

2

may not have p.p.는 '～하지 않았을 수 있다'는 의미로 조동사 may 뒤에 not이 들어가야 한다. 전치사 about 뒤에 명사절로 간접의문문 (의문사+S+V)이 왔으며, how는 의문부사로 뒤에 hard라는 형용사가 붙어 how hard로 연결되었다.

힌트 그들은 생각해보지 않았을 수 있다 / 얼마나 어려울지에 대해 / 그 아주 작은 전화기가 사용하기

정답 They may not have thought / about how hard / that tiny phone will be to use.

어휘 tiny 아주 작은

3

〈would rather A than B〉는 'B보다는 차라리 A하는 게 더 낫다'라는 의미로, 이 구조를 가지고 문장을 구성한다. 주격 관계대명사 that이 이끄는 절이 선행사 parents를 후치 수식하도록 배열한다. 그리고 enough가 형용사나 부사와 같이 쓰일 때는 〈형/부+enough〉의 순서를 취하므로 strict enough로 쓴다.

힌트 대부분의 아이들은 차라리 ～한 부모님을 갖기를 바란다 / 약간 더 엄격한 / 충분히 엄격하지 않은 것보다

정답 Most kids would rather have parents / that are a little too strict / than not strict enough.

어휘 strict 엄격한

4

'～했어야만 한다'라는 의미로 〈should have p.p.〉와 '～하는 데 시간이 걸리다'라는 의미의 〈take+시간+to부정사〉를 결합시켜야 한다. further는 '하나 더 추가된'의 의미를 나타내므로 a further two years는 '2년 더'를 의미한다.

힌트 이 애벌레들은 필요했어야 했다 / 2년이 더 / 성체로 나타나는 데

정답 These nymphs should have taken / a further two years / to emerge as adults.

어휘 nymph 애벌레 emerge 나타나다

5

'～하는 경향이 있다'라는 의미로 tend to를 사용하고, 관계부사 when이 앞에 the time을 수식하도록 배열한다. 그리고 '～하곤 했다'라는 의미의 과거의 규칙적 습관을 나타내는 〈used to+동사원형〉을 사용한다.

힌트 그들은 전화하는 경향이 있었다 / 그 시간 즈음에 / 기차가 달리곤 했던 때 / 그들의 아파트를 지나

정답 They tended to call / around the time / when the trains used to run / past their apartments.

어휘 past 지나서

7 수동태 구문

1 Observing a child's play can be seen to provide particularly rich insights into a child's inner world.
2 The avoidance must be unlearned through some positive experiences with math in order for this cycle to be broken. (In order for this cycle to be broken, the avoidance must be unlearned through some positive experiences with math.)
3 The forests being destroyed for fuel and land are located in the tropical countries.
4 The students were not allowed to keep the poster that they had rated as the third most beautiful.
5 The worst effect of dams has been observed on salmon that have to travel upstream to lay their eggs.

1

동명사 Observing이 주어로 쓰이고, 지각동사의 수동태인 can be seen이 동사의 역할을 하고 있다. see는 지각동사로 5형식(S+V+O+O.C)을 이루는데, 이것이 수동태로 전환될 때, 〈목적어+be seen to-v ~〉가 되는 것에 유의한다. 〈provide A into B〉는 'B에 A를 제공하다'라는 의미로, A에 해당하는 것이 particularly rich insights이고, B에 해당하는 것이 a child's inner world가 된다.

힌트 아동의 놀이를 관찰하는 것은 / 대단히 깊은 통찰을 제공한다고 보여질 수 있다 / 아동의 내면 세계에

정답 Observing a child's play / can be seen to provide particularly rich insights / into a child's inner world.

어휘 observe 관찰하다 insight 통찰 inner 내면의

2

조동사의 수동태는 〈조동사+be p.p.〉이며, 〈in order to+동사원형〉은 '~하기 위해서'라는 의미로 to부정사의 부사적 용법 중 '목적'을 나타낸다. 이때, to부정사의 의미상 주어인 for this cycle은 to부정사 앞에 위치한다. to부정사구는 부사구이므로 문장 맨 앞과 문장 맨 뒤에 놓일 수 있다. 따라서 In order for ~로 시작하여 문장을 배열해도 무관하다. 단, 부사구 끝에 콤마를 넣어주는 것이 좋다.

힌트 그 회피는 배우지 않았던 상태가 되어야 한다(잊혀져야만 한다) / 수학에서의 몇 가지 긍정적인 경험을 통해 / 이 고리가 끊어지도록 하기 위해서

정답 The avoidance must be unlearned / through some positive experiences with math / in order for this cycle to be broken.

어휘 avoidance 회피, 방지 unlearned 배우지 않은 positive 긍정적인

3

주어는 The forests이고, 본동사는 '위치해 있다'라는 의미의 수동태인 are located이다. '숲'을 꾸며 주는 말인 '연료와 토지 때문에 파괴되고 있는'은 수동 분사구 being destroyed for fuel and land로 만들어 The forests 뒤에서 수식하도록 한다.

힌트 연료와 토지 때문에 파괴되고 있는 그 숲들은 / 위치해 있다 / 열대의 나라들에

정답 The forests being destroyed for fuel and land / are located / in the tropical countries.

어휘 destroy 파괴하다 tropical 열대의

4

5형식 동사 allow는 목적보어 자리에 to부정사를 취하기 때문에 수동태 were not allowed to keep으로 써야 한다. that은 목적격 관계대명사로 선행사 the poster를 수식하기 위해 뒤에 위치한다. 〈rate A as B〉는 'A를 B로 순위를 정하다'라는 의미로, A에 해당하는 것이 the poster이고 관계대명사 앞의 선행사로 위치해 있으며, B는 the third most beautiful에 해당한다.

힌트 그 학생들은 허락되지 않았다 / 그 포스터를 가지도록 / 그들이 순위를 정했던 것을 / 3순위로 가장 아름답다고

정답 The students were not allowed / to keep the poster / that they had rated / as the third most beautiful.

어휘 rate 순위를 매기다, 평가하다

5

'가장 나쁜 영향'의 의미에 맞게 The worst effect가 주어가 되고, has been observed는 '(현재까지) 관찰되어 왔다'라는 의미로 현재완료 수동태가 사용되었다. 주격 관계대명사 that이 이끄는 절이 선행사 salmon을 후치 수식하도록 뒤에 배열한다. salmon은 단수, 복수의 형태가 같은데, 여기에서는 의미상 하나의 연어를 관찰한 것이 아닌, 여럿의 의미가 되어야 하므로 복수형으로 쓰였고, 따라서 that 뒤에 복수동사 have가 왔다. '알을 낳기 위해서'라는 의미에 맞게 to부정사를 사용하여 to lay their eggs를 배열한다.

힌트 댐의 가장 나쁜 영향은 연어에서 관찰되어 왔다 / 흐름을 거슬러 올라가야 하는 / 자신의 알을 낳기 위해

정답 The worst effect of dams has been observed on salmon / that have to travel upstream / to lay their eggs.

어휘 salmon 연어 upstream 상류로 lay eggs 알을 낳다

1 It is said that the followers of Plato gathered to ask themselves the following question.

2 Such practices are believed to put pressure on parents to yield to what the media have dubbed "pester power."

3 Some baseball parks are known to have been better for hitting home runs than others.

4 Blond hair is believed to have provided a more youthful appearance in ancient Roman.

1

It is said로 시작되는 수동태 복문으로 구성한다. to ask는 '~하기 위해서'라는 의미의 목적을 나타내고 있다. 복문을 단문으로 전환하는 문제가 나오면 주어가 바뀌게 되므로, 수일치와 시제에 주의해야 한다.

힌트 ~라고 전해진다 / 플라톤의 추종자들이 모였다 / 스스로에게 다음과 같은 질문을 하기 위해서

정답 It is said / that the followers of Plato gathered / to ask themselves the following question.

어휘 follower 추종자, 팬 gather 모이다

문장전환 The followers of Plato are said to have gathered to ask themselves the following question.

2

나열된 단어에 it이 없으므로 such practices로 시작하는 단문으로 구성한다. to yield는 부사적 용법으로 '목적'을 나타내고, what은 관계대명사로 전치사 to의 목적어로 사용되었다. the media는 the medium의 복수이므로 복수동사 have를 취했다. 단문을 복문으로 전환하는 문제가 나오면, 가주어(It)와 단문의 to부정사를 that절로 바뀌어야 하며, 수일치와 시제에 주의해야 한다.

힌트 그러한 관행은 믿어지고 있다 / 굴복시키기 위해 부모님들에게 압력을 가한다고 / 매스컴이 'pester power'라고 칭했던 것에

정답 Such practices are believed / to put pressure on parents to yield / to what the media have dubbed "pester power."

어휘 practice 관행 put pressure on ~에 압력을 가하다 yield 굴복시키다 dub 별명을 붙이다

문장전환 It is believed that such practices put pressure on parents to yield to what the media have dubbed "pester power."

3

주어는 Some baseball parks이고, '알려져 있다'라는 의미의 수동태 형태가 나와야 하므로 are known을 사용한다. 알려져 있는 상황은 현재이지만, '더 좋았다'라고 느낀 것은 과거로, 한 시제가 빠르기 때문에 완료시제(have been)를 사용한다. 전치사 뒤에는 명사나 동명사를 사용하므로 for 뒤에 hitting을 썼고, better가 나왔으므로 than을 사용하여 비교한다.

힌트 어떤 야구장들은 알려져 있다 / 더 좋았다고 / 다른 곳들보다 홈런을 치기

정답 Some baseball parks are known / to have been better / for hitting home runs than others.

어휘 baseball park 야구장

문장전환 It is known that some baseball parks were better for hitting home runs than others.

4

주어는 Blond hair이고, '여기고 있다'라는 의미를 위해 수동태인 is believed를 사용한다. 믿고 있는 것은 현재이지만, '과거에 ~을 제공했었다'라고 한 시제가 빠르기 때문에 완료시제(have provided)를 to부정사로 연결하여 사용한다.

힌트 금발은 믿어지고 있다 / 더 젊어 보이는 외모를 주었다고 / 고대 로마에서

정답 Blond hair is believed / to have provided a more youthful appearance / in ancient Roman.

어휘 blond 금발의 provide 제공하다 youthful 젊은 appearance 외모 ancient 고대의

문장전환 It is believed that blond hair provided a more youthful appearance in ancient Roman.

9 seem을 품은 단문과 복문

1 It seems that giving excessive reward may have a negative effect on the attitude of the people doing the work.

2 This mechanism doesn't seem to be fully functional when excess calories are consumed in the form of liquids.

3 It seems that most of us know how to fake it to some extent.

4 Their alarm calls seem to convey very specific information about the nature of the predator that has been detected.

1

It seems로 시작되며, 복문으로 구성되어 있다. 동명사 giving이 that절의 주어로 쓰였고, the people을 수식하는 어구로 분사구 doing the work를 쓴다.

힌트 보인다 / 지나친 보상을 주는 것이 그 태도에 부정적인 영향을 주는 것처럼 / 그 일을 하는 사람들의

정답 It seems / that giving excessive reward may have a negative effect on the attitude / of the people doing the work.

어휘 excessive 지나친 reward 보상 negative effect 부정적인 영향 attitude 태도

문장전환 Giving excessive reward may seem to have a negative effect on the attitude of the people doing the work.

2

it이 없으므로, This mechanism을 주어로 하여 단문으로 구성한다. excess calories는 '섭취되는' 것이므로 수동태 are consumed를 사용하였다.

힌트 이러한 작동 방식은 제기능을 충분히 발휘하지 않는 것처럼 보인다 / 초과 칼로리가 섭취되면 / 액체의 형태로

정답 This mechanism doesn't seem to be fully functional /when excess calories are consumed / in the form of liquids.

어휘 mechanism 메커니즘, 기계 작용 functional 기능을 다하는 excess 초과, 과잉 consume 소모하다, 다 써버리다 liquid 액체

문장전환 It doesn't seem that this mechanism is fully functional when excess calories are consumed in the form of liquids.

3

It seems로 시작하는 복문으로 구성하여야 한다. '우리들 대부분'은 most of us로 표현하며, how to fake는 how we should fake와 같은 의미이다.

힌트 보인다 / 우리들 대부분은 알고 있다 / 어떻게 그것을 속여야 하는지를 / 어느 정도까지는

정답 It seems / that most of us know / how to fake it / to some extent.

어휘 fake 속이다 to some extent 얼마간, 어느 정도까지

문장전환 Most of us seem to know how to fake it to some extent.

4

Their alarm calls를 주어로 하는 단문으로 구성하여야 한다. seem to convey로 동사 부분을 완성하고, the predator를 수식하는 어구는 주격 관계대명사 that이 이끄는 절로 완성한다. 이 that절의 동사는 현재완료 수동태의 문장으로 쓰였다.

힌트 그들의 경계 신호는 매우 구체적인 정보를 전달하는 것처럼 보인다 / 포식자의 특성에 대해 / 탐지되어 온

정답 Their alarm calls seem to convey very specific information / about the nature of the predator / that has been detected.

어휘 convey 전달하다 specific 구체적인, 분명한 predator 포식자 detect 탐지하다, 발견하다

문장전환 It seems that their alarm calls convey very specific information about the nature of the predator that has been detected.

1 They wrote guidelines suggesting patients with mild blood pressure elevation should take medicine.

2 The term 'objectivity' is important in measurement because of the scientific demand that observations be subject to public verification.

3 He insisted that William should retire for the night when the rest of the family did.

4 Suppose that your doctor recommended that you do everything you wanted to do.

1

guidelines를 수식하는 어구로 현재분사 suggesting이 사용되었다. 제안을 의미하는 suggest 뒤에 접속사 that이 생략되어 있다. suggest 뒤의 절은 '~해야만 한다'의 의미로, 〈should+동사원형〉이 오는데 이때 should는 생략이 가능하다.

힌트 그들은 지침을 작성했다 / 가벼운 혈압 상승이 있는 환자들이 약을 복용할 것을 제안하는

정답 They wrote guidelines / suggesting patients with mild blood pressure elevation should take medicine.

어휘 guideline 지침 mild 가벼운 blood pressure 혈압 elevation 상승 take medicine 약을 복용하다

2

명사 demand를 선행사로 갖는 관계대명사 that이 이끄는 절은 〈that+S+(should)+ 동사원형〉의 형태인데 should가 생략된 채로 동사원형 be가 쓰였다. because of에서 of는 전치사이므로, 뒤에 the scientific demand라는 명사가 나왔다. be subject to는 '~의 대상이다'라는 뜻으로, '~받다(당하다)'라는 의미의 be subjected to와 구별해서 알아두도록 한다.

힌트 '객관성'이라는 용어는 측정에서 중요하다 / 과학적 요구 때문에 / 관찰된 것들은 공개 검증을 받아야 한다는

정답 The term 'objectivity' is important in measurement / because of the scientific demand / that observations be subject to public verification.

어휘 objectivity 객관성 measurement 측정, 측량 demand 요구 observation 관찰 verification 검증, 확인

3

insisted that 뒤에 '~해야만 한다'의 의미로 should retire가 온다. when이 이끄는 부사절에서는 대동사로 did를 사용하였는데, 앞에 있는 retired for the night을 대신한다. 대동사는 동사의 반복을 피하기 위해 사용되는데, be동사일 경우에는 수일치와 시제에 맞춰 be동사를 사용하며, 일반동사일 경우에는 앞의 시제에 맞게 do/does/did를 사용한다.

힌트 그는 주장했다 / William이 잠자리에 들어야 한다고 / 나머지 가족들이 잠자리에 들 때

정답 He insisted / that William should retire for the night / when the rest of the family did.

어휘 insist 주장하다 retire for the night 잠자리에 들다 rest 나머지

4

명령문이므로 동사 suppose로 문장을 시작한다. suppose의 목적어로 접속사 that이 이끄는 절이 왔고, 이 that절에서 should가 생략된 채로 you do가 왔다.

힌트 가정해 보자 / 당신의 의사가 권했다고 / 당신이 모든 일을 해 보기를 / 당신이 원하는

정답 Suppose / that your doctor recommended / that you do everything / you wanted to do.

어휘 suppose 가정하다 recommend 권유하다

1 They will look down to the bottom and determine that the slope is too steep for them to try.
2 The father took his backpack off(=took off his backpack) and handed it to his son, who immediately discovered that it was too heavy for him to carry.
3 I was so frustrated and embarrassed that I couldn't keep them straight in my mind.
4 He went to Africa to treat people who were too poor to go to a hospital.
5 Childhood and adolescent are too invaluable to be sacrificed to the present convenience of adults.

1

⟨too ~ to-v⟩을 이용하여 문장을 구성해야 한다. look과 determine이 and를 중심으로 병렬구조를 이루고 있고 접속사 that이 이끄는 절은 동사 determine의 목적절 역할을 하고 있다. for them은 to try의 의미상의 주어로 사용되었다.

힌트 그들은 바닥까지 살펴 내려다볼 것이다 / 그리고는 그 경사가 너무 가파르다고 결론을 내릴 것이다 / 그들이 시도하기에

정답 They will look down to the bottom / and determine that the slope is too steep / for them to try.

어휘 look down ~을 내려다보다
cf) look down on ~을 얕보다, 낮춰보다 ⇔ look up to ~을 존경하다
bottom 바닥, 맨 아래 determine 결정하다 slope 경사 steep 가파른

문장전환 ~ the slope is so steep that they can't try it.

2

⟨too ~ to-v⟩을 이용하여 문장을 구성해야 한다. take off는 이어동사로, 목적어가 명사일 때는 take off 뒤에 쓰거나 take와 off 사이에 쓸 수 있지만, 목적어가 대명사일 때는 take와 off 사이에 위치한다. took과 handed가 병렬구조를 이루고 있고, his son을 그대로 이어 받는 who는 계속적 용법으로 사용되었다. 계속적 용법으로 쓰였을 때는 콤마(,) 다음에 관계대명사가 나오므로, 이를 잘 염두에 두고 문장을 구성해야 한다. for him은 to carry의 의미상의 주어로 사용되었다.

힌트 그 아버지는 그의 배낭을 벗었다 / 그리고 그것을 그의 아들에게 건네주었다 / 그 아들은 그것이 너무 무겁다는 것을 즉시 발견했다 / 그가 가지고 다니기에는

정답 The father took his backpack off(= took off his backpack) / and handed it to his son, / who immediately discovered that it was too heavy / for him to carry.

어휘 hand 건네주다 discover 발견하다

문장전환 ~ it was so heavy that he couldn't carry it.

3

⟨so ~ that+S+can't(couldn't)+동사원형⟩을 사용하여 문장을 구성해야 한다. 감정동사 frustrated와 embarrassed는 주어와의 관계가 수동이므로 수동태로 쓰였다. that절 뒤의 시제는 앞의 시제에 맞춰 couldn't를 사용했다.

힌트 나는 너무 좌절하고 당황스러웠다 / 나는 그것들을 제대로 기억할 수 없었다

정답 I was so frustrated and embarrassed / that I couldn't keep them straight in my mind.

어휘 frustrated 좌절감을 느끼는 embarrassed 당황스러운, 난처한
keep ~ in mind ~을 마음에 간직하다, 기억하다

문장전환 I was too frustrated and embarrassed to keep them straight in my mind.

4

⟨too ~ to-v⟩을 이용하여 문장을 구성해야 한다. '~하기 위해'라는 의미에 맞게 to treat를 배열해야 하는데, 이것을 in order to treat, so as to treat, so that+S+can/may treat으로 바꿔쓸 수도 있다. people을 선행사로 하는 주격 관계대명사 who가 이끄는 관계대명사절이 후치 수식하고 있다. people은 복수 명사이기 때문에 복수 동사 were를 쓴다.

힌트 그는 아프리카에 갔다 / 사람들을 치료하기 위해 / 너무 가난해서 병원에 갈 수 없는

정답 He went to Africa / to treat people / who were too poor to go to a hospital.

어휘 treat 치료하다

문장전환 ~ who were so poor that they couldn't go to a hospital.

5

⟨too ~ to-v⟩에 맞춰서 문장을 구성해야 한다. 유년기와 청소년기가 '희생된다'는 의미에 맞게 수동태 be sacrificed를 쓴다.

힌트 유년기와 청소년기는 너무 귀중하다 / 어른들의 현재의 편의에 따라 희생될 수 없다

정답 Childhood and adolescent are too invaluable / to be sacrificed to the present convenience of adults.

어휘 adolescent 청소년 invaluable 귀중한 sacrifice 희생시키다
convenience 편의

문장전환 Childhood and adolescent are so invaluable that they can't be sacrificed ~.

1 The garden in which he painted the 'Satyr' was situated in the middle of the enemy's camp.

2 He was an economic historian whose work has centered on the study of business history and administration.

3 The biggest mistake that most investors make is getting into a panic over losses.

4 She has told many stories, which she claims are her own adventures.

5 The percentage of parents who(= that) browsed shelves is the same as that of parents who(= that) borrowed print books.

1

The garden이 관계대명사의 수식을 받는 선행사이자 주어이다. 그리고 정원이 '위치하고 있다'라는 의미의 수동태로 was situated가 온다. The garden을 수식하기 위해 쓰인 목적격 관계대명사 which가 이끄는 절은 다음과 같이 다양하게 바꿔쓸 수 있다.

① The garden **in which** he painted the Satyr was ~.
= ② The garden **which** he painted the Satyr **in** was ~.
= ③ The garden **that** he painted the Satyr **in** was ~.
= ④ The garden he painted the Satyr **in** was ~.
= ⑤ The garden **where** he painted the Satyr was ~.

[설명]
① 〈전치사+관계대명사〉의 경우, in that은 사용할 수 없다.
② in which를 분리시킬 수 있다.
③ which는 that으로 교체 가능하다.
④ 목적격 관계대명사는 생략 가능하다.
⑤ 〈전치사+which〉는 관계부사로 바꿔쓸 수 있으므로 의미에 맞는 관계부사를 사용하면 된다. 여기에서는 where로 바꿀 수 있다.

힌트 그가 'Satyr'를 그린 정원은 / 적의 막사 한가운데에 위치하고 있었다

정답 The garden in which he painted the 'Satyr' / was situated in the middle of the enemy's camp.

어휘 situated 위치해 있는 enemy 적

2

an economic historian을 수식하는 whose는 소유격 관계대명사로 뒤에 명사를 취한다. 선행사가 사물일 경우에도 whose를 사용하며 〈of which the+명사〉 또는 〈the+명사+of which〉로 바꿔쓸 수 있다. 동사는 '지금까지 집중해 왔다'라는 의미의 현재완료 has centered가 사용되었다.

힌트 그는 경영 사학자였다 / (경영 사학자)의 연구는 집중해 왔다 / 경영사와 경영관리 연구에

정답 He was an economic historian / whose work has centered / on the study of business history and administration.

어휘 an economic historian 경영 사학자 administration 경영, 관리

3

주어는 The biggest mistake이고, 이를 수식하는 목적격 관계대명사 that이 이끄는 절이 이어진다. 이 목적격 관계대명사 that은 생략 가능하고, which와 바꿔쓸 수 있다. is getting이 본동사이다.

힌트 대부분의 투자자들이 저지르는 가장 큰 실수는 / 손실을 보고 공황상태에 빠지는 것이다.

정답 The biggest mistake that most investors make / is getting into a panic over losses.

어휘 investor 투자자 get into a panic 공황상태에 빠지다 loss 손실, 손해

4

many stories를 선행사로 하는 관계대명사 which를 계속적 용법으로 이용한다. 여기서 which는 주격 관계대명사이므로, 동사는 are를 쓴다. 계속적 용법으로 쓰인 〈콤마(,)+which〉를 and they로 바꿔쓸 수 있는데, 계속적 용법에서는 that과 what은 사용하지 않는다. she claims는 문장 중간에 들어간 삽입구이다.

힌트 그녀는 많은 이야기를 들려주었다 / 그녀는 / 그녀 자신의 모험 이야기라고 주장한다

정답 She has told many stories, / which she claims are her own adventures.

어휘 claim 주장하다 adventure 모험

5

주격 관계대명사 who가 주어 The percentage of parents를 후치 수식하도록 배열한다. 이 전체 문장의 주어는 The percentage이므로, 단수동사 is를 쓴다. 비교나 대조를 나타내는 문장에서는 앞에 명사의 반복을 피하기 위해 that이나 those를 사용하는데, the percentage를 대신해 that of parents라고 표현한다. that of parents를 수식하는 문장을 만들기 위해 주격 관계대명사 who나 that이 이끄는 절이 parents 뒤에 나와야 한다.

힌트 책장 선반을 둘러본 부모의 비율은 / 부모의 비율과 같다 / 인쇄된 책을 빌린

정답 The percentage of parents who(=that) browsed shelves / is the same as that of parents / who(=that) borrowed print books.

어휘 browse 둘러보다 shelf 선반

1 People who change do not question whether change is possible or look for reasons why they cannot change.

2 There are many situations where other people try to influence our mood by changing the atmosphere of the environment. 〔By changing the atmosphere of the environment, there are many situations where other people try to influence our mood.〕

3 They prefer habitats where the earth is soft and easy to dig in and they spend most of their time underground.

4 One reason why the definitions of words have changed over time is simply because of their misuse.

5 Wandering tribesmen needed to know how they could cross deserts safely without dying of thirst.

1

who change가 주어인 People을 수식하고, 동사 question의 목적절로 whether절을 연결시킨다. whether는 명사절로 사용되어 if와 바꿔쓸 수 있다. look은 or를 중심으로 앞의 question과 병렬구조를 이루도록 배열한다. 관계부사 why는 생략하거나 for which 혹은 that으로 바꿔쓸 수 있다.

힌트 변화하는 사람들은 질문하지 않는다 / 변화가 가능한지 어떤지 / 혹은 그들이 변화할 수 없는 이유를 찾지 (않는다)

정답 People who change do not question / whether change is possible / or look for reasons why they cannot change.

어휘 look for ~을 찾다

2

'~이 있다'라는 의미에 맞도록 There are로 문장을 시작한다. 관계부사 where는 in which로 바꿔쓸 수 있으며 선행사로 장소 이외에 situations와 같은 상황을 받기도 한다. '바꿈으로써'라는 의미에 맞게 by changing으로 구성된 전치사구를 배열한다. 전치사구는 부사구이므로, 문장 앞에 둘 수도 있다.

힌트 많은 상황들이 있다 / 다른 사람들이 노력하는 / 우리의 기분에 영향을 끼치려고 / 주변 환경의 분위기를 바꿈으로써

정답 There are many situations / where other people try / to influence our mood / by changing the atmosphere of the environment.

어휘 try to-v 노력하다 cf) try -ing 시도하다 influence 영향을 미치다 by -ing ~함으로써 cf) in -ing ~할 때(when), on -ing ~하자마자(as soon as) atmosphere 분위기 environment 환경

3

관계부사 where는 선행사 habitats를 후치 수식하도록 뒤에 배열한다. 관계부사 뒤의 문장은 완전한 구조를 갖는다. to dig in은 앞에 형용사 easy를 수식해 주는 부사적 용법으로 사용되었고, '시간이나 돈을 사용하다'라는 의미의 〈spend+시간/돈+-ing/명사〉를 이용하여 문장을 완성한다.

힌트 그것들은 서식지를 선호한다 / 땅이 부드럽고 파기 쉬운 / 그리고 그들은 대부분의 시간을 지하에서 보낸다

정답 They prefer habitats / where the earth is soft and easy to dig in / and they spend most of their time underground.

어휘 prefer 선호하다 habitat 서식지 earth 땅 underground 지하

4

One reason이 주어이기 때문에 관계부사 why를 사용하며, for which로 바꿔 쓸 수 있다. '변해 온'이라는 의미에 맞게 현재완료 have changed를 썼고, because of는 뒤에 명사/-ing의 형태가 올 수 있으므로 their use로 연결한다.

힌트 시간이 흐름에 따라 단어의 정의가 변해 온 한 가지 이유는 / 단지 그것들의 오용 때문이다.

정답 One reason why the definitions of words have changed over time / is simply because of their misuse.

어휘 definition 정의 misuse 오용 because of ~때문에(=owing to = due to)

5

Wandering은 tribesmen을 수식하는 분사로 사용되었으므로 명사 앞에서 수식한다. 관계부사 how는 선행사 the way와 함께 사용하지 않기 때문에 둘 중 하나만 써야 하고, the way in which, the way that으로 바꿔 쓸 수 있다. without은 전치사로 뒤에 명사나 동명사만 취하기 때문에 die의 동명사 dying으로 이루어진 dying of thirst를 연결한다.

힌트 이리저리 돌아다니는 부족들은 알 필요가 있었다 / 그들이 안전하게 사막을 건널 수 있는 방법을 / 갈증으로 죽지 않고

정답 Wandering tribesmen needed to know / how they could cross deserts safely / without dying of thirst.

어휘 wander 돌아다니다 desert 사막 thirst 갈증

1 What Sue saw as a mild warning designed to improve output is interpreted as a threat resulting in a resignation.

2 They are truly interested in what you are trying to achieve and support you in all of your goals and efforts.

3 The most normal and competent child encounters what seem like insurmountable problems in living.

4 Those who could afford it were able to enjoy wages far above what might be expected.

1

주어 자리의 What은 〈see A as B(A를 B로 여기다)〉의 목적어(A) 자리가 비어 있기 때문에 목적격으로 쓰였고, designed는 a mild warning을 후치 수식한다. to improve는 to부정사의 부사적 용법의 목적의 의미를 나타내며, in order to 혹은 so as to로 바꿔쓸 수 있다. What절이 주어 자리에 오면 단수 취급을 하기 때문에 is가 왔다. a threat를 후치 수식하기 위해 resulting 이하의 분사구가 a threat 뒤에 나왔다.

힌트 Sue가 가벼운 경고라고 여겼던 것은 / 생산을 향상시키기 위해 고안된 / 사직을 초래한 위협으로 해석된 것이다

정답 What Sue saw as a mild warning / designed to improve output / is interpreted as a threat resulting in a resignation.

어휘 warning 경고 design 설계하다, 고안하다 improve 향상시키다 output 생산(량) interpret 해석하다 result in 초래하다 resignation 사직, 사임

2

'~에 관심이 있다'는 뜻의 be interested in을 사용하여 먼저 주어, 동사를 구성한다. 전치사 in의 목적어로 명사절인 관계대명사 what이 쓰였다. 목적격 관계대명사 what은 the thing which(=that)로 바꿔쓸 수 있고 support는 첫 번째 are과 병렬구조를 이루고 있다.

힌트 그들은 진심으로 관심을 가진다 / 여러분이 성취하려고 노력하고 있는 것에 / 그리고 여러분의 모든 목표와 노력을 지지한다

정답 They are truly interested in / what you are trying to achieve / and support you in all of your goals and efforts.

어휘 be interested in ~에 관심 있다 achieve 성취하다 goal 목표 effort 노력

3

'~처럼 보이는 것'을 관계대명사 what을 이용해서 배열한다. 이때 what은 encounters의 목적어이자 주격 관계대명사로 the things which(=that)로 바꿀 수 있다. 그리고 what은 문맥상 의미에 따라 단수, 복수 동사 모두 사용이 가능하다. seem은 주로 〈seem+형용사〉, 〈seem like+명사〉로 쓰인다.

힌트 가장 정상적이고 유능한 아이도 만난다 / 살면서 극복할 수 없는 문제들처럼 보이는 것을

정답 The most normal and competent child encounters / what seem like insurmountable problems in living.

어휘 normal 정상적인 competent 유능한 encounter (뜻밖에) 마주치다 insurmountable 극복할 수 없는

4

Those를 수식하는 주격 관계대명사 who를 사용한다. those who는 '~(하)는 사람들'이라는 관용적 표현이다. able to는 시제에 맞춰 were able to로 사용한다. 전치사 above의 목적절로 주격 관계대명사 what이 이끄는 절이 쓰였고, 수동적 의미인 '예상되는'은 be expected로 사용해야 한다.

힌트 그것을 할 여유가 있었던 사람들은 / 임금을 즐길 수 있었다 / 예상되는 것보다 더 많은

정답 Those who could afford it / were able to enjoy wages / far above what might be expected.

어휘 afford 여유가 되다 wage 임금, 급여

1 The notion that events always occur in a field of forces would have been completely intuitive to the Chinese.

2 There is strong research evidence that children perform better in mathematics if music is incorporated in it. 〔If music is incorporated in it, there is strong research evidence that children perform better in mathematics.〕

3 It has contributed to many children growing up with the mistaken idea that they are not intelligent and cannot succeed in education.

4 A child practices the language without being conscious of the fact that he is learning a highly complex code.

5 The speed with which computers process multiple tasks feeds the illusion that everything happens at the same time.

1

The notion과 동격을 이루도록 that절을 배열하되 완전한 문장으로 만든다. 빈도부사 always는 be동사/조동사 뒤에 혹은 일반동사 앞에 위치하기 때문에 occur 앞에 왔다. would have been은 과거의 가정을 나타낸다.

힌트 사건은 언제나 힘들이 작용하는 장에서 발생한다는 개념은 / 중국인에게 전적으로 직관적이었을 것이다

정답 The notion that events always occur in a field of forces / would have been completely intuitive to the Chinese.

어휘 notion 개념 occur 발생하다 intuitive 직관력이 있는

2

'~가 있다'라는 의미에 맞게 There is로 시작한다. There is〔are〕는 뒤의 명사에 따라 동사의 수가 정해지는데, evidence라는 추상명사는 단수 취급하므로 is가 나온다. that절은 strong research evidence와 동격이며 완전한 문장을 이루고 있다. if절은 주절의 앞, 뒤에 모두 쓰일 수 있으므로 if절이 앞으로 나와도 무방하다. 단, if절이 앞으로 나왔을 때 콤마를 넣어주는 것이 좋다.

힌트 강력한 연구 증거가 있다 / 아이들이 수학을 더 잘 수행한다 / 만약 음악이 그것에 통합된다면

정답 There is strong research evidence / that children perform better in mathematics / if music is incorporated in it.

어휘 evidence 증거 perform 수행하다 incorporate 통합시키다, 포함시키다

3

A contribute to B는 'A가 B에 기여하다'의 의미이고 전치사 to 는 뒤에 명사나 동명사가 온다. 동명사 growing의 의미상의 주어로 many children이 왔으며, the mistaken idea는 that과 동격이고 that 뒤의 절은 완전한 문장을 이루고 있다.

힌트 그것은 기여해 왔다 / 많은 아이들이 잘못된 생각을 가지고 성장하도록 / 그들은 똑똑하지 않다는 / 그리고 교육에서 성공할 수 없다(는 것을)

정답 It has contributed / to many children growing up with the mistaken idea / that they are not intelligent / and cannot succeed in education.

어휘 mistaken 잘못된 intelligent 똑똑한

4

전치사는 뒤에 명사나 동명사를 취하기 때문에 without 뒤에 be를 동명사 being으로 쓴다. the fact는 that절과 동격을 이루고 있고, that 뒤에는 완전한 문장이 온다. '매우 복잡한 기호'의 의미에 맞도록 단어를 배열할 때, 단어의 어순은 〈관사+부사+형용사+명사〉 순서로 구성되기 때문에 a highly complex code의 어순으로 쓴다.

힌트 아이는 그 언어를 연습한다 / 그 사실을 의식하지 않고 / 그가 매우 복잡한 기호를 학습하고 있다는

정답 A child practices the language / without being conscious of the fact / that he is learning a highly complex code.

어휘 conscious 의식하는, 자각하는 complex 복잡한

5

The speed는 주어이자 관계대명사의 선행사이다. computers process multiple tasks with the speed를 관계대명사와 연결하여 선행사를 수식하고자 할 때, with the speed는 with which가 되고, 선행사 뒤에 위치한다. the illusion과 동격을 이루는 that절 안에서 주어 다음에 자동사 happens가 온다.

힌트 컴퓨터가 다수의 일을 처리하는 속도는 / 환상을 키운다 / 모든 것이 동시에 일어난다는

정답 The speed with which computers process multiple tasks / feeds the illusion / that everything happens at the same time.

어휘 process 처리하다 illusion 환상, 오해 at the same time 동시에

1 The concept of humans doing multiple things at a time has been studied by psychologists since the 1920s, but the term "multitasking" didn't exist until the 1960s.

2 Nancy was struggling to see the positive when her teen daughter was experiencing a negative perspective on her life and abilities. (When her teen daughter was experiencing a negative perspective on her life and abilities, Nancy was struggling to see the positive.)

3 She began to tell him that she had been married to a traveling salesman, who had recently passed away.

4 The theory of evolution has assembled an enormous amount of convincing data proving that other competing theories are false.

1

The concept는 of 뒤의 human doing multiple things at a time과 동격을 이루고 있다. 동명사 doing의 의미상의 주어는 human이다. '연구되어 왔다'라는 의미에 맞게 현재완료의 수동태인 has been studied를 쓴다. 〈not A until B〉는 'B하고 나서야 비로소 A하다'의 A에 해당하는 부분은 exist, B에 해당하는 부분은 the 1960s이다.

힌트 인간이 한 번에 많은 일을 한다는 개념은 / 1920년대 이래로 심리학자들에 의해 연구되어 왔다 / 그러나 '멀티태스킹'이라는 용어는 1960년대가 되어서야 비로소 존재하였다

정답 The concept of humans doing multiple things at a time / has been studied by psychologists since the 1920s, / but the term "multitasking" didn't exist until the 1960s.

어휘 multiple 많은, 다수의 psychologist 심리학자 exist 존재하다

2

'애쓰고 있다'와 '겪고 있다'를 각각 과거진행형인 was struggling과 was experiencing으로 나타낸다. the positive 뒤에는 perspective가 생략된 것으로 보면 된다.

힌트 Nancy는 긍정적인 면을 찾아보려고 애쓰고 있었다 / 그녀의 십 대 딸아이가 부정적인 관점을 겪고 있을 때 / 그녀의 생활과 능력에 대한

정답 Nancy was struggling to see the positive / when her teen daughter was experiencing a negative perspective / on her life and abilities.

어휘 struggle to ～하려고 애쓰다 positive 긍정적인 perspective 관점, 시각

3

began은 목적어로 to부정사, 동명사 둘 다 사용 가능한데, 여기서는 began to를 사용한다. '결혼했다'는 표현은 had been married와 같이 수동태로 써야 하며, 전치사 with가 아닌 to를 사용하는 것에 주의한다. 선행사 a traveling salesman을 설명하기 위해 관계대명사의 계속적 용법(, who)을 사용하여 연결한다.

힌트 그녀는 그에게 말하기 시작했다 / 그녀가 출장 판매원과 결혼했었다 / 그는 최근에 세상을 떠났다

정답 She began to tell him / that she had been married to a traveling salesman, / who had recently passed away.

어휘 pass away 사망하다

4

주어가 The theory이기 때문에 단수동사 has를 써서 has assembled로 쓴다. convincing은 data를 수식하고 있고, data를 후치수식하는 분사로 proving이 이어지는데, 그것의 목적절로 접속사 that이 이끄는 완전한 문장이 쓰였다. '다른 경쟁적인 이론'에 맞도록 '다른'에 해당하는 표현을 추가로 넣어야 하는데 theories가 복수명사이기 때문에 other(다른)를 사용했다.

힌트 진화론은 모아 왔다 / 막대한 양의 설득력 있는 자료를 / 다른 경쟁적인 이론들이 틀리다는 것을 증명하는

정답 The theory of evolution has assembled / an enormous amount of convincing data / proving that other competing theories are false.

어휘 theory 이론 evolution 진화 assemble 모으다 enormous 막대한, 거대한 convincing 설득력 있는 prove 증명하다 competing 경쟁하는

17 상관접속사

1 This is often the case with the most abstract as well as the seemingly more practical disciplines.

2 We were surprised at the result that neither the children's speaking style nor the mother's style bore any resemblance to the father's style.

3 It is important to remember that people see what they either want to see or are trained to see.

4 Science fiction not only helps students see scientific principles, but also builds their critical thinking and creative skills.

1

'A뿐만 아니라 B도'의 의미를 가진 〈B as well as A〉를 이용한다. 이것은 〈not only A but (also) B〉로 바꿔쓸 수 있다.

힌트 이것은 흔히 그러하다 / 가장 추상적인 (교과서에서도) / 표면적으로 더 실용적인 교과일 뿐만 아니라

정답 This is often the case / with the most abstract / as well as the seemingly more practical disciplines.

어휘 be the case (사실이) 그러하다 abstract 추상적인 seemingly 표면상 practical 실용적인 discipline 교과, 학문 분야

문장전환 This is often the case with not only the seemingly more practical but (also) the most abstract disciplines.

2

〈be surprised at〉은 '~에 놀라다'라는 의미로 자주 쓰이는 표현이다. 이를 이용하여 문장 앞 부분을 구성하고, the result와 동격을 이루는 that절을 뒤에 배열한다. 〈neither A nor B〉는 'A와 B 둘 다 아닌'의 부정적 의미로 쓰이므로 any가 뒤에 왔다.

힌트 우리는 결과에 놀라웠다 / 아이들이 말하는 스타일이나 어머니의 스타일 둘 다 아닌 / 아버지의 스타일과 유사점을 가지고 있다

정답 We were surprised at the result / that neither the children's speaking style nor the mother's style / bore any resemblance to the father's style.

어휘 bear resemblance to ~와 닮다, 유사점이 있다

3

가주어 It, 진주어 to remember, 보어로 important가 왔다. that은 접속사로 remember의 목적절을 이끌도록 구성한다. 관계대명사 what이 이끄는 절은 see의 목적절로 쓰였다. 〈either A or B〉 표현을 사용하여 what절을 구성하는데, A와 B에 해당하는 내용은 병렬구조를 이뤄야 한다. '훈련받다'라는 의미에 맞도록 trained 앞에 are을 넣어 수동태로 써야 한다.

힌트 기억하는 것이 중요하다 / 사람들은 본다는 것을 / 그들이 보고 싶어 하는 것이나 / 혹은 보도록 훈련받은 것을

정답 It is important to remember / that people see / what they either want to see / or are trained to see.

어휘 remember 기억하다

4

〈not only A but (also) B〉는 'A뿐만 아니라 B도'의 의미로 A와 B는 병렬구조를 가진다. not only helps와 병렬구조로 but also builds로 써야 하는데, 이때 주어인 science fiction에 맞게 helps라는 단수동사를 썼으므로 build에도 s를 붙여야 한다.

힌트 공상 과학 소설은 도움을 줄 뿐만 아니라 / 학생들이 과학적 원리를 볼 수 있도록 / 또한 그들의 비판적 사고와 창의적 기술을 길러준다

정답 Science fiction not only helps / students see scientific principles, / but also builds their critical thinking and creative skills.

어휘 principle 원리 critical 비판적인

문장전환 Science fiction builds their critical thinking and creative skills as well as helps students see scientific principles.

1 Surprised by the vision of an unfamiliar silhouette pushing into the house, these dogs were using their eyes instead of their noses.

2 A psychologist named Richard Rha called a group of introverts and asked them to act like extroverts, while pretending to teach a math class.

3 Having watched the older children opening their gifts, I already knew that the big gifts were not necessarily the nicest ones.

4 Realizing that something must have been missing, the chief of staff rewrote the report.

5 Relieved that his men had survived the snowstorm, their commanding officer asked how they made their way out.

1

분사구문은 수동태나 능동태, 둘 중의 하나로 시작하는데, 주어가 these dogs이므로, surprised라는 수동 분사구문으로 문장을 시작한다. 참고로 분사구문의 수동태/능동태를 구분하는 문제에서 생략된 주어를 앞에 놓고 be동사를 넣어 수동과 능동을 파악한다. pushing into the house는 an unfamiliar silhouette을 꾸며주고 있다. instead of 다음에는 명사나 -ing 형태가 온다.

힌트 광경에 놀라서 / 집으로 밀고 들어오는 낯선 그림자의 / 이 개들은 그들의 눈을 사용하고 있었다 / 그들의 코 대신에

정답 Surprised by the vision / of an unfamiliar silhouette pushing into the house, / these dogs were using their eyes / instead of their noses.

어휘 unfamiliar 낯선 silhouette 검은 윤곽, 실루엣 instead of ~ 대신에

2

'Richard Rha라는 이름의 한 심리학자'라는 의미에 맞게 배열할 때, 주어 A psychologist 뒤에는 named Richard Rha와 called Richard Rha가 모두 쓰일 수 있다. 그러나 '한 집단을 불러 놓고'라는 의미에서 called가 쓰여야 하므로, named를 사용하여 주어를 수식하도록 한다. called는 asked와 병렬구조로 쓰였다. ask 다음에 〈목적어+목적보어(to부정사)〉가 온다. 분사구문일 때 while은 생략이 가능한데, 본래 while they pretended to teach a math class의 문장에서 they를 생략하고 pretended를 pretending으로 바꿔 분사구문으로 만들었다.

힌트 Richard Rha라는 이름의 한 심리학자는 / 내성적인 사람들 한 집단을 불렀다 / 그리고 그들에게 외향적인 사람들처럼 행동할 것을 요청했다 / 수학 수업을 가르치는 체하면서

정답 A psychologist named Richard Rha / called a group of introverts / and asked them to act like extroverts, / while pretending to teach a math class.

어휘 psychologist 심리학자 introvert 내향적인 사람 extrovert 외향적인 사람

3

When I had watched the older children ~ 문장을 분사구문으로 전환한 문장을 만들어야 하는데, 주절의 시제보다 부사절의 시제가 앞선 시제일 때, 완료 분사구문(having p.p.)을 사용한다. watched는 지각동사이므로, 목적보어 자리에 opening이 왔으며, open으로 바꿔쓸 수 있다. that 이하는 knew의 목적절로 쓰였으며, '반드시 필요한 것은 아니다'라는 의미의 not necessarily는 부분부정을 나타낸다.

힌트 나이가 많은 아이들이 그들의 선물을 여는 것을 지켜보며 / 나는 이미 알았다 / 큰 선물들이 반드시 가장 좋은 것들은 아니라는 것을

정답 Having watched the older children opening their gifts, / I already knew / that the big gifts were not necessarily the nicest ones.

어휘 necessarily 반드시

4

원문장 After the chief of staff realized that ~.에서 접속사 After와 주어 the chief of staff가 생략되었고, realized가 현재분사인 Realizing으로 바뀌었다. realizing의 목적어로 접속사 that이 이끄는 절이 이어지며, '~이었음에 틀림없다'라는 과거의 강한 추측으로 쓰인 must have been을 사용하여 문장을 구성한다.

힌트 깨닫고 / 어떤 것이 빠져 있음에 틀림없다는 것을 / 그 비서실장은 그 보고서를 다시 썼다

정답 Realizing / that something must have been missing, / the chief of staff rewrote the report.

어휘 rewrite 다시 쓰다

5

원문장 After their commanding officer was relieved that ~.에서 접속사 After와 주어 their commanding officer가 생략되었다. being relieved에서 being이 생략되어 Relieved로 문장을 시작한다. 생존했다는 것이 먼저 일어난 사건이기 때문에 had survived를 써야 한다. asked의 목적어로 명사절인 간접의문문이 왔으며, 〈의문사+S+V〉로 구성한다.

힌트 안도하면서 / 그의 부하들이 눈보라에서 생존했다는 것에 / 그들의 지휘관은 물었다 / 그들이 어떻게 빠져나올 수 있었는지를

정답 Relieved / that his men had survived the snowstorm, / their commanding officer asked / how they made their way out.

어휘 survive 생존하다, 살아남다

1 With the rest of the team waiting for me, I had no time to say goodbye to my girlfriend.

2 With many students reporting depression and anxiety, school officials arrange pet therapy events to spread cheer and fight stress.

3 With children and teenagers consuming meals and snacks in school, it is necessary to be informed about food allergies.

4 With only a few thousand bison left, a plainsman killed an American bison for cutting out only the tongue for his dinner.

1

the rest of the team과 wait의 관계가 능동 관계이기 때문에 waiting을 쓴다. to say는 앞에 있는 no time을 수식해 주는 to부정사의 형용사적 용법으로 사용되었다. to my girlfriend에서의 to는 '~에게'라는 뜻의 전치사이다.

힌트 팀들 중 나머지 사람들이 기다리고 있어서 / 나는 시간이 없었다 / 나의 여자 친구에게 작별 인사를 말할

정답 With the rest of the team waiting for me, / I had no time / to say goodbye to my girlfriend.

어휘 rest 나머지 wait for ~을 기다리다

2

〈with+명사(의미상의 주어) + -ing / p.p.〉의 형태로 구성하면 되는데, many students와 report의 관계가 능동이기 때문에 reporting을 쓴다. spread와 fight는 and를 중심으로 병렬구조를 이루고 있다. to spread는 '~하기 위해'라는 목적의 의미를 가진 to부정사의 부사적 용법으로 사용되었다.

힌트 많은 학생들이 우울감과 불안을 호소하여, / 학교 관계자들은 애완동물 치료 행사를 마련한다 / 사기를 북돋아 퍼뜨리고 스트레스와 싸울 수 있도록

정답 With many students reporting depression and anxiety, / school officials arrange pet therapy events / to spread cheer and fight stress.

어휘 depression 우울 anxiety 불안 official 임원, 직원 arrange 마련하다 therapy 치료 cheer 사기, 기운을 북돋우기

3

children and teenagers와 consume의 관계가 능동 관계이기 때문에 consuming을 쓴다. 가주어 it을 사용하고 to부정사를 진주어로 하여 문장을 구성할 때, '정보를 얻는다'라는 수동의 의미에 맞게 be informed로 쓰는 것이 적절하다.

힌트 아이들과 십대들이 학교에서 식사와 간식을 먹고 있기 때문에 / 필요하다 / 음식 알레르기에 관한 정보를 얻는 것이

정답 With children and teenagers consuming meals and snacks in school, / it is necessary / to be informed about food allergies.

어휘 consume 먹다, 소비하다 necessary 필요한 allergy 알레르기

4

오직 몇 천 마리가 '남아 있다'라는 의미로 bison과 leave의 관계는 수동 관계이기 때문에 left를 쓴다. bison은 단·복수가 모두 같은데 only a few thousand를 통해 bison이 복수임을 알 수 있다. 전치사 뒤에는 명사나 동명사가 와야 하므로, 전치사 for의 목적어 자리에 동명사 cutting을 쓰는 것이 적절하다.

힌트 오직 몇 천 마리의 들소만이 남은 상태에서 / 평원의 주민은 아메리카 들소를 죽였다 / 저녁식사로 오직 혀만을 잘라내기 위해

정답 With only a few thousand bison left, / a plainsman killed an American bison / for cutting out only the tongue for his dinner.

어휘 bison 들소 (*pl.* bison) plainsman 평원의 주민 tongue 혀

1 You might be surprised to learn that most kids would rather have parents that are a little too strict than not strict enough.

2 Each of us needs people in our lives who encourage us so that we can feel confident in our capabilities and move forward toward our goals.

3 Bradley and I were thrilled to learn that you are holding your Gymnastics Summer Camp again this year.

4 You may say 'yes' to family members only to feel frustrated by the lack of quality time that you have.

1

to learn은 surprised를 수식하는 부사적 용법의 to부정사로 '감정의 원인'을 나타낸다. 첫 번째 that은 접속사로 뒤에 완전한 문장이 나오며, 두 번째 that은 주격 관계대명사로 선행사인 parents에 맞게 복수동사 are가 왔다. 〈would rather A than B〉는 'B보다 오히려 A를 선호하다'라는 의미이다. enough는 형용사나 부사 뒤에 위치하므로 '충분히 엄한'은 strict enough가 되어야 한다.

힌트 여러분은 알면 놀랄지도 모른다 / 대부분의 아이들이 오히려 부모님을 가지기를 / 약간 엄격한 / 충분히 엄하지 않은 것보다

정답 You might be surprised to learn / that most kids would rather have parents / that are a little too strict / than not strict enough.

어휘 strict 엄한

┌─ **Solution Tips**
타동사 surprise는 '~를 놀라게 하다'라는 뜻으로, 놀라게 하는 대상은 사람 또는 (사람처럼 감정을 느끼는) 동물이어야 한다. surprise가 수동태가 되면 '~를 놀라게 하다'라는 뜻이, '~가 놀라다'라는 능동의 의미가 되는데, 감정을 나타내는 타동사에는 excite, interest, surprise, disappoint, bore, embarrass, discourage, amaze 등이 있다. 따라서 〈사람+be+감정을 나타내는 타동사〉는 우리말에서 '능동'으로 해석하는 것이 자연스럽다.
e.g. be surprised (놀라다), be thrilled(기쁘다) …

2

'우리 개개인은 ~한 사람들이 필요하다'에 맞도록 〈each of + 복수명사 + 단수동사〉 형태를 사용하면 된다. 복수명사에는 '우리'를 뜻하는 us를 넣고, 단수동사는 '필요하다'를 뜻하는 needs를 넣어 Each of us needs로 문장을 시작한다. 그리고 목적어인 people을 수식하기 위해 주격 관계대명사 who가 이끄는 절인 who encourage us를 연결시킨다. '~하기 위해'의 의미를 나타내기 위해 〈so that 주어 + can(may) + 동사원형〉을 사용하여 나머지 문장을

구성하되, and를 중심으로 두 개의 동사인 feel과 move가 병렬 구조를 이루도록 배열한다.

힌트 우리 개개인은 우리의 인생에서 사람들이 필요하다 / 우리를 격려해 주는 / 우리의 능력에 자신감을 느낄 수 있게 하고 / 그리고 우리의 목표를 향해 앞으로 나아가기 위해

정답 Each of us needs people in our lives / who encourage us / so that we can feel confident in our capabilities / and move forward toward our goals.

어휘 encourage 격려하다 confident 자신감 있는 capability 능력 goal 목표

3

타동사 thrill은 '신나게 하다'라는 뜻이므로, '기쁘다, 신나다'라는 능동의 의미가 되려면 수동태로 전환해야 한다. 따라서 thrill을 thrilled로 바꾸고, 주어인 Bradley and I는 복수이고, 과거 시제에 맞게 were thrilled로 바꿔서 문장을 구성한다. 그리고 '알고 기뻤다'라는 의미가 되어야 하는데, to부정사의 부사적 용법으로 감정의 원인을 나타낼 수 있으므로 thrilled to learn으로 연결시킨다. that은 접속사로 learn의 목적절을 이끌며, 동사로 are가 오기 때문에 hold는 holding으로 어형 변화시켜야 한다. 여기서 are holding은 현재 진행형이 아니라 미래시제를 나타내고 있다.

힌트 Bradley와 저는 알고 몹시 기뻤습니다 / 올해 또 다시 귀하의 하계 체조 캠프가 열린다는 것을

정답 Bradley and I were thrilled to learn / that you are holding your Gymnastics Summer Camp again this year.

어휘 thrill 신나게 하다 hold 열리다, 개최하다 gymnastics 체조

4

〈only + to-v〉는 부사적 용법 중 '결과'를 나타내는데 '결국 ~하게 되다'의 의미를 나타내므로, '결국 좌절하게 되다'라는 뜻에 맞게 only to feel frustrated로 쓴다. 선행사 quality time을 받는 목적격 관계대명사 that은 생략 가능하다.

힌트 당신은 가족 구성원들에게 '그래'라고 말할지도 모른다 / 결국 양질의 시간의 부족으로 좌절하게 된다 / 당신이 가질

정답 You may say 'yes' to family members / only to feel frustrated by the lack of quality time / that you have.

어휘 frustrated 좌절한 lack 부족 quality 양질의

1 If they worked in a well-organized environment for any length of time, they would be surprised at how much more productive they were.

2 If Ernest Hamwi had taken that attitude when he was selling zalabia, he might have ended his days as a street vendor.

3 If you were trying to explain on the cell phone how to operate a complex machine, you would stop walking.

4 If he had followed one of the most basic rules of outdoor activities, the horrible incident he faced could have been avoided.

1

내용상 현재 사실의 반대를 가정하고 있으므로 가정법 과거인 〈If S 과거동사 ~, S 조동사 과거형+동사원형 ….〉 형태를 사용하여 문장을 구성한다. surprised 뒤에는 by 대신 전치사 at을 사용하며 목적어로 간접의문문(의문사+S+V)인 how much more productive they were가 쓰였다. much는 비교급을 강조하는 부사로 a lot, still, far, even 등과 바꿔 쓸 수 있다.

힌트 만약 그들이 잘 정돈된 환경 속에서 일을 해보게 된다면 / 일정 기간 동안 / 그들은 놀라게 될 것이다 / 자신들이 얼마나 훨씬 더 생산적인지에

정답 If they worked in a well-organized environment / for any length of time, / they would be surprised at / how much more productive they were.

어휘 environment 환경 length 기간, 길이 productive 생산적인

2

내용상 과거 사실의 반대를 가정하고 있으므로 가정법 과거완료인 〈If S + had+p.p. ~, S+조동사 과거형+have p.p. ….〉 형태를 사용하여 문장을 구성한다. 직설법으로 나타내면 As Ernest Hamwi didn't take that attitude when he was selling zalabia, he couldn't end his days as a street vendor.의 의미이다. If를 생략하면 Had Ernest Hamwi taken that attitude ~로 나타낼 수 있다.

힌트 만약 Ernest Hamwi가 그런 태도를 가지고 있었더라면 / 그가 zalabia를 팔고 있었을 때 / 그는 그의 생을 마감했을지도 모른다 / 거리의 노점상으로

정답 If Ernest Hamwi had taken that attitude / when he was selling zalabia, / he might have ended his days / as a street vendor.

어휘 attitude 태도 vendor 노점상, 행상인

3

내용상 현재 사실의 반대를 가정하고 있으므로 가정법 과거인 〈If S+과거동사 ~, S+조동사 과거형+동사원형 ….〉 형태를 사용하여 문장을 구성한다. '~ 하는 중이다'라는 의미에 맞도록 진행형이 되어야 하므로 If you were trying to explain으로 쓴다. '기계를 작동하는 방법'은 〈의문사+to-v〉로 표현하여 how to operate로 쓴다. 〈stop+to-v〉는 '~하기 위해 멈추다'라는 의미이고, 〈stop+-ing〉는 '~하는 것을 멈추다'라는 의미이다. '걸음을 멈추다'는 '걷고 있던 것을 멈추다'라는 뜻이므로 stop walking으로 표현한다.

힌트 만약 당신이 휴대전화로 설명하려고 하는 중이라면 / 복잡한 기계를 작동하는 방법을 / 당신은 걸음을 멈출 것이다

정답 If you were trying to explain on the cell phone / how to operate a complex machine, / you would stop walking.

어휘 explain 설명하다 operate 작동시키다 complex 복잡한

4

내용상 과거 사실의 반대를 가정하고 있으므로 가정법 과거완료인 〈If S+had+p.p. ~, S+조동사 과거형+have p.p.….〉 형태를 사용하여 문장을 구성한다. 따라서 if절의 follow는 had followed로 어형 변화시켜야 한다. '가장 기본적인 규칙들 중에 하나'는 〈one of the 최상급 + 복수명사〉라는 표현을 이용하여 one of the most basic rules로 쓴다. '그가 직면했던 끔찍한 사고'는 목적격 관계대명사 that이나 which가 이끄는 절을 사용하여 the horrible incident를 수식하도록 만든다. 이때 목적격 관계대명사는 생략 가능하다.

힌트 만약 그가 따랐더라면 / 야외 활동의 가장 기본적인 규칙들 중에 하나를 / 그가 직면했던 그 끔찍한 사고를 피할 수 있었을지도 모른다

정답 If he had followed / one of the most basic rules of outdoor activities, / the horrible incident he faced could have been avoided.

어휘 outdoor 야외의 horrible 끔찍한 incident 사고 avoid 피하다

1 Our society could not survive without STEM knowledge, but we would be equally impoverished without humanistic knowledge as well. 〔Without STEM knowledge, our society could not survive, but without humanistic knowledge, we would be equally impoverished as well.〕

2 Infants react to a disturbance in those around them as if it were their own, crying when they see another child's tears.

3 I wish the city would build more community gardens and give the citizens like me a place to grow their own food.

4 When I saw Phil interrupt the principal, I felt as if I were observing an objectively rude act.

1

현재에 '~이 없다면'이라는 의미에 맞도록 〈without 가정법 과거〉를 사용한다. '쇠약해지다'라는 의미는 수동태인 be impoverished로 쓴다. as well은 문장 마지막에 사용하며 '또한, 역시'의 의미를 나타낸다.

힌트 우리 사회는 생존할 수 없다 / STEM 관련 지식이 없는 / 그러나 우리는 똑같이 쇠약해질 것이다 / 인문학적 지식이 없다면

정답 Our society could not survive / without STEM knowledge, / but we would be equally impoverished / without humanistic knowledge as well.

어휘 survive 살아남다 knowledge 지식 impoverish 쇠약하게 만들다 humanistic 인문학의

2

'마치 ~인 것처럼'은 as if를 사용하여 가정법 과거로 표현한다. 〈as if S+과거동사〉 형태로 쓰되, be동사의 과거를 쓸 때는 주어가 무엇이든 were를 쓰므로, as if it were로 나타낸다. '울면서'라는 의미에 맞게 분사구문인 crying 이하를 연결한다.

힌트 유아들은 그들 주변 사람들의 마음의 동요에 반응한다 / 마치 그것이 자신의 것인 것처럼 / 다른 아이의 눈물을 볼 때 울면서

정답 Infants react to a disturbance in those around them / as if it were their own, / crying when they see another child's tears.

어휘 infant 유아 react 반응하다 disturbance (마음의) 동요, 방해, 소란

3

〈I wish 가정법〉을 사용하라는 조건에 맞도록 문장을 구성하되, 내용상 현재 사실에 대한 가정이므로 가정법 과거로 구성한다. 따라서 would build로 쓰고, give는 build와 병렬구조를 이루도록 배열하며, 4형식 동사 give는 간접목적어로 the citizens가, 직접목적어로 a place를 쓴다. to grow는 to부정사의 형용사적 용법으로 a place를 후치 수식하도록 a place 뒤에 놓는다.

힌트 나는 바란다 / 시가 더 많은 공동 텃밭을 만들기를 / 그리고 나와 같은 시민들에게 주기를 / 자신들의 작물을 재배할 장소를

정답 I wish / the city would build more community gardens / and give the citizens like me / a place to grow their own food.

어휘 community 공동체 citizen 시민

4

when으로 문장을 시작하라고 했으므로, when절이 앞에, 그리고 〈as if 가정법〉을 뒤에 위치시키면 된다. '보다'라는 뜻의 동사 see를 이용하여 〈see+목적어+목적보어〉의 형태로 when절을 구성하는데, Phil이 끼어든 것이므로, 목적어와 목적보어 interrupt는 서로 능동 관계를 이루고 있다. 따라서 과거시제를 적용하여 saw Phil interrupt the principal로 쓴다. '보고 있는 것처럼'이라는 의미에 맞게 as if를 사용하여 as if I were observing으로 구성하는데, 가정법 과거 진행형으로 쓰였지만, 현재 상태를 가정하는 문장이고, 가정법 과거에서 be동사의 과거형은 주어가 무엇이든 were를 쓴다.

힌트 나는 Phil이 교장선생님을 가로막는 것(말씀에 끼어드는 것)을 보았을 때 / 나는 느꼈다 / 마치 내가 객관적으로 무례한 행동을 보고 있는 것처럼

정답 When I saw Phil interrupt the principal, / I felt / as if I were observing an objectively rude act.

어휘 interrupt 끼어들다 principal 교장선생님 objectively 객관적으로 observe 보다 rude 무례한

23 forget, remember, regret + to-v / -ing

1 Just a few moments' thinking about how much you will regret not going to the gym will help motivate you to exercise.
2 I remember watching my daughter from across the room, her eyes welling with tears.
3 Although it is really easy for us to forget to take the time to say 'Thank-You', it is an essential part of interaction with others.
4 They were so intensely focused that they forgot to watch for upcoming tunnels or bridges.

1

'얼마나 많이 후회하게 될 것인가'라는 의미는 간접의문문 (의문사+S+V) 형태인 how much you will regret로 구성하면 된다. '~했던 것을 후회한다'라는 의미는 〈regret+-ing〉를 쓰되 앞에 not을 써서 '~하지 않았던 것을 후회한다'의 뜻으로 만든다. help 다음에 to가 생략된 motivate가 쓰였고, motivate는 목적보어로 to부정사를 쓴다.

힌트 단지 짧은 순간 생각을 해보는 것이 / 체육관에 가지 않은 것을 얼마나 많이 후회하게 될 것인가에 대해 / 당신에게 운동하도록 동기를 부여하는 데 도움을 줄 것이다

정답 Just a few moments' thinking / about how much you will regret not going to the gym / will help motivate you to exercise.

어휘 regret 후회하다 gym 체육관 motivate 동기를 부여하다, 자극하다

2

〈remember+to-v〉는 미래의 사실을 나타내어 '~할 것을 기억하다'라는 의미로, 〈remember+-ing〉는 과거의 사실을 나타내어 '~했던 것을 기억하다'라는 의미로 쓸 수 있는데, '나의 딸을 본 것을 기억한다'라는 의미는 과거를 나타내는 -ing(동명사)가 적절하다. '그녀의 눈에는 눈물이 그렁그렁했다'는 의미는 분사구문으로 나타낼 수 있는데, 의미상의 주어로 her eyes를, welling을 그 의미상의 주어가 행하는 행위로 보고 her eyes welling with tears로 배열한다. 이처럼 주절의 주어(I)와 분사구문의 의미상의 주어(her eyes)가 서로 다를 때, 분사구문의 의미상의 주어를 꼭 써 주는데 이를 '독립분사구문'이라고 한다.

힌트 나는 나의 딸을 봤던 것으로 기억한다 / 그 방 건너편에서 / 그녀의 눈에는 눈물이 그렁그렁했다

정답 I remember watching my daughter / from across the room, / her eyes welling with tears.

어휘 well (액체가) 샘솟다

3

Although 종속절은 가주어(it), 의미상의 주어(for us), 진주어(to forget)로 구성하면 된다. '~할 것을 잊다'의 의미에 맞게 forget 뒤에 to부정사로 연결한다. 〈take+시간+to부정사〉는 '~하는 데 시간이 걸리다'의 의미이다.

힌트 비록 정말 쉬울지라도 / 우리가 '감사'를 말할 시간을 가져야 하는 것을 잊는 것이 / 그것은 필수적인 부분이다 / 다른 사람과의 교류에서

정답 Although it is really easy / for us to forget to take the time to say 'Thank-You', / it is an essential part / of interaction with others.

어휘 essential 필수적인 interaction 상호작용, 서로 영향을 주는 것

4

'강렬하게 집중하고 있었다'의 의미는 were intensely focused로 배열시키면 되는데, intensely는 부사로 형용사 focused를 수식한다. 〈so ~ that ...〉은 '너무 ~해서 …하다'의 의미로, so가 수식해야 하는 것은 intensely focused이므로 이 앞에 위치한다. 〈forgot+to-v〉는 '~할 것을 잊었다', 〈forgot+-ing〉는 '~했던 것을 잊었다'의 뜻인데, '다가오는 터널들이나 다리들을 지켜보는 것을 잊었다'는 의미에 맞게 forgot to watch가 적절하다. upcoming은 형용사로 tunnels or bridges를 수식한다.

힌트 그들은 너무 강렬하게 집중하고 있었다 / 그들은 지켜보는 것을 잊었다 / 다가오는 터널들이나 다리들을

정답 They were so intensely focused / that they forgot to watch / for upcoming tunnels or bridges.

어휘 intensely 강렬하게 focused 집중한 upcoming 다가오는

1 Providing an occasional snack or paying for a lunch now and then can help your employees feel appreciated and make the office feel more welcoming.

2 We can't tell you how many times we have dropped eggs on the floor, coated the kitchen in flour, or boiled soup over on the stove.

3 Financial security can liberate us from work we don't find meaningful and from having to worry about the next paycheck.

4 People who change don't question whether change is possible or look for reasons why they cannot change.

1

'~하거나'의 의미에 맞게 or로 연결하고, '~하고'의 의미에 맞게 and로 연결하면 된다. 이 두 등위접속사를 사용할 때는 등위접속사를 중심으로 대등한 관계를 이루도록 문장을 구성한다. or을 중심으로 Providing과 paying이 병렬구조를 이루도록 배열하고, and를 중심으로 help와 make가 병렬구조를 이루도록 배열한다. help는 준사역동사로 목적보어로 동사원형과 to부정사 둘 다 사용 가능한데, 여기서는 feel이라는 동사원형이 쓰였다.

힌트 가끔씩 간식을 주거나 때때로 점심을 사는 것은 / 당신의 직원들이 인정받고 있다고 느끼게 도와줄 수 있고 / 그리고 사무실이 더 따뜻한 느낌이 들게 할 (수 있다)

정답 Providing an occasional snack or paying for a lunch now and then / can help your employees feel appreciated / and make the office feel more welcoming.

어휘 occasional 가끔의 now and then 때때로, 가끔 appreciate 인정하다 welcoming 따뜻한

2

4형식 동사인 tell은 〈tell+간접목적어+직접목적어〉의 구조를 이루는데, 직접목적어인 '얼마나 많은 ~ 했는지'는 간접의문문(의문사+S+V)의 형태로 구성하면 된다. 이때 '~ 또는'은 or로 연결하되, have와 연결된 dropped와 coated, boiled가 병렬구조를 이루도록 한다.

힌트 우리는 당신에게 말해 줄 수 없다 / 얼마나 많은 달걀을 바닥에 떨어뜨리고 / 부엌을 밀가루로 뒤덮고 / 또는 스토브 위에서 국을 끓어 넘치게 했는지

정답 We can't tell you / how many times we have dropped eggs on the floor, / coated the kitchen in flour, / or boiled soup over on the stove.

어휘 coat 덮다 boil 끓이다 stove 스토브, 난로

3

'~로부터 그리고 …로부터'라는 의미는 〈from ~ and from …〉으로 문장을 구성한다. '일로부터'는 from work, '걱정해야 하는 것으로부터'는 from having to worry로 나타내며, 전치사 뒤에는 목적어로 명사나 동명사가 와야 하므로, from 뒤에 having을 쓴다. work를 수식하기 위해 목적격 관계대명사가 생략된 상태의 we don't find meaningful이 오는데, find는 5형식 동사로 목적보어로 형용사 meaningful이 쓰였다.

힌트 재정적 안정은 우리를 해방시켜 줄 수 있다 / 우리가 의미 있다고 생각하지 않는 일로부터 / 그리고 다음 번 월급에 대해서 걱정해야 하는 것으로부터

정답 Financial security can liberate us / from work we don't find meaningful / and from having to worry about the next paycheck.

어휘 financial 재정적인 security 안정 liberate 해방시키다 meaningful 의미있는 paycheck 월급, 급료

4

'변화하는 사람들'이라는 의미에 맞게 주격 관계대명사 who가 이끄는 절인 who change가 People을 후치 수식하도록 배열한다. question은 동사로 '~을 질문하다'의 의미이고, 목적절로 whether 절이 오도록 구성한다. 우리말에서 병렬구조를 이루는 부분은 '질문하지 않거나 ~을 찾지 않는다'이므로 don't로 연결하여 or를 중심으로 병렬구조를 이루면 된다. 따라서 question ~ or look for …로 문장을 구성한다. '그들이 변화할 수 없는 이유'에 맞도록 문장을 구성할 때는 관계부사 why를 사용하여 why가 이끄는 절이 reasons를 후치 수식하도록 배열한다.

힌트 변화하는 사람들은 질문하지 않는다 / 변화가 가능한지를 / 혹은 찾지 (않는다) / 그들이 변화할 수 없는 이유를

정답 People who change / don't question / whether change is possible / or look for / reasons why they cannot change.

어휘 question 질문하다 reason 이유

1 In the field of science, finding out what does not work is as important as finding out what does.

2 Large animals are actually less dangerous to hikers than smaller ones.

3 In 1999, the market share of imported fresh fruit was twice as much as that of imported dried fruit.

4 Roots such as carrots and potatoes are always much sweeter than the rest of the plant.

5 This requirement is not about the nature of art so much as about the nature of the human perceptive apparatus.

1

'~하는 것'은 관계대명사 what을 사용하여 표현한다. '~만큼 중요하다'라는 의미에 맞게 〈as+원급+as〉를 사용하여 as important as로 배열한다. '잘되는 것'이라는 의미는 what works로 나타내는데, 이때 앞에 제시된 동사 works의 반복을 피하기 위해 대동사 does로 쓴다.

힌트 과학의 영역에서 / 알아내는 것이 / 잘되지 않는 것을 / 중요하다 / 잘되는 것을 알아내는 것만큼

정답 In the field of science, / finding out / what does not work / is as important / as finding out what does.

어휘 field 영역, 분야 find out 알아내다 work 잘되다, 효과가 있다

2

〈less+형용사〉는 '덜 ~한'이라는 의미의 열등 비교 표현이다. 이를 이용하여 '덜 위험한'은 less dangerous로 쓴다. ones는 animals을 지칭하는 부정대명사로, 앞에 제시된 명사의 반복을 피하기 위해 쓰였다.

힌트 덩치가 큰 동물들은 / 실제로 덜 위험하다 / 도보 여행자들에게 / 더 작은 동물들보다

정답 Large animals / are actually less dangerous / to hikers / than smaller ones.

어휘 actually 실제로 hiker 도보 여행자

3

배수 표현은 〈배수사+as+원급+as〉 또는 〈배수사+비교급+than〉으로 나타낼 수 있는데, 배열된 단어를 통해 〈배수사 + as + 원급+as〉를 사용해야 함을 알 수 있다. 따라서 twice as much as로 배열한다. '수입된 생과일의 시장 점유율'이라는 의미는 the market share of imported fresh fruit으로 나타내고, 이와 같은 구조를 가진 '수입된 말린 과일의 시장 점유율'이라는 의미는 the market share의 반복을 피하기 위해 that으로 쓴다.

힌트 1999년에 / 시장 점유율은 / 수입된 생과일의 / 두 배 많았다 / 수입된 말린 과일의 시장 점유율보다

정답 In 1999, / the market share / of imported fresh fruit / was twice as much / as that of imported dried fruit.

어휘 market share 시장 점유율 imported 수입된

4

'~와 같은'이라는 의미는 such as로 나타내는데, 앞의 개념에 대한 구체적인 예시가 뒤에 나온다. '당근과 감자'는 roots의 구체적인 예시이므로 such as 뒤에 배열하고, and를 중심으로 병렬구조를 이루도록 복수형으로 쓴다. '더 단'의 비교급은 형용사 sweet에 -er을 붙여 sweeter로 쓰며, 뒤에 '~보다'라는 의미의 than이 필요하다. 비교급을 강조하여 '훨씬'이라는 의미로 쓰이는 표현은 much, even, far, still, a lot이다.

힌트 당근과 감자와 같은 뿌리는 / 항상 훨씬 더 달다 / 그 식물의 나머지 부분보다

정답 Roots such as carrots and potatoes / are always much sweeter / than the rest of the plant.

어휘 root 뿌리 plant 식물

5

〈not A so much as B〉는 'A라기보다는 B이다'라는 의미의 관용 표현으로 A와 B는 서로 문법적으로 대등한 구조로 써야 한다. A는 about the nature of art(예술의 속성에 대해서)이고, B는 about the nature of the human perceptive apparatus(인간 지각 기관의 속성에 대해서)이다.

힌트 이러한 요건은 / 예술의 속성에 대해서라기보다는 / 인간 지각 기관의 속성에 대한 것이다

정답 This requirement / is not about the nature of art / so much as about the nature of the human perceptive apparatus.

어휘 requirement 요건, 필요조건 nature 속성, 성격 perceptive 지각의 apparatus (신체의) 기관

1 Lots of media reports claim that breakfast is the most significant out of the three meals of the day.

2 Nothing teaches kids quicker about what things cost than by giving them their own money to spend.

3 Most animals prefer smaller rewards right now, rather than greater ones in the future.

4 Language is one of the most important features that distinguish humans from other animals.

5 Marital success is more closely linked to communication skills than to any other factor.

1

'주장하다'라는 의미의 claim의 목적어로 that절을 연결시킨다. that 절에서 〈the＋최상급＋of＋복수명사〉의 형태로 문장을 구성한다.

힌트 많은 보도 기사가 주장한다 / 아침 식사는 가장 중요하다고 / 하루 세끼 식사 중에서

정답 Lots of media reports claim / that breakfast is the most significant / out of the three meals of the day.

어휘 claim 주장하다

2

〈부정어＋비교급＋than〉은 '…보다 더 ~한 것은 없다'라는 의미로, 비교급의 형태이지만 의미상 최상급을 표현한다. '물건들이 얼마나 가격이 나가는지'는 간접의문문 형태인 what things cost로 배열하고, '사용할 그들만의 돈을'은 형용사적 용법의 to부정사를 사용하여 to spend가 their own money를 후치 수식하도록 배열한다.

힌트 어느 것도 아이들에게 더 빨리 가르치지 못한다 / 물건들이 얼마나 가격이 나가는지에 대해서 / 그들에게 주는 것보다 / 사용할 그들만의 돈을

정답 Nothing teaches kids quicker / about what things cost / than by giving them / their own money to spend.

어휘 cost (값·비용이) 들다 **by -ing** ~함으로써

3

most는 '최고[최대]의'의 의미도 있지만, '대부분(의)'라는 뜻도 가지고 있다. '더 좋아하다, 선호하다'라는 의미의 prefer를 문장의 본동사로 하여 문장을 구성한다. ones는 rewards를 대신하고 있다.

힌트 대부분의 동물들은 선호한다 / 지금 당장의 작은 보상을 / 미래에 더 큰 보상을 받기보다는

정답 Most animals prefer / smaller rewards right now, / rather than greater ones in the future.

어휘 reward 보상 future 미래

4

'가장 ~ 한 것 중의 하나'라는 의미는 〈one of the＋최상급＋복수명사〉의 형태로 쓸 수 있다. 선행사 features를 수식하기 위해 관계대명사 that이 이끄는 절을 구성하면 되는데, 'A를 B와 구분하다'라는 뜻의 〈distinguish A from B〉로 문장을 완성한다.

힌트 언어는 가장 중요한 특징 중 하나이다 / 인간을 구분하는 / 다른 동물들과

정답 Language is one of the most important features / that distinguish humans / from other animals.

어휘 feature 특징 distinguish 구분하다

5

주어진 우리말은 비교급으로 표현되어 있지만, 최상급의 의미를 담고 있다. 따라서 비교급 more closely와 any other을 사용하여 나타낼 수 있는 최상급 표현을 이용하면 된다. 〈비교급＋than any other＋단수명사〉는 '다른 어떤 (명사)보다 더 ~한'이라는 의미로, 형태는 비교급이지만 최상급의 의미를 나타낸다. 이때 접속사 than을 중심으로 동등한 형태가 와야 하므로 to communication skills와 to any other factor로 쓴다.

힌트 결혼의 성공은 / 더욱 긴밀히 연관되어 있다 / 의사소통 기술들에 / 다른 어떤 요소보다

정답 Marital success / is more closely linked / to communication skills / than to any other factor.

어휘 marital 결혼의 link 관련시키다 factor 요소, 요인

27 The+비교급+S+V, the+비교급+S+V …

1 The younger they are when they start using a brand or product, the more likely they are to keep using it for years to come.

2 The more science that emerges from this investment, the greater the need for us to follow the point of the science with sufficient understanding.

3 The more something causes your heart to race, the more important it is to step back before speaking or typing a single word.

4 The more you know about your reader, the greater the chances that you will meet their needs and expectations.

1

〈The+비교급+S+V ~, the+비교급+S+V …〉의 형태를 사용하여 문장을 구성한다. The younger 뒤에 〈S+V〉인 they are가 왔으며, when(~할 때)절에서 동사 start는 뒤에 의미 변화 없이 to부정사, -ing 둘 다 사용 가능하며 여기에서는 using이 쓰였다. 〈be likely+to-v〉를 이용하여, '더 ~할 것 같다, 더 ~할 가능성이 높다'라는 의미를 〈be more likely+to-v〉로 나타낼 수 있다. 이를 이용하여 the more likely they are를 먼저 배열한 후, 나머지 to부정사구에 해당하는 내용, to keep using it을 연결시킨다. '향후 몇 년 동안'이라는 의미는 '다가오게 될 몇 해 동안'이라는 의미이므로, to부정사의 형용사적 용법을 이용하여 to come을 years 뒤에 위치시켜, for years to come으로 배열한다.

힌트 그들이 어리면 어릴수록 / 그들이 상표나 상품을 사용하기 시작하는 때 / 그들이 그것을 계속 사용할 가능성이 더욱 더 높아진다 / 향후 몇 년 동안

정답 The younger they are / when they start using a brand or product, / the more likely they are to keep using it / for years to come.

어휘 product 상품 keep -ing 계속 ~하게 되다

2

〈S+V〉가 생략된 형태로 구성해야 한다. The more science는 선행사로서 주격 관계대명사 that이 이끄는 절의 수식을 받도록 The more science 뒤에 that절을 위치시킨다. the greater 이하에서도 〈S+V〉가 생략되었다. '우리가 과학의 요점을 따라야 할 필요성'에서 '우리가'에 해당하는 표현을 의미상의 주어인 for us로, 그리고 '~를 따라야 할'은 to follow 이하로 구성하여 to follow가 to부정사의 형용사적 용법으로 the need를 수식하도록 배열한다.

힌트 과학이 더 많으면 많을수록 / 이러한 투자를 통해 나오는 / 필요성은 더욱 더 커진다 / 우리가 과학의 요점을 따라야 할 / 충분한 이해력을 가지고

정답 The more science / that emerges from this investment, / the greater the need / for us to follow the point of the science / with sufficient understanding.

어휘 emerge 나오다 investment 투자 sufficient 충분한

3

〈The+비교급+S+V ~, the+비교급+S+V …〉의 형태를 사용하여 문장을 구성한다. 바로 문장을 만들기 어렵다면 본래 문장을 먼저 써놓고, 비교급에 해당하는 표현을 앞으로 이동시키는 것도 방법이다. something causes your heart to race more과 가주어(it)와 진주어(to step)를 사용한 it is more important to step back ~을 원문장으로 보고, more 앞에 the를 붙여 〈the+비교급〉을 앞으로 이동시킨 뒤, 나머지 부분을 그대로 써 주면 된다. before는 전치사로 동명사 speaking과 typing이 or를 중심으로 병렬구조를 이루고 있다.

힌트 어떤 일이 당신의 심장을 더 뛰게 하면 할수록 / 한 걸음 뒤로 물러나는 것이 더욱 더 중요하다 / 말을 한마디 하거나 타자로 치기 전에

정답 The more something causes your heart to race, / the more important it is to step back / before speaking or typing a single word.

어휘 cause 야기하다, 초래하다 race 뛰다 step back 한 걸음 물러나다

4

you know more about your reader의 문장에서 more을 the more로 바꿔 앞으로 이동시키고, the chances that you will meet their needs and expectations (are) greater의 문장에서 are를 생략하고 greater를 the greater로 바꾼 후 앞으로 이동시킨다. the chances that에서 that은 동격절을 이끄는 접속사로 뒤에 완전한 형태의 문장(S+V)이 쓰였다.

힌트 여러분이 더 많이 알면 알수록 / 독자에 대해 / 여러분이 그들의 필요와 기대들을 충족시킬 가능성이 더욱 더 커진다

정답 The more you know / about your reader, / the greater the chances that you will meet their needs and expectations.

어휘 meet 충족시키다 expectation 기대

1 At the root of trained incapacity is a job with little variety and repetitive tasks.
2 Only in terms of the physics of image formation do the eye and camera have anything in common.
3 Honesty has its place in a good relationship, but so does the presumption of the other's basic goodness.
4 Not until I got home and reached for the house key did I realize that I had left my purse on the bench at the bus stop.
5 No sooner had I reached the house than I realized it was empty.

1

부사구가 문장 앞에 위치하면 주어와 동사의 위치가 바뀌어 동사 다음에 주어가 나오는 도치는 발생한다. 부사구 at the root of trained incapacity가 문장 앞에 오고, be동사 is와 주어 a job의 어순으로 배열한다.

힌트 훈련된 무능력의 기저에 / 일이 있다 / 적은 다양성과 반복적인 업무를 가진

정답 At the root of trained incapacity / is a job / with little variety and repetitive tasks.

어휘 incapacity 무능력 variety 다양성 repetitive 반복적인

2

only가 문장 앞에 위치하면 〈Only+부사구+조동사+주어+동사원형〉의 어순으로 도치가 발생한다. 문장의 동사는 일반동사(have)이고, 주어가 the eye and camera로 복수이므로 조동사 자리에 do가 쓰였다.

힌트 오직 이미지 형성의 물리학 관점에서 / 눈과 카메라는 무엇인가를 가지고 있다 / 공통으로

정답 Only in terms of the physics of image formation / do the eye and camera have anything / in common.

어휘 in terms of ~의 면에서 physics 물리학 formation 형성 have ~ in common ~을 공통으로 가지다

3

긍정의 의미를 지닌 앞 문장을 이어받아 뒷 문장에서 '(주어)도 역시 그렇다'라는 표현을 할 때, 〈so+대동사+주어〉를 사용한다. 앞 문장의 동사가 일반동사 has이고, 뒷 문장의 주어 presumption이 단수이므로 대동사 자리에 does가 쓰였다.

힌트 정직이 자리잡고 있다 / 좋은 관계 속에서는 / 하지만 가정도 역시 그렇다 / 상대방의 기본적인 선함에 대한

정답 Honesty has its place / in a good relationship, / but so does the presumption / of the other's basic goodness.

어휘 honesty 정직 relationship 관계 presumption 가정 goodness 선량함

4

〈not A until B〉는 'B하고 나서야 비로소 A하다'라는 의미로, 부정어구 Not until이 문장 앞에 위치하면 〈Not until+부사절+조동사+주어+동사원형〉의 어순으로 도치시켜 문장을 구성한다. I가 주어이고, 시제가 과거이므로 조동사 자리에는 did가 쓰였다. '깨달은' 것은 과거, '지갑을 두고 온' 것은 그보다 더 이전의 과거이므로 과거완료인 had left로 썼다.

힌트 내가 집에 도착해서 / 그리고 집 열쇠로 손을 뻗고 나서야 / 비로소 나는 깨달았다 / 내 지갑을 두고 왔다는 것을 / 벤치 위에 / 버스 정거장의

정답 Not until I got home / and reached for the house key / did I realize / that I had left my purse / on the bench / at the bus stop.

어휘 realize 깨닫다 purse 지갑 bus stop 버스 정거장

5

〈No sooner ~ than〉은 '~하자마자'라는 의미로, 부정어구 No sooner가 문장 앞에 위치하므로 도치가 발생한다. '깨달은 것'은 과거, '집에 도착한 것'은 그보다 더 이전의 과거이므로 과거완료로 나타낸다. 과거완료 시제의 도치는 〈had+주어+p.p.〉로 표현하므로 had I reached로 배열한다.

힌트 내가 그 집에 도착하자마자 / 나는 깨달았다 / 그곳이 비어 있다는 것을

정답 No sooner had I reached the house / than I realized / it was empty.

어휘 reach 도착하다 empty 텅 빈

29 강조 표현

1. It was not Lippershey but his children who discovered that the double lenses made a nearby weathervane look bigger.
2. Even if people told him that it was his thinking that was depressing him, he didn't accept it.
3. His father did spill a few drops of paint but made a better-looking wall while having fun.
4. It wasn't until after 9 that an airplane started to run down the runway toward the ocean for takeoff.
5. The restaurant with the fullest parking lot usually does have the best food.

1

⟨It is(was) ~ that ...⟩ 강조 구문으로 나타내며, 'A가 아니라 B'라는 의미는 ⟨not A but B⟩ 형태로 표현한다. 강조 대상이 사람이므로 that 대신에 who가 사용되었다. who 이하 절에서 동사 discovered의 목적절로 that절을 연결시킨다. that절에는 ⟨made(사역동사)+목적어+목적보어⟩의 형태를 이루고 있는데, 목적어와 목적보어의 관계가 능동이므로 look이 쓰였다 여기에서 look은 '보다'라는 의미의 타동사가 아닌, '보이다'라는 의미의 자동사이다.

힌트 Lippershey가 아니라 그의 아이들이었다 / 발견한 사람은 : 두 개의 렌즈가 ~하게 한다는 것을 / 근처의 풍향계를 / 더 크게 보이도록

정답 It was not Lippershey but his children / who discovered / that the double lenses made / a nearby weathervane / look bigger.

어휘 discover 발견하다 weathervane 풍향계

2

'비록 ~하더라도'의 양보의 의미는 ⟨even if+S+V⟩를 사용한다. 이 때 동사에 해당하는 tell은 ⟨tell(수여동사)+간접목적어+직접목적어⟩의 형태로 쓰는데, 직접목적어 자리에 '~ 한 것은 바로 …이다'라는 의미를 나타내기 위해 ⟨It is(was) ~ that ...⟩ 강조 구문을 사용하였다.

힌트 사람들이 그에게 말했을지라도 / 바로 그의 생각이라고 / 그를 우울하게 하는 것은 / 그는 그것을 인정하지 않았다

정답 Even if people told him / that it was his thinking / that was depressing him, / he didn't accept it.

어휘 depress 우울하게 하다 accept 인정하다, 받아들이다

3

'분명히 흘렸다'는 의미로 과거동사 spilt를 강조하기 위해 ⟨did+동사원형⟩의 형태를 사용했다. '즐거워하면서'는 while having fun의 분사구문으로 쓸 수 있으며, 본래 문장은 while he had fun이다.

힌트 그의 아버지는 분명히 페인트 몇 방울을 흘렸다 / 하지만 더 보기 좋은 벽을 만들었다 / 즐거워하면서

정답 His father did spill a few drops of paint / but made a better-looking wall / while having fun.

어휘 spill 흘리다

4

⟨not A until B⟩는 'B하고 나서야 비로서 A하다'라는 의미로 제시된 단어 중 it, wasn't, until, that 등으로 보아 ⟨It was ~ that ...⟩ 강조 구문을 사용하여 until B를 강조한 형태로 문장을 만들어야 한다. 따라서 B에 해당하는 after 9을 it wasn't와 that 사이에 넣어야 하고, A에 해당하는 부분은 that 뒤로 보내면 된다.

힌트 9시가 지나서야 / 비로소 비행기 한 대가 활주로를 달리기 시작했다 / 바다를 향하여 / 이륙을 위해

정답 It wasn't until after 9 / that an airplane started to run down the runway / toward the ocean / for takeoff.

어휘 runway 활주로 takeoff 이륙

5

주어는 The restaurant로 단수명사이므로 일반동사인 has를 강조하기 위해 ⟨does+have(동사원형)⟩가 사용되었다. 전치사 with가 이끄는 구가 The restaurant의 상태를 설명해 주고 있으므로, The restaurant 뒤에 위치하도록 한다.

힌트 식당은 / 주차장이 꽉 찬 / 대체로 분명히 최고의 음식을 제공한다

정답 The restaurant / with the fullest parking lot / usually does have the best food.

어휘 parking lot 주차장

1 Men all over the world are spending billions of dollars on everything from cosmetics to plastic surgery.
2 A new employee has been having trouble mastering his new job.
3 When you learn a new word, it takes several repetitions at various intervals for the word to be mastered.
4 It takes time for a person to process information whether it is very good or very bad.
5 If you are getting sufficient sleep, you should feel refreshed and not have trouble getting out of bed.

1

'…에 ~을 쓰다'라는 의미는 〈spend＋시간/돈(~)＋on＋명사(…)〉 형태로 표현한다. billion은 '십억'이라는 뜻이지만, billions of로 '수십억의'라는 의미를 나타낼 수 있다. 〈from A to B〉를 이용하여 'A에서부터 B까지'라는 의미를 표현한다.

힌트 전세계의 남성들은 / 쓰고 있다 / 수십억 달러를 / 모든 것에 / 화장품에서부터 성형 수술까지

정답 Men all over the world / are spending / billions of dollars / on everything / from cosmetics to plastic surgery.

어휘 billions of 수십억의 cosmetics 화장품 plastic surgery 성형 수술

2

'~하는 데 어려움을 겪다'라는 의미는 〈have trouble〔difficulty, a problem〕＋-ing〉로 표현한다. 과거부터 현재까지 계속되고 있는 일이므로 〈have〔has〕 been＋-ing〉 형태의 현재완료 진행형을 썼다.

힌트 한 신입 사원이 / 어려움을 겪고 있는 중이다 / 자신의 새로운 업무를 숙달하는 데

정답 A new employee / has been having trouble / mastering his new job.

어휘 employee 직원 master 숙달하다, 익히다

3

'(명사)가 ~하는 데 시간이 필요하다〔걸리다〕'는 의미는 〈It takes＋시간＋for O＋to-v〉로 표현한다. 〈for＋O〉는 to부정사의 의미상의 주어인데, '그 단어가 숙달되다'라는 수동 관계이므로 to부정사를 수동형으로 바꿔 to be mastered라고 썼다.

힌트 당신이 새로운 단어 하나를 배울 때 / 여러 번 반복하는 것이 필요하다 / 다양한 간격으로 / 그 단어가 / 숙달되기 위해서는

정답 When you learn a new word,/ it takes several repetitions / at various intervals / for the word / to be mastered.

어휘 several 여러 가지의 repetition 반복 various 다양한 interval 간격

4

〈It take＋시간＋for O＋to-v〉를 사용하여 문장을 구성하면 되고, '그것이 매우 좋든 매우 나쁘든'의 의미는 〈whether A or B〉로 표현한다.

힌트 시간이 필요하다 / 인간이 / 정보를 처리하는 데에는 / 그것〔정보〕이 매우 좋든 매우 나쁘든

정답 It takes time / for a person / to process information / whether it is very good or very bad.

어휘 process 처리하다 information 정보

5

'~이라면'의 의미에 맞게 if로 문장을 시작한다. 그리고 '~하는 데 문제가 없다'라는 의미에 맞도록 〈not have trouble＋-ing〉를 사용하여 문장을 구성한다. 조동사 should의 반복을 피하기 위해서 and 이하에서는 should가 생략되었다.

힌트 당신이 충분한 잠을 자는 중이라면 / 당신은 기분이 상쾌해야만 한다 / 그리고 문제가 없어야 한다 / 일어나는 데

정답 If you are getting sufficient sleep, / you should feel refreshed / and not have trouble / getting out of bed

어휘 sufficient 충분한 refreshed 상쾌한 get out of bed 일어나다